VOYAGE
A L'ILE D'UTOPIE

L'ARCADIE

SOCIÉTÉ ANONYME D'IMPRIMERIE DE VILLEFRANCHE-DE-ROUERGUE
Jules BARDOUX, Directeur.

VOYAGES DANS TOUS LES MONDES
NOUVELLE BIBLIOTHÈQUE HISTORIQUE ET LITTÉRAIRE
Publiée sous la direction de M. Eugène MULLER, conservateur à la Bibliothèque de l'Arsenal.

VOYAGE
A L'ILE D'UTOPIE

PAR

THOMAS MORUS

L'ARCADIE

PAR BERNARDIN DE SAINT-PIERRE

PARIS
LIBRAIRIE CH. DELAGRAVE
15, RUE SOUFFLOT, 15

1888

VOYAGE
A L'ILE D'UTOPIE

AVANT-PROPOS

Utopie ! entendons-nous dire communément des séduisants mais irréalisables projets de réorganisation sociale dus à de philanthropiques rêveurs ou à d'hypocrites ambitieux, qui partant reçoivent la qualification d'*utopistes*.

Utopie, utopistes ; si précis que soit pour tous les esprits le sens de ces locutions, tous les esprits ont-ils la notion bien exacte, bien complète des raisons qui en ont consacré l'usage ? Non, peut-être.

A la vérité, c'est toute une histoire. Contons-la.

Vers la fin du quinzième siècle, c'est-à-dire de 1495 à 1498, parmi les élèves du collège d'Oxford, il en était un qui à peine sorti de l'adolescence se faisait déjà connaître par une suite de petites compositions en vers anglais ou latins, qui attestaient chez lui autant de verve naturelle que de respect des belles formes littéraires, acquises dans la fréquentation instinctive des meilleurs modèles. On citait surtout de vives épigrammes et certains poèmes satiriques, dont la franche gaieté et la mordante ironie ne froissaient jamais le bon goût. « Dans un style toujours pur, il rit sans offenser, » disait un grave philologue allemand, émerveillé par la précocité du jeune écolier, qui dès lors prenait rang parmi les maîtres et se liait d'affection avec maintes notabilités intellectuelles, notamment avec cet Érasme qui, pendant près d'un demi-siècle, devait être comme une sorte de roi de la gent philosophique et littéraire.

Bientôt cependant l'on put croire que ce charmant esprit allait être perdu pour le monde, qui avait salué sa brillante venue : car, pris au sortir des écoles d'un pieux accès de mélancolie, il avait résolu de revêtir la bure et de disparaître dans l'ombre du cloître.

De fortes amitiés réussirent à le détourner de cet abandon de lui-même. Ramené à des idées moins mystiques et s'étant promptement familiarisé avec la connaissance des lois, il fut investi de fonctions publiques, qu'il ne tarda pas toutefois à délaisser, pour demander, pendant plusieurs années, une paisible mais très laborieuse retraite à une maison religieuse. Là, tout en s'astreignant aux plus austères pratiques de piété, il s'adonnait sans relâche à l'étude approfondie des lettres antiques et modernes. S'il se donnait quelques loisirs, il les consacrait à la musique, qui devait être toujours pour son âme tendre une source de pures joies.

Peu à peu cependant le monde le revoit, et si bien même qu'un beau jour, toute idée de claustration dévote abandonnée, le voilà qui entre en ménage. Et comment? dans quelles circonstances?... Bien accueilli dans une famille, où se trouvaient deux jeunes filles, il a remarqué l'une d'elles, la cadette, plus gracieuse, plus belle que son aînée; il la désire pour épouse et déjà se dispose à faire la demande, qui lui semble devoir être aussi bien reçue par le père que par celle qui en est l'objet; mais au moment décisif : « Ne vais-je pas, se dit-il, en recherchant la plus jeune des deux sœurs, infliger une sorte d'affront à l'aînée, qui, si elle est douée de moins d'attraits physiques, ne le cède en rien à sa cadette pour les qualités du cœur et de l'esprit? Puis-je honnêtement, dignement, agir ainsi? »

Et, sans plus délibérer, c'est la main de l'aînée qu'il sollicite et qu'il obtient.

Autant d'actes, autant de traits mettant en relief le caractère supérieur de l'homme qui devait être une des plus nobles, des plus imposantes, en même temps qu'une des plus sympathiques physionomies de son époque.

Enjouement naturel, esprit délicat, plume brillante, piété profonde, passion de la science et de l'art, droiture poussée jusqu'à la candeur : voilà de quoi était faite cette grande individualité.

Thomas More, ou plutôt Morus (forme que ses nombreux écrits ont fait prévaloir dans l'histoire), Thomas Morus marié devait songer à se créer des ressources. Il entra au barreau, où bientôt sa lucide entente des affaires, son éloquence entraînante, persuasive, lui assurèrent le succès. En peu d'années il conquit, autant par sa probité, par son désintéressement, que par ses talents, une popularité qui lui valut d'abord d'être élu à une magistrature populaire, puis d'entrer au Parlement, où sa voix s'éleva puissante contre l'abus que le roi Henri VII faisait de son autorité pour multiplier les taxes et les impôts.

Forcé de quitter l'Angleterre pour échapper aux tracasseries royales, il n'y rentra que sous le règne d'un prince dont il avait célébré en beaux vers l'avènement et qui, assistant un jour à l'une de ses plaidoiries, voulut le voir, le connaître, l'attacher à son service. « Esclave de son vif amour de l'indépendance », comme il devait l'écrire plus tard, ce ne fut pas sans de grandes hésitations et sans une sincère résistance aux obsessions du puissant ministre chargé de l'attirer à la cour que le jeune avocat consentit à pénétrer dans ces régions, pour lesquelles il ne se croyait pas né et qui lui inspiraient une sorte de répulsion instinctive. Il céda cependant; et longtemps il put croire qu'il n'aurait jamais sujet de regretter sa condescendance aux désirs du souverain : car non seulement il reçut tout d'abord le meilleur accueil du roi Henri VIII, mais plus les jours passaient et plus s'affermissait et grandissait son crédit auprès du prince qui a laissé dans l'histoire de si bizarres et si terribles souvenirs.

Ce Barbe-Bleue britannique, qui se piquait de grandeur d'âme et de profondeur politique, de haut savoir et de bel esprit, de magnificence et de familière jovialité, semblait se complaire particulièrement aux solides entretiens, aux opinions droites et à l'inaltérable bonne humeur de Thomas Morus, dont il fit d'abord un simple maître des requêtes, puis un conseiller intime, puis un ambassadeur, puis un trésorier de la couronne et un chancelier.

C'était le temps où les attaques de Luther contre la chaire romaine causaient une immense perturbation dans le monde chrétien. Morus, qui avait gardé la vive piété de sa jeunesse et qui considérait comme funeste tout dissentiment pouvant porter atteinte à l'unité de croyance religieuse, Morus lança personnellement contre le moine allemand un violent réquisitoire, et, autant qu'on croit le savoir, tint la plume pour le souverain quand celui-ci publia en faveur du saint-siège un manifeste qui lui valut, pour lui et ses descendants, le titre de *Défenseur de la foi.*

Cette communauté d'idées devait mettre le comble aux sentiments favorables du roi, qui éleva enfin Morus aux fonctions de grand chancelier du royaume.

Morus toutefois n'accepta qu'avec de tristes pressentiments cette haute investiture. « A mesure qu'il s'élevait dans les honneurs, dit un de ses biographes, son humilité augmentait de jour en jour. La prospérité lui avait toujours fait peur, les faveurs l'avaient toujours épouvanté, comme autant de tentations et de pièges; et il n'engageait dans les affaires que ses talents, réservant sa conscience à Dieu. Dans sa maison la religion se mêlait à tous les travaux, à tous les plaisirs. Après le souper, pendant lequel on avait lu quelque livre édifiant, et avant qu'on fît de la musique, ce qui était l'amusement ordinaire de la veillée, il parlait aux siens des choses de la piété et leur recommandait le soin de leur âme. Jamais on ne jouait, contre la coutume de l'époque. » (D. Nisard, *Études sur la Renaissance*.)

Or, s'il était effrayé à la pensée d'occuper les plus hautes fonctions du royaume, c'est qu'alors Morus avait eu le loisir d'étudier de près le caractère et les visées du maître ; et si, malgré ses appréhensions, il ne s'était pas dérobé à l'honneur en quelque sorte suprême qui venait le trouver, c'est que sa vaillante conscience se fût reproché d'avoir fui l'occasion de s'affirmer hautement fidèle aux principes de toute sa vie.

« La cour lui réussit si bien que j'en ai pitié pour lui, » écrivait d'autre part son ami Érasme, qui toutefois ne croyait pas sans doute formuler ainsi un funeste pronostic.

En réalité le beau zèle orthodoxe professé par le souverain cachait un but que Morus avait su voir et à la poursuite duquel il n'entendait pas se dévouer.

Henri VIII, mari de Catherine d'Aragon,

voulait obtenir du pontife romain la rupture de cette union, pour épouser une des filles d'honneur de la reine, Anne de Boleyn, dont il était violemment épris ; et, afin d'atténuer la résistance du saint-père à la consécration de ce scandale, il s'était proclamé l'ardent champion de la foi : prétendue conviction, dont il rendait en outre un actif témoignage, en décrétant et en faisant exercer les plus cruelles rigueurs contre les moindres velléités de dissidence.

Et comme le pape se refusait à faire selon ses désirs, il avait semblé au prince qu'une plus grande force serait donnée à sa requête si elle avait l'adhésion, l'appui de l'homme qui s'était acquis une réputation universelle de beaux talents, de vaste savoir et de hautes vertus.

Mais aux premières ouvertures l'attitude de Morus fut telle que le roi tint pour inutile toute insistance à ce sujet. Dissimulant son dépit, il déclara au grand chancelier qu'il respectait son opinion ; et pendant un certain temps le ministre intègre, restant étranger à la question qui, pour le prince, dominait toutes les autres, put consacrer son activité, sa vigilance, sa probité aux devoirs de sa charge.

Mais, quelque soin qu'il prît d'effacer l'importance du rôle qu'il remplissait avec tant de profit pour l'État et pour les particuliers, le moment vint où cette situation devait prendre fin. Morus le comprit et résigna de lui-même ses fonctions aux mains du roi, qui, sans opposer toutefois le moindre refus à cette détermination, parut en manifester les plus vifs regrets, et ne se sépara de son serviteur qu'en le comblant de louanges pour la noble façon dont il avait compris et accompli les devoirs de son titre. Ayant occupé les charges les plus lucratives sans savoir ou plutôt sans vouloir s'en assurer les magnifiques bénéfices, Morus entra pauvre dans la retraite, en s'efforçant de faire venir sur lui l'ombre et l'oubli.

Mais, outre que Henri VIII n'oubliait pas, le nombre était grand des créatures royales pour qui les rigides principes du grand chancelier avaient été une gêne détestée. Les rancunes étaient nombreuses.

A plusieurs reprises, sans y réussir, malgré sa toute-puissance et malgré le zèle servile des ennemis de Morus, le roi tenta de le faire comprendre dans certaines accusations.

Mais enfin l'occasion s'offrit plus directe, plus franche...

Las des résistances de la cour romaine, Henri VIII, bravant toutes les censures, se mettant au-dessus de toutes les lois, fit casser par son clergé son mariage avec Catherine d'Aragon, épousa Anne de Boleyn, obtint de son Parlement le vote d'un acte par lequel l'Angleterre s'affranchissait du pouvoir et de la juridiction du pape, et enfin se déclara chef d'une doctrine religieuse nationale, dont il régla de lui-même les dogmes, les rites et la hiérarchie cléricale.

Alors Morus fut mis en demeure de prêter le serment dit d'allégeance (soumission et fidélité) à la postérité de la nouvelle reine et de reconnaître le roi comme chef spirituel de l'État.

Morus répondit sans la moindre hésitation qu'autant vaudrait à ses yeux renier Dieu, sacrilège qu'il était incapable de commettre. De ce fait il fut condamné à la prison perpétuelle et enfermé à la Tour de Londres; il y composa un opuscule intitulé : *Quod pro fide mors non sit fugienda* (Qu'on ne doit pas redouter la mort pour affirmer sa foi).

Comme au bout d'un an ni ses amis ni ses proches n'avaient pu obtenir de lui qu'il rétractât rien de la courageuse réponse qui, selon lui, n'était rien de plus que la conséquence toute naturelle de ses intimes convictions, le roi, dont trop de gens étaient prêts à servir le ressentiment, le fit poursuivre pour crime de haute trahison.

Morus comparut, ne se défendit qu'en alléguant les scrupules de sa conscience, et enfin entendit porter contre lui ce terrible verdict :

« Thomas Morus, ancien chancelier d'Angleterre, convaincu de haute félonie, pour blâme de l'union légitime de son roi, pour refus de reconnaissance de la suprématie spirituelle de celui-ci et pour complicité dans le crime de Fisher, évêque de Rochester, récemment mis à mort pour tentative de perturbation de l'État à l'aide d'une bulle pontificale, sera traîné sur la claie à travers la cité de Londres, jusqu'à Tyburn, pour y être pendu ; la corde sera coupée avant que la mort survienne ; en cet état, il sera déchiré vif, son ventre ouvert, ses entrailles dispersées et brûlées. Les quartiers de son corps seront exposés sur les quatre portes de la cité et sa tête sur le pont de Londres. »

Henri VIII cependant commua cette peine en celle de la simple décapitation. Quand on vint l'apprendre à Morus : « Dieu, dit-il, préserve mes amis de la compassion du roi, et toute ma postérité de ses pardons ! »

En s'exprimant ainsi Morus souriait, comme il avait souri aux questions les plus insidieuses de ses juges, et comme il devait sourire jusqu'à son dernier moment.

C'est qu'une fois sa résolution bien prise de rester inébranlable devant les menaces les plus terribles comme sous l'effort des plus affectueuses obsessions, l'héroïque vieillard s'était impassiblement réfugié dans la franche bonne humeur qui avait toujours été une nuance charmante de son noble caractère. De même qu'aux jours paisibles de sa prime jeunesse il avait révélé les grâces de son esprit par de malicieuses boutades, de même, chargé d'ans et sous le tranchant du glaive, il traduit la stoïque sérénité de son âme par de plaisantes remarques, par de fines reparties.

L'homme grave, n'ayant plus qu'à attendre une mort tragique due à son opiniâtre gravité, était devenu une sorte d'enfant, qui badinait comme pour dissiper l'ennui de l'attente.

Jusqu'au dernier moment, le roi, qui lui eût certainement fait grâce si Morus se fût déshonoré à ses yeux par une rétractation, tenait auprès de lui des affidés qui insistaient, qui argumentaient. Un jour, dit-on, pour échapper sans doute aux fatigantes exhortations d'un de ceux-là : « Soit, je change de sentiment, » fit le condamné, comme du fond d'une profonde méditation. Aussitôt avis donné au maître, qui ordonne d'aller recevoir cette rétractation, et quand on se présente : « J'ai en effet changé de sentiment, dit tranquillement Morus, et voici en quoi. J'ai, comme vous voyez, la barbe assez longue. J'ai longtemps réfléchi sur ce que j'en ferais. La garder ? Il ne serait vraiment guère honnête de paraître devant le peuple un jour de cérémonie avec un menton aussi touffu. D'un autre côté, me faire raser, il y aurait de l'affectation, et d'ailleurs ce serait là rajeunir pour mourir : donc la question m'embarrassait. A la fin, le respect pour l'assemblée nombreuse qui doit assister à mon mariage et à mes noces avec la Mort l'a emporté ; j'avais résolu de passer, pour la dernière fois, par les mains du barbier. Depuis je me suis dit : Pourquoi ma barbe n'aurait-elle point de part à la fête ? ne me touche-t-elle donc pas d'assez près ? Et si le personnage que je suis sur le point de faire est un peu désagréable, n'est-il pas juste que ma barbe partage ma peine et ma douleur ? Je suis donc dans le dessein de laisser là le rasoir ; et c'est en quoi j'ai changé de sentiment. »

Quand il fut conduit au supplice (7 juin

1535), au moment de gravir les marches de l'échafaud : « Cet escalier est mal assujetti, dit-il à l'officier de justice qui présidait au funèbre spectacle, on devrait pouvoir monter ici en toute sûreté ; il serait vraiment désagréable de s'y rompre le cou. »

Arrivé sur la plate-forme : « Bourreau, mon ami, reprit-il, n'ayez point de peur, faites bravement votre devoir. Remarquez, je vous prie, que j'ai le col très court. » Puis, relevant sa barbe avant de poser sa tête sur le billot : « Cette barbe est l'innocence même ; épargnez-la, mon ami, elle n'a jamais commis aucune trahison, elle ! »

Sans aucun doute la légende, qui forcément s'attache aux tragiques histoires, a dû amplifier les derniers incidents de celle-ci ; mais qu'importe, si la légende, consacrée et que partant chacun doit connaître, n'a rien affirmé qui ne soit conciliable avec le caractère du héros, pour qui la postérité ne professe qu'admiration et respect ?

Fort bien ! mais l'*Utopie* ?

Nous ne l'oublions point.

Comme nous l'avons vu, Morus avait en principe attiré l'attention sur lui par des compositions qui témoignaient d'une grande finesse d'esprit et des plus solides qualités littéraires. Arrivé aux affaires, les obligations des charges qu'il avait acceptées, et dont il n'était pas homme à faire des sinécures, l'enlevaient aux lettres, dont il avait cependant conservé la passion. De-ci de-là partaient encore de charmantes épîtres ou naissaient quelques vers qu'on se montrait, qu'on redisait; mais c'était tout, et ce n'était assez ni pour le monde, qui avait espéré de sa verve autre chose que des pages fugitives, ni pour lui, qui se reprochait cette involontaire stérilité.

Un jour enfin, — il comptait alors quelque trente-cinq ou trente-six ans, il avait déjà beaucoup vu, beaucoup observé, beaucoup médité, tant au contact du peuple, au milieu duquel il avait exercé ses premières magistratures, qu'à la cour et pendant ses missions diplomatiques à l'étranger; déjà sa droite nature s'était fréquemment heurtée au brutal arbitraire d'en haut et son âme tendre s'était émue aux affreuses misères d'en bas; déjà sa vigoureuse aversion du mal et sa profonde compassion de l'humanité lui avaient inspiré de nombreuses réflexions sur le manque d'équilibre social; et, tout naturellement, sous l'empire de ses instincts à la fois caustiques et généreux, il avait formulé en lui la vive satire de tant d'exemples affligeants et caressé le beau rêve de l'État où la perfection morale, selon lui toute simple, toute facile, engendrerait la félicité universelle — un jour cette satire, ce rêve, qui depuis longtemps sans doute hantait son esprit, prit corps sous sa plume nerveuse et brillante. Et ainsi se trouva narré, avec tous les charmes d'une diction aussi délicate que pittoresque, ce *Voyage à l'île d'Utopie* (ou *de la Meilleure des Républiques*), qui fut un des grands événements littéraires et philosophiques du temps : tableau à la fois très candide et très audacieux, où, sous les formes du plus fantaisiste idéal, se trouvent abordés, avec une étonnante placidité, les plus ardents problèmes sociaux qui depuis ont ému jusqu'aux bases maintes institutions modernes, mais qui alors ne pouvaient encore passionner que de rares personnalités.

Les contemporains virent surtout dans cette œuvre, écrite en un latin aussi concis qu'élégant, un très ingénieux badinage, une très plaisante fiction, dans les calmes images de laquelle l'esprit pouvait oublier les agitations, les calamités d'une époque de terribles déchirements civils et internationaux. « Soumettre ce travail à une analyse précise, a dit M. A. Franck dans son *Dictionnaire des sciences philosophiques,* serait peine perdue. Comment démêler en effet dans des productions de ce genre ce qui est l'expression exacte des convictions de l'auteur et ce qui doit être mis au compte de l'imagination? On ne discute point des rêves. Ajoutons seulement que ce sont là les douces et aimables chimères du philanthrope et du sage; qu'un agréable parfum de la science antique et de la charité chrétienne se mêle dans ce livre à la généreuse censure d'une foule d'abus, que la barbarie du moyen âge avait introduits dans les tribunaux, dans les codes, dans les mœurs et les coutumes de l'Europe au seizième siècle. Ajoutons enfin que, dans cet âge d'intolérance théologique et de fureur religieuse, l'*Utopie* fit entendre plus hautement que nulle autre critique sociale le langage de la tolérance, de la justice, de la fraternité humaine. Par ce trait surtout, l'ouvrage de Morus se distingue honorablement de bien d'autres écrits éclos, à diverses époques, sous la même inspiration et dans les mêmes desseins.

« L'*Utopie,* qui d'ailleurs n'est elle-même qu'une fille assez directe de la *République* de Platon, a servi de source d'inspiration à une nombreuse classe d'écrits, tels que la *Cité du Soleil*, de Campanella; l'*Océana*, de Harrington; la *Salente*, de Fénelon, etc. »

Quoi qu'il en soit, le livre de Morus, resté très célèbre par son titre et par son caractère général, bien que souvent traduit dans les divers idiomes européens[1], n'a pas été réimprimé depuis longtemps et n'a plus aujourd'hui que fort peu de lecteurs. En réalité chacun en parle, chacun y fait allusion; mais combien en connaissent positivement le contenu?

Pourtant l'œuvre, remarquable par sa conception première autant que par ses détails, est intéressante, curieuse; elle reflète, en traits souvent très poétiques, très touchants, la belle âme d'un grand homme de bien. C'est pourquoi nous avons cru qu'il serait bon de la remettre en lumière.

Eug. MULLER.

---

[1]. Publiée en 1516, l'*Utopie* fut assez fidèlement traduite une première fois en français par Samuel Sorbière en 1543; en 1715, Gueudeville, littérateur très fécond, mais écrivain très médiocre, en fit une seconde traduction fort inexacte, où il substitua souvent ses propres idées à celles de l'auteur; toutefois son travail est encore recherché pour les jolies gravures que l'éditeur plaça dans ce volume. En 1789 parut une nouvelle et très fidèle version signée T. Rousseau; c'est celle que nous reproduisons, après l'avoir revue sur le texte original.

VOYAGE A L'ILE D'UTOPIE

INTRODUCTION

L'ouvrage de Thomas Morus est divisé en deux livres. Dans le premier, l'auteur explique comment il fut instruit de choses concernant l'île d'Utopie. Dans le second, il fait rapporter ces choses par un personnage de convention.

Envoyé comme ministre plénipotentiaire à Bruges par le roi Henri VIII, qui avait alors, dit-il, quelques démêlés avec le prince Charles de Castille (depuis l'empereur Charles-Quint), et les pourparlers engagés ayant subi une interruption, Morus s'en alla passer quelques jours à Anvers. Dans cette ville il fut mis en rapport, par un de ses bons amis (Pierre Gille, à qui le livre est d'ailleurs dédié), avec un homme revenant d'effectuer de lointains voyages. En le lui présentant : « Cet homme, lui dit Pierre Gille, n'a pas simplement voyagé comme Palinure (pilote du vaisseau d'Énée, dans le poème de Virgile), mais comme un autre Ulysse ou comme un Platon, pour satisfaire le désir qu'il avait d'acquérir des connaissances et de perfectionner son être.

« Ce Raphaël Hythlodée (mot composé grec, qui signifie *faiseur de contes*) entend passablement le latin et possède parfaitement le grec. Son amour invincible de la philosophie lui a fait préférer l'étude de cette dernière langue à la première. Entraîné par son goût dominant, il fit don à ses frères de la part qui lui revenait dans le bien paternel, quitta le Portugal, sa patrie, et, pressé du besoin de s'instruire, accompagna Améric Vespuce au Nouveau Monde. Il ne revint cependant pas avec lui en Europe. Ce fameux voyageur, cédant aux instances d'Hythlodée, consentit à ce qu'il fût un des vingt-quatre compagnons qu'il laissait dans la Nouvelle-Castille, pour pousser plus loin les découvertes qu'il venait de faire de ces vastes contrées. Raphaël resta donc en Amérique, préférant, au cas échéant, périr sur une terre étrangère ou être enseveli sous les flots, pourvu qu'il satisfît sa passion, que de végéter, de mourir dans son pays et d'y obtenir les honneurs d'un superbe mausolée.

« Dès que Vespuce fut parti, Hythlodée parcourut avec cinq Castillans, ses compagnons, quantité de pays jusqu'alors inconnus. Enfin, après bien des fatigues il aborda, par un heureux coup du sort, à Taprobane (aujourd'hui Ceylan), d'où il passa à Calicut (Calcutta). Là, ayant trouvé plusieurs bâtiments portugais prêts à faire voile pour sa patrie, il y revint, contre toute espérance de jamais la revoir. »

Morus accueille très civilement le voyageur. Les trois amis entrent dans un jardin, s'asseyent sur un banc de gazon, et Raphaël commence le récit de ses aventures.

Il raconte d'abord comme quoi le souverain d'une contrée dont il a oublié le nom, ainsi que celui du prince, fut pour lui et ses compagnons d'une bienveillance sans égale. « Prenant intérêt à tout ce qui nous concernait, il nous prodiguait les présents, les attentions ; sa libéralité active et prévoyante ne nous laissait pas le temps de former des souhaits. Lorsqu'il sut que nous avions l'intention de visiter les États voisins, il nous donna un guide sûr et expérimenté, qui avait ordre de nous conduire partout où il nous semblerait bon d'aller. Il nous fournit, en outre, toutes les provisions nécessaires. Nous fîmes ces voyages tantôt par terre, sur des chariots, tantôt sur mer, montés sur les meilleurs vaisseaux du pays.

« Après quelques jours de route, nous découvrîmes des villes bien peuplées, des nations puissantes, des républiques dont la législation était marquée au coin de la sagesse et indiquait un profond amour de l'ordre. Sous l'équateur, entre les deux tropiques, on ne trouve que des régions incultes, sans cesse exposées aux feux dévorants de la canicule : ces déserts effrayants servent de repaire aux reptiles les plus venimeux, aux animaux les plus voraces. Si l'on y rencontre quelques hommes, ils sont d'un naturel aussi féroce que celui des bêtes au milieu desquelles ils vivent[1]. Mais à mesure que vous avancez vers la zone tempérée, la nature se développe par degrés sous une forme plus douce et plus riante, la terre se couvre d'une verdure émaillée de fleurs, l'air est plus pur, les animaux de ces régions sont bien moins sauvages, et les peuples policés qui les habitent font par terre et par mer un commerce très étendu,

---

1. Avons-nous besoin de faire remarquer qu'à l'époque où Morus écrivait, on n'avait encore que des notions fort imparfaites sur les contrées qu'Hythlodée est censé avoir parcourues ?

non seulement entre eux, mais aussi avec des nations fort éloignées. »

« Raphaël, dit Morus, nous raconta tout ce qu'il avait vu d'extraordinaire dans ce nouveau monde. Il prenait notamment plaisir à s'étendre sur les institutions sages, sur les établissements utiles qu'il avait remarqués chez ces différents peuples. Je trouverai peut-être plus tard le loisir de communiquer au public tout ce qu'il m'a appris d'instructif en ce sens, mais je veux me borner au récit qu'il nous fit des mœurs, des usages, du gouvernement de l'île d'Utopie[1]; mais avant d'entrer en matière je pense qu'il ne sera pas hors de propos de rapporter l'entretien qui conduisit insensiblement Hythlodée à nous parler de cette île. »

Et alors Morus consacre de très nombreuses pages à l'exposé, à la critique des institutions réelles des divers pays, et notamment du royaume anglais : longue dissertation dialoguée, à laquelle le lecteur d'aujourd'hui ne trouverait qu'un intérêt par trop rétrospectif, et que nous croyons devoir supprimer.

Lorsque les interlocuteurs ont sinon épuisé, du moins très sérieusement traité ces matières : « Ah! s'écrie Hythlodée, que n'avez-vous été avec moi en l'île d'Utopie! que n'avez-vous, par vous-même, connu les institutions de cet heureux pays! Je regarde comme

---

1. « En créant ce mot d'*Utopie* (fait de *us*, négation, et *topos*, lieu), Morus a fait lui-même, dit M. A. Franck, la critique la plus fine des vues et des tableaux qu'il développe, car ce mot veut dire un lieu qui n'a point place sur notre globe, qui ne se trouve que dans les espaces imaginaires, dans ce monde de la rêverie et de l'impossible, empire de la fable et non de l'histoire. »

Il va de soi que ce n'est pas sans intention que l'auteur fait une *île* de cette Utopie dont il doit se servir pour critiquer les institutions de l'*île* où il écrit, et pour présenter le tableau d'une république parfaite aux insulaires ses compatriotes.

un bonheur d'y avoir pénétré; c'est le plus excellent fruit de mes voyages; c'est la plus heureuse découverte que je pouvais faire. J'ai habité plus de cinq ans cette île fortunée, et je n'en serais jamais sorti si, préférant l'utilité publique à ma propre satisfaction, je n'avais cru rendre un grand service à mes compatriotes en leur faisant part de ma découverte et en publiant les merveilles de ce nouveau monde. Oui, mon cher Morus, si vous aviez étudié les Utopiens en témoin oculaire, vous tomberiez d'accord que jamais il n'y eut que là ce qui s'appelle une république bien constituée.

— Je vous assure, dit alors Pierre Gille à Raphaël, que vous auriez bien de la peine à me persuader là-dessus. Je ne saurais m'imaginer que dans votre nouveau monde il se puisse rencontrer une nation mieux réglée, mieux ordonnée qu'aucune qu'il y ait dans le monde qui nous est connu. Est-ce que chez nous les esprits sont moins trempés que là-bas? est-ce que chez nous nous ne voyons pas d'anciennes monarchies et républiques où le long usage des arts libéraux et mécaniques a fait découvrir tant de moyens surprenants, pour toutes les commodités, tous les agréments de l'existence, et les a fait enfin porter au plus haut point de perfectionnement?

— Quant à l'ancienneté des États, réplique Raphaël, vous en parleriez en d'autres termes si vous aviez lu les histoires de ce monde-là. En les supposant fidèles, on y voit qu'il existait chez eux des villes aussi peuplées que florissantes bien avant qu'il y eût des hommes sur notre hémisphère. On apprend par leurs annales qu'avant notre arrivée dans leur pays, ils n'avaient nulle connaissance des affaires des *Ultraéquinoxiaux* (c'est le nom qu'ils nous donnent). En des temps reculés toutefois, il peut y avoir douze ou quinze cents ans, un vaisseau que montaient des Romains et des Égyptiens, emporté par la tempête, fit naufrage devant l'île d'Utopie. Ceux des passagers qui purent atteindre le rivage, trouvant fort à leur gré le pays, y achevèrent paisiblement leurs jours.

« Jugez d'ailleurs du génie actif et laborieux de ce peuple par l'habileté avec laquelle il profita de cet événement. Le hasard ayant fait que parmi les naufragés il s'en trouva plusieurs qui étaient à même d'initier les habitants du pays aux arts, aux industries de notre monde, aucun de ces enseignements ne fut perdu. A force d'application, les Utopiens surent pénétrer et s'approprier tous les secrets des travaux dont ces étrangers leur avaient donné les notions.

« Mais si les Utopiens ont acquis une connaissance si parfaite de nos arts, de nos métiers, s'ils ont habilement profité de nos découvertes utiles, combien s'écoulera-t-il de temps avant que de notre côté nous nous approprions leurs sages coutumes, leurs institutions si supérieures aux nôtres? Quoique nous ayons incontestablement autant d'esprit qu'eux; quoique nous possédions autant de richesses que ce peuple, tant que nos gouvernements ne se modèleront pas sur le sien, nous ne devrons jamais nous promettre de jouir de la prospérité qui sera toujours son partage.

— Cela étant, s'écrie Morus, de grâce, mon cher Raphaël, faites-nous au plus tôt la description, tracez-nous le plan de cette heureuse république. Plus votre narration sera détaillée, moins vous devez craindre de nous ennuyer. Donnez-nous une idée exacte du pays, de ses campagnes, de ses villes, de son agriculture, de ses lois, de ses coutumes; entrez dans les minuties de tout cela; tout nous intéressera, puisque nous ignorons tout de ce pays et de ce peuple.

— Volontiers, réplique Raphaël. »

Et il commence un récit, qui, formant le second livre, constitue à proprement parler pour nous la partie vraiment curieuse et intéressante de l'œuvre de Morus.

I

DESCRIPTION DE L'ILE D'UTOPIE, IDÉE DE SON GOUVERNEMENT

L'ILE d'Utopie a cinq cent mille pas de circuit; vers le milieu, qui est sa plus grande largeur, elle a deux cent mille pas de diamètre; elle conserve cette étendue dans un assez long espace de terrain; ensuite sa largeur diminue insensiblement, et les extrémités de l'île se terminent en pointes, de sorte qu'à son entrée elle présente la forme d'un croissant régulier.

La distance d'un cap à l'autre est d'environ onze milles; la mer s'étend dans ce golfe, que la terre abrite presque en tout sens, aussi n'est-il sujet à aucune de ces violentes tempêtes qui se font sentir hors du détroit. Ce bras de mer, toujours paisible, ressemble à un grand lac ou à un étang. On peut regarder ce bassin comme un havre sûr, que la nature a creusé de sa propre main pour la facilité du commerce de ce peuple. A droite, l'embouchure du détroit est garnie de bancs de sable; à gauche elle est hérissée d'écueils; vers le milieu s'élève un rocher très commode, sur lequel on a construit un fort pour défendre le passage. Tous les autres rochers sont à fleur d'eau; il est impossible de ne pas se perdre, si on ne suit point, en entrant dans ce port, la route et tous les détours que les seuls habitants connaissent. C'est ce qui fait qu'un navire étranger ne peut mouiller dans cette rade que sous la conduite d'un pilote côtier. Il est même nécessaire que de la côte on lui trace, par des signaux, le chemin qu'il doit tenir pour se garantir du naufrage. Le seul changement de place de ces signaux suffirait pour faire périr entièrement une flotte ennemie, quelque nombreuse qu'elle fût. De l'autre côté de l'île on trouve plusieurs ports fort bien abrités, et dans tous les endroits où l'on pourrait tenter une descente, la nature et l'art se sont si bien accordés pour fortifier la côte qu'une poignée de monde serait en état de repousser l'attaque d'une armée formidable.

Au reste, suivant l'histoire des Utopiens, et même à en juger par la situation du pays, on apprend qu'autrefois il ne formait point une île. Utope, qui en fit la conquête, au lieu du nom d'Abraxas[1] qu'il portait, lui donna le sien. Cet Utope passe pour le fondateur de la république.

Ce fut lui qui le premier civilisa ses habitants et leur donna cette forme de gouvernement si supérieur à tous ceux qui nous sont connus. Ce conquérant législateur, s'étant rendu maître presque sans coup férir de la contrée, fit aussitôt couper une langue de terre de quinze mille pas qui joignait le pays à la terre ferme.

Pour ne pas donner aux habitants lieu de croire qu'il voulait les humilier par ces travaux serviles, il y employa, conjointement avec eux, ses propres soldats.

---

[1]. *Abraxa* ou *Abraxas*, vieux mot cabalistique, nom du Dieu suprême selon les Basilidiens, hérétiques du onzième siècle. Ce mot renfermait, disait-on, de grands mystères et avait autant de vertus qu'il y a de jours dans l'année, parce que les sept lettres qui le composent forment en grec le nombre de 365. On donnait ce nom à des espèces de talismans en pierres taillées ou chargées de caractères hiéroglyphiques.

L'entreprise fut poussée avec autant de vigueur que de célérité, si bien que les peuples voisins, qui la traitaient d'abord d'extravagante, furent frappés d'admiration et même de terreur lorsqu'ils la virent terminée en si peu de temps.

On compte dans toute l'étendue de l'île cinquante-quatre villes, qui ont, autant que le site du terrain sur lequel elles sont bâties a pu le permettre, la même exposition et la même forme. Elles se servent toutes du même idiome, des mêmes coutumes, et sont gouvernées par les mêmes lois.

Les plus proches de ces cités sont à vingt-quatre milles de distance, les plus éloignées les unes des autres ne le sont que d'une journée de chemin à pied. De chacune de ces villes trois citoyens, également respectables par leur âge et leur longue expérience, se rendent tous les ans à Amaurote[1], pour y traiter des affaires qui concernent l'île en général. Amaurote est la capitale du pays, parce que, se trouvant placée au centre, les députés des autres villes peuvent s'y rendre avec une égale commodité. Le partage des terres labourables a été fait avec une proportion si exacte que le territoire de chaque ville est au moins de vingt mille pas de circonférence.

Quelques villes en ont cependant davantage. Ce sont celles qui sont plus éloignées les unes des autres.

Quoi qu'il en soit, chaque cité, satisfaite de la portion de terrain qui lui a été assignée, ne cherche point à en étendre les bornes. Cette heureuse modération vient de ce que les habitants des campagnes s'en regardent

---

1. Du grec *amauros*, obscur : la ville sans renommée.

moins comme les maîtres et les propriétaires que comme les simples tenanciers. Chaque champ a sa métairie agréablement disposée et pourvue de tous les instruments nécessaires aux travaux agricoles.

Ces maisons rustiques sont habitées par des citoyens qui vont y résider chacun à leur tour.

Une famille qui a son domicile à la campagne doit être composée d'au moins quarante personnes, tant hommes que femmes, et deux esclaves. Un vieillard et une matrone (mère de famille) sont à la tête de la maison et la gouvernent.

Il y a, pour trois cents de ces maisons, un inspecteur général qui est chargé de leur direction. Des quarante personnes qui composent chaque groupe familial, vingt retournent tous les ans à la ville, après avoir fini leur apprentissage d'agriculture, qui est de deux ans ; la ville en renvoie un pareil nombre à leur place.

Ces nouveaux venus sont instruits par ceux qui, ayant déjà l'expérience d'une année, sont en état de former des élèves ; l'année suivante ces derniers enseignent l'agriculture aux novices qui leur arrivent. On prend ces sages précautions pour prévenir la cherté des grains, que ne manquerait pas d'occasionner l'impéritie des laboureurs, s'ils arrivaient tous aux champs sans avoir la connaissance du mode de culture. Le législateur n'établit cette émigration annuelle des habitants de la ville à la campagne et de la campagne à la ville que pour prévenir les dégoûts et l'ennui qu'éprouveraient à la fin des citoyens obligés de se livrer toute leur vie à des travaux fatigants, pour lesquels ils pourraient avoir d'ailleurs une répugnance naturelle. Nombre de ces colons, qui font leurs délices de l'agriculture et qui se trouvent bien à la campagne, obtiennent facilement d'y rester tout le temps qu'il leur plait. Leur emploi journalier est de mettre la terre en valeur, de pourvoir également à la multiplication et à la conservation du gros et menu bétail, de faire des coupes de bois réglées et d'en approvisionner les villes en le charriant ou le voiturant à leur plus grande commodité, soit par mer, soit par terre. Ce que j'ai le plus admiré chez eux, c'est l'art surprenant qu'ils ont pour faire éclore une prodigieuse quantité de poulets. Comme leurs poules ne couvent point, ils disposent un grand nombre d'œufs en certain lieu, où ils entretiennent une chaleur douce et égale. Dès que ces poussins sortent de leur coque, des valets de ferme, uniquement destinés à cet office, en prennent tous les soins nécessaires et les élèvent. Ils sont tellement habitués à ce métier qu'ils distinguent parfaitement entre eux tous ces petits animaux. Les Utopiens nourrissent très peu de chevaux; ceux qu'ils ont sont des plus fougueux, ils ne les conservent que pour exercer leur jeunesse et lui apprendre à les dompter. On ne se sert que de bœufs, tant pour le labour que pour les charrois. Ils conviennent que cet animal, par sa lenteur, est bien inférieur au cheval, toujours vif, toujours impatient de marcher; mais ils trouvent au bœuf plus de docilité; il a aussi plus de force et de nerfs, il supporte plus longtemps la fatigue, et la principale raison qui les détermine à n'employer que lui, c'est qu'il n'est sujet à aucune de ces maladies qui mettent si souvent les chevaux hors d'état de rendre des services.

Une autre considération, appuyée sur leurs principes économiques, c'est que le bœuf coûte beaucoup moins à nourrir que le cheval, et que lorsqu'il cesse d'être propre au travail il n'en est pas moins utile à l'homme, puisqu'il devient alors un de ses premiers aliments. Ils ne sèment guère d'autre grain que du blé; leur boisson est composée de vin, de cidre, de poiré et d'une liqueur faite avec du miel et de la réglisse, qui abondent dans le pays; souvent ils ne boivent que de l'eau pure. Quoiqu'ils sachent précisément, car ils excellent dans ce genre de supputation, la quantité de toutes les denrées qui se consomment annuellement dans la ville et aux champs, ils ne laissent pas de semer au delà de ce qu'exigent leurs propres besoins et de nourrir plus de bétail qu'il ne leur en faut pour leur usage; ils font part du superflu à leurs voisins. Ils tirent de la ville tout ce qu'on ne trouve pas à la campagne et ne sont pas obligés de payer ou de rien donner en échange pour l'avoir. Le magistrat auquel ils s'adressent se fait un plaisir de leur donner gratis tout ce dont ils ont besoin.

La plupart des cultivateurs se rendent à la ville tous les mois pour y célébrer un certain jour de fête.

Au temps de la moisson, les inspecteurs généraux du labourage font savoir aux magistrats de la ville le nombre d'ouvriers qu'il est à propos de leur envoyer, et ils l'obtiennent sur-le-champ.

Dès qu'ils sont arrivés on commence la récolte, qui peut aisément se faire en un seul jour, si le temps est favorable.

II

DESCRIPTION DES VILLES D'UTOPIE, ET PRINCIPALEMENT DE CELLE D'AMAUROTE, SA CAPITALE

Qui a vu l'une de ces villes, peut dire en quelque façon qu'il les connaît toutes, car elles n'ont d'autre différence entre elles que celle qui provient du sol même qui leur sert d'emplacement.

Je ne vous ferai donc la description que d'une seule ; quoiqu'il importe fort peu de laquelle, je choisirai cependant Amaurote, comme étant la capitale ; toutes les autres lui cèdent le pas, parce que le sénat y tient ses séances.

De quelle autre d'ailleurs pourrais-je vous parler plus pertinemment que de celle où j'ai demeuré pendant cinq années de suite? Cette ville, qui a la forme d'un amphithéâtre carré, est agréablement située à mi-côte. Sa largeur, qui commence au-dessous du sommet de la colline, s'étend à environ deux mille pas jusqu'au fleuve d'Anydre[3], qui baigne ses murs dans presque toute leur étendue.

L'Anydre prend sa source à quatre-vingts milles au-dessus d'Amaurote, d'une petite fontaine dont le courant se grossit de plusieurs rivières qui s'y mêlent, et parmi lesquelles il s'en trouve deux assez considéra-

1. Ou *Anhydre*, nom formé de *an* privatif et *udor*, eau. Le nom signifie donc *le fleuve sans eau*.

bles. Devant la ville, le lit du fleuve est de cinq cents pas de large ; ses eaux, après s'être fort accrues encore dans leur cours, vont enfin se perdre dans l'Océan, à soixante milles au-dessous de la capitale. Le flux et le reflux s'y font sentir à des heures très régulières, dans l'espace de trente milles au-dessus de son embouchure ; lors du reflux, ses eaux, repoussées par celles de la mer qui occupent son lit, contractent une certaine âcreté qui est sensible à quelques milles encore au delà ; mais elles s'adoucissent peu à peu, de sorte que celles qui coulent sous les murs de la ville n'ont que leur goût naturel, qu'elles conservent jusqu'à leur source. Il règne un fort beau quai tout le long de la rivière, et pour traverser à l'autre bord, qui est aussi garni de maisons, on a construit un pont tout en pierres de taille dans l'endroit où la ville se trouve à une plus grande distance de la mer. Ainsi, les vaisseaux parcourant le canal en toute liberté, on n'est point obligé d'abattre leur mâture pour passer sous les arches. Il sort du sein de la montagne sur laquelle la ville est bâtie une autre rivière ; quoiqu'elle soit moins considérable que l'Anydre, dans lequel elle se jette après avoir traversé Amaurote, elle ne laisse pas d'avoir ses agréments et ses commodités.

Par plusieurs lignes de circonvallation qu'ils ont tracées, les Amaurotes ont enfermé sa source dans l'enceinte même de leur ville.

Leur but, en prenant cette sage précaution, a été, au cas qu'ils eussent un siège à soutenir, d'empêcher l'ennemi de couper ses eaux ou de les empoisonner. Ils ont pratiqué sous terre des aqueducs bâtis en briques, qui fournissent de l'eau à la basse ville, et dans les quartiers où ils n'ont pu en procurer par cette voie les habitants ont des citernes; l'eau du ciel qui les remplit sert également à leurs différents usages. Trois côtés de la ville sont entourés d'une muraille aussi haute qu'épaisse et fortifiée d'un grand nombre de tours, de bastions et de parapets. Au pied de la muraille est un fossé large et profond, sans eau, à la vérité, mais tout hérissé, tout couvert de broussailles et de haies vives, qui en rendent le passage impraticable. L'Anydre sert de fortification au quatrième côté, situé sur sa rive. Les rues sont percées commodément pour le charroi et pour garantir les habitants des vents qui règnent en ces climats; elles ont vingt pieds de large. Les maisons, dont l'extérieur est de la plus grande simplicité, mais propre, sont toutes bâties les unes auprès des autres, sur les mêmes alignements et dans la même forme. Cette symétrie singulière dans tous les bâtiments offre un coup d'œil très agréable. Chaque maison a son jardin attenant. Tous ces jardins réunis paraissent n'en former qu'un seul, qui s'étend le long de chaque rue et qui se trouve borné par le derrière de la rue parallèle. Toutes les maisons ont deux portes, l'une desquelles donne sur le jardin, l'autre sur la rue. Il suffit de pousser ces portes à deux battants pour les ouvrir; elles se rabattent d'elles-mêmes. Ainsi chacun a la liberté d'entrer quand il lui plaît; et comme ceux qui habitent ces maisons n'ont rien qui leur appartienne en propre, ils n'ont besoin ni de verrous ni de serrures pour se mettre à l'abri des voleurs. Tous les dix ans il se fait un déménagement général. Chaque famille cède la maison qu'elle occupe pour prendre celle que le sort lui donne. Leurs jardins sont les seuls objets auxquels les Utopiens sont particulièrement attachés et dont ils prennent les plus grands soins.

Ils y cultivent avec un égal succès les plantes, les arbustes, les fleurs, les fruits et la vigne. Je n'ai vu nulle part des jardins plus fertiles et plus riants. Le plaisir d'en avoir un superbe pour sa propre satisfaction n'est pas le seul motif qui détermine chaque bourgeois à prendre soin de celui qui lui est échu. C'est une émulation aussi douce qu'utile entre tous les citoyens, qui les porte à redoubler d'efforts pour se surpasser les uns les autres dans la culture et dans l'entretien de ces vergers délicieux.

On prétend que le fondateur de la république a pris lui-même toutes les mesures qu'il a jugées les plus efficaces pour conserver cet esprit d'émulation, dont il résulte un profit si clair pour tous et pour chacun en particulier. Il est bon de vous dire que le plan actuel d'Amaurote est le même qu'Utope a tracé. Mais comme aucun établissement humain ne peut être parfait au moment de sa naissance, les descendants des premiers républicains ont considérablement augmenté, par succession de temps, et les agréments et les commodités de leurs maisons. Suivant les annales de ce peuple, recueillies avec autant d'exactitude que de vérité, et qui comprennent l'histoire de près de dix-huit siècles, on voit qu'à l'époque de la fondation de la capitale les maisons n'étaient d'abord que des huttes, des cabanes éparses çà et là et toutes construites en bois sans aucun apprêt; leurs couvertures, qui se terminaient en pyramides, n'étaient que de chaume. La bâtisse en est bien différente aujourd'hui. Toutes les maisons, élevées de trois étages, ont une façade en pierres de taille et en briques, l'intérieur est de moellons, les toits sont plats et enduits d'un certain plâtre ou ciment qui ne coûte presque rien. Ce ciment est à l'épreuve du feu et résiste aux injures de l'air tout autant que le plomb.

Comme l'usage du verre est fort commun en ce pays, les habitants s'en servent pour les châssis de leurs fenêtres, et par ce moyen se garantissent du vent. D'autres emploient des châssis de toile fine et imbibés d'une huile transparente ou d'ambre fondu, ce qui produit deux bons effets : le jour que l'on reçoit à travers ces carreaux est plus clair, et l'abri qu'ils fournissent contre le vent ou le serein est plus solide.

III

DE L'ADMINISTRATION DE LA JUSTICE ET DES MAGISTRATS

A LA tête de chaque trentaine de familles est un magistrat, qu'elles choisissent tous les ans. Il se nomme, suivant le vieux langage du pays, le syphogrante, et suivant le langage moderne, le phylarque[1]. Un directeur, jadis appelé tranibore, aujourd'hui protophylarque[2], commande à dix syphograntes et aux trois cents familles de leurs districts. Enfin les syphograntes, qui forment en tout un corps de deux cents magistrats, ont un président.

Ce sont eux-mêmes qui font son élection, et voici de quelle manière ils y procèdent. La ville étant distribuée en quatre quartiers, les habitants réunis de chaque quartier jettent leur vue sur un citoyen, qu'ils adoptent et qu'ils présentent au sénat. De ces quatre personnes ainsi désignées, les syphograntes en élisent un pour président. Cette élection se fait par la voie du scrutin, après que ceux qui y prennent part se sont engagés par serment à choisir celui qu'ils jugeront le plus capable de bien mériter de la patrie. Quoique la place de prince ou de président soit à vie, on le destitue cependant pour peu qu'on soupçonne qu'il vise au despo-

---

1. Ancienne désignation grecque qui signifie *chef d'une tribu.*
2. Premier phylarque.

tisme. La charge des tranibores est annuelle; on les continue néanmoins dans leurs fonctions quand ils la remplissent à la satisfaction du peuple. Tous les autres offices publics ne sont conférés que pour un an.

Tous les trois jours, les tranibores tiennent conseil avec le prince, et plus souvent encore si le cas le requiert. On délibère dans ce conseil sur les affaires de l'État; on y examine aussi celles des particuliers. Ces dernières, qui sont toujours en très petit nombre, se jugent avec la plus grande diligence.

Tour à tour deux syphograntes ont droit de séance au conseil, où rien ne se décide concernant les affaires de la république sans que la motion en ait été discutée et admise en plein sénat trois jours auparavant. Hors de cette auguste assemblée ou de celle des états généraux, c'est un crime capital que de prononcer sur les questions relatives à l'administration.

On a voulu par cette loi prévenir les ligues que le président et les tranibores pourraient faire entre eux, pour opprimer le peuple et changer la forme du gouvernement. C'est par cette même raison que l'on renvoie les matières les plus importantes à l'examen des phylarques, qui en confèrent avec les familles de leur dépendance. Après une mûre délibération ils font leur rapport au sénat. Dans certains cas, on assemble les états généraux pour décider des affaires majeures. Une coutume strictement observée par le sénat, c'est de ne jamais statuer sur une question le jour qu'elle est proposée; il en remet toujours la décision à la séance prochaine.

Ici l'intention du législateur fut d'empêcher les jugements précipités. Il savait que tout homme qui parle au hasard aime mieux soutenir opiniâtrément une idée fausse qui lui est échappée que de risquer sa réputation en se rétractant. Il connaissait encore cette mauvaise honte qui nous ôte la liberté de revenir sur nos pas lorsque nous nous sommes imprudemment avancés. Il voulut en conséquence donner aux magistrats le temps de l'examen et de la réflexion, préférables cent fois à cette présence d'esprit, à cette promptitude de discourir et de prononcer sur tout, qualités funestes dont nos jeunes étourdis se piquent fort mal à propos.

IV.

DES ARTS ET DES ARTISANS

Chaque personne exerce en Utopie une profession commune aux deux sexes, et dans laquelle tous sont également versés : l'agriculture, qu'ils apprennent dès leur plus bas âge, soit par théorie dans les écoles publiques, soit par pratique dans les campagnes voisines. Les jeunes gens vont voir travailler les anciens laboureurs, eux-mêmes mettent la main à la charrue, ce qui n'est pas moins un amusement pour eux qu'un exercice qui contribue singulièrement à leur former une constitution robuste, à leur donner de la vigueur, de la souplesse et de l'agilité.

Outre cet art, que tous pratiquent, comme je viens de le dire, chaque habitant apprend un métier qui lui est propre. Les uns sont ouvriers dans les manufactures d'ouvrages en laine, les autres se font tisserands, ceux-ci maçons, ceux-là serruriers ou charpentiers.

Les autres arts mécaniques occupent si peu de personnes qu'il est presque inutile d'en faire mention. La mode des habits est uniforme dans toute l'île et ne change jamais. La seule différence qu'on y remarque est celle qui distingue les deux sexes et les personnes mariées d'avec celles qui sont veuves ou célibataires.

Au surplus, cette forme d'habit, que chaque particulier se fait pour lui-même, est très agréable ; elle ne gêne aucun des mouvements du corps et est également propre à le garantir de la rigueur du froid et de l'excessive chaleur. Les femmes, ainsi que les hommes, apprennent un métier ; comme elles ont moins de force que nous autres, elles ne s'occupent qu'à tricoter, à coudre et à filer. Les ouvrages les plus rudes sont réservés aux hommes. Chaque enfant suit ordinairement la profession de son père, qui lui est familière et comme naturelle. Si cependant un enfant annonce du goût et une vocation marquée pour un autre état, on le met en apprentissage dans une maison où l'on exerce le métier qui lui convient. Dans ce cas, ses parents et les magistrats ont le plus grand soin que le jeune apprenti devienne le fils adoptif d'un père de famille généralement estimé pour ses bonnes mœurs et sa capacité. Chaque citoyen a la liberté d'apprendre plusieurs métiers et de faire celui qui lui plaît davantage, à moins que le nombre suffisant d'ouvriers dans un art nécessaire ne vienne à manquer ; alors le magistrat oblige celui qui le professe de s'y adonner de préférence à tous les autres.

L'emploi le plus important, je dirais presque l'unique fonction des syphograntes, est d'avoir l'œil à ce que chacun fasse le meilleur emploi possible de son temps et de veiller surtout à ce que personne ne se livre à la paresse. Les Utopiens ne sont cependant pas attachés au travail ainsi que les chevaux qui tournent la meule sans relâche et d'autres bêtes de somme qui n'ont jamais de repos. Cette contention continuelle est un esclavage dur, plus fait pour un galérien que pour un homme libre. Cette vie malheureuse et accablante, qui dans les autres pays est celle de tous les artisans, n'est point connue en Utopie.

Ainsi que chez nous, on divise le jour en vingt-quatre heures; on n'en consacre jamais que six au travail, dont trois avant midi, qui est l'heure du dîner. Après ce repas on a deux heures de récréation. Les trois autres heures de travail se terminent par le souper. On se couche sur les huit heures, on en dort à peu près autant, c'est-à-dire qu'on se lève sur les quatre heures du matin. Il est permis à tout artisan d'employer comme bon lui semble tout le temps qui se trouve entre son sommeil, son travail et ses repas. Loin de le saisir avec avidité pour s'abandonner à un lâche repos, pour se plonger dans la débauche et l'ivrognerie, ils l'emploient tous à des jeux aussi innocents qu'instructifs; quantité d'ouvriers en profitent pour étudier les belles-lettres. Il n'est enjoint qu'aux personnes seules choisies par le gouvernement pour apprendre les sciences relevées d'assister aux leçons publiques, qui se donnent tous les jours avant le lever du soleil; cependant les collèges sont remplis d'une foule d'auditeurs empressés des deux sexes, qui y accourent pour entendre traiter les objets qui flattent le plus leur goût dominant.

Ceux qui, pendant les heures de loisir, préfèrent aux études abstraites, qui ne sont pas de la compétence de tout le monde, l'exercice de leur métier, sont fort libres à cet égard. On leur sait bon gré d'employer ce temps à multiplier les ouvrages d'un art utile à la société. Après souper, la récréation est d'une heure. En été on s'amuse dans les jardins; en hiver c'est dans les grandes salles à manger, qui sont communes à toute une famille. Dans ces réfectoires, les citoyens forment entre eux d'agréables concerts ou bien ils s'entretiennent et dissertent paisiblement sur plusieurs matières instructives. Loin d'eux ces jeux insensés du hasard, que l'avarice inventa de concert avec la friponnerie : ils ne les connaissent pas même de nom. Ils en ont deux qui ont quelque rapport avec celui des échecs : l'un consiste en une espèce de guerre algébrique, dans laquelle les nombres se livrent bataille et cherchent à se faire prisonniers ; l'autre est un combat entre les vices et les vertus figurés. On y voit tous les efforts, tous les grands mouvements de ces ennemis naturels et irréconciliables fort ingénieusement représentés. On y aperçoit le choc et le désordre des vices, qui s'entre-détruisent, et leur ligue puissante contre les vertus. On distingue dans les premiers les plus terribles antagonistes de telle ou telle de ces dernières et les moyens d'attaque qu'ils emploient contre elles. Ici on voit qu'ils déploient toutes leurs forces, là qu'ils se replient sur eux-mêmes et qu'ils se bornent à la guerre de ruse. La belle et vigoureuse défense des vertus est également bien développée : on voit les moyens qu'elles emploient pour combattre les vices avec succès et les avantages signalés qu'elles remportent sur eux ; en un mot ce jeu offre un plan régulier de bataille, qui retrace aux yeux tous les campements, toutes les marches et contremarches que font deux armées ennemies pour s'arracher mutuellement la victoire et la fixer en leur faveur. Mais je crois nécessaire, pour ne pas vous exposer à tomber dans quelque erreur, d'entrer ici dans un détail plus circonstancié au sujet de l'emploi du temps des Utopiens.

Je vous ai dit qu'ils ne travaillaient que six heures ;

peut-être ne concevez-vous pas qu'un travail si court puisse suffire pour leur fournir tout ce qui est de nécessité première ou d'agrément utile dans la vie. Cependant, loin de manquer de rien, ils sont pourvus de tout, même au delà de leurs besoins. Pour vous convaincre de la possibilité de ce que j'avance, faites attention, je vous prie, à la grande partie du peuple qui reste oisive chez les autres nations.

Premièrement, les femmes composent une moitié du monde ; mais dans les pays où elles travaillent, les hommes, nés lâches et paresseux, passent toute leur vie dans une honteuse léthargie.

Supputez encore le nombre des ecclésiastiques et des moines : que de gens oisifs ! Ajoutez à ceux-ci les riches, les propriétaires de fonds, les gentilshommes et les seigneurs ; n'oubliez pas surtout leur nombreuse valetaille, ces régiments de mauvais sujets, de vagabonds, de libertins qui sans cesse les entourent et se pressent sur leurs pas ; calculez enfin ces légions formidables de mendiants, de gens qui, pour vivre sans travailler, se disent malades, contrefont les impotents et les infirmes, quoiqu'ils soient gros et gras et tout aussi bien portants que vous et moi. Tout compte fait et débattu, vous verrez qu'il s'en faut bien que, dans nos pays, la quantité des artisans et des ouvriers soit aussi considérable que vous vous l'étiez d'abord imaginé.

Autre observation. Combien, parmi ces ouvriers et ces artisans, ne s'en trouve-t-il pas qui exercent des métiers très peu nécessaires à la société. Mais il est moralement impossible que ces arts profanes, ces arts corrupteurs et pestilentiels n'abondent pas dans un État où l'on soudoie l'industrie, où l'on force le génie à se vendre à prix d'argent. Si, de nos jours, les artisans ne s'adonnaient qu'aux seuls métiers dont on ne peut absolument se passer, l'abondance des choses essentielles serait si grande qu'elle n'aurait plus de valeur, et la main-d'œuvre du fabricant ne lui rapporterait bientôt plus de quoi vivre. Si donc tous les individus qui s'occupent d'arts inutiles; si tous les fainéants, dont un seul consomme le travail de deux ouvriers; si tous les gens de luxe et de bonne chère s'appliquaient à l'exercice des seules professions indispensables, vous concevez sans peine le peu de temps qu'il leur faudrait pour nous fournir tout ce que les besoins, les commodités et même les plaisirs naturels et honnêtes peuvent exiger.

C'est ce que l'expérience prouve clairement en Utopie. A peine compte-t-on dans la capitale et ses environs cinq cents personnes des deux sexes, ayant l'âge et les forces requises pour le travail, qui en soient exemptes.

Les lois en dispensent les syphograntes; mais eux-mêmes, jaloux de donner le bon exemple, ne s'en dispensent pas. Les autres qui jouissent encore du privilége d'exemption sont ceux que leur propre vocation et le vœu du peuple, sur l'avis des prêtres et du consentement des magistrats, appellent à la connaissance des sciences métaphysiques.

Si parmi ces sujets il s'en rencontre un dont le génie et la capacité ne répondent pas à l'espérance qu'on en avait d'abord conçue, de l'académie on le fait aussitôt descendre à la boutique. Si au contraire un artisan profite avec ardeur du temps de ses récréations pour s'instruire et faire de rapides progrès dans les belles-lettres, du rang de simple ouvrier on l'élève à celui des savants.

C'est dans ce dernier ordre, plus éclairé que tous les autres, que l'on choisit les députés aux assemblées, les prêtres, les tranibores et même le président du sénat, ou, si vous voulez, le prince, chef de la république. Autrefois on le nommait barzane, aujourd'hui on l'appelle l'adème[1]. A la réserve des lettrés, tous les autres particuliers d'une ville étant astreints à embrasser une profession mécanique utile à la société, il est aisé de concevoir qu'on vient à bout de pourvoir à tout et en fort peu de temps.

A tout ce que je viens de vous dire j'ajouterai, pour dernière observation, qu'en raison du bon ordre que les Utopiens mettent dans leurs affaires, ils s'épargnent les embarras et les difficultés sans nombre que chez les autres peuples les ouvriers ont quelquefois toutes les peines du monde à surmonter.

Vous conviendrez, par exemple, que chez nous les soins et les frais extraordinaires que coûtent la bâtisse entière ou les réparations viennent de ce que les enfants dissipés laissent tomber en ruine, par leur coupable négligence, des maisons que leurs pères attentifs avaient toujours entretenues en très bon état. N'arrive-t-il pas journellement que, faute de quelques menues réparations, la reconstruction urgente d'une partie essentielle d'un bâtiment nous jette dans des dépenses énormes? N'est-il pas encore ordinaire de voir un héritier vain et orgueilleux regarder d'un œil de dédain la maison qui vient de lui échoir, la traiter de bicoque, la laisser

---

[1]. *Adème*, formé de *a* privatif et *démos*, peuple, c'est-à-dire qui n'a pas de peuple. Il est à remarquer que la plupart des noms forgés à l'aide du grec par l'auteur sont des sortes d'antiphrases : la capitale est la *ville sans renommée*, le fleuve qui la baigne s'appelle *sans eau*, etc.

dépérir et, coûte que coûte, élever un hôtel spacieux et magnifique sur un terrain qu'il achète au poids de l'or? Aucun de ces abus n'a lieu en Utopie. Dès que le gouvernement a assigné les emplacements propres à bâtir, il ne permet presque jamais d'en changer. Les habitants font toujours les réparations nécessaires à temps, et, le plus souvent, ils les préviennent; aussi leurs maisons durent-elles des siècles; les ouvriers seraient même exposés à se trouver sans ouvrage, si d'ailleurs ils n'étaient continuellement occupés à transporter des matériaux, à les amasser, à les mettre en état d'être employés dès que le besoin le requiert.

C'est ce qui fait qu'on voit le lendemain s'élever à son comble la maison que l'on a vu la veille sortir de ses fondements. Quant aux tailleurs, jamais la besogne ne les presse; tous les artisans ne portent dans leurs boutiques ou leurs ateliers qu'un habit de peau, qui leur dure sept ans. Si leurs affaires les appellent en ville, ils passent par-dessus leurs habits de travail un ample pourpoint, dont ils s'enveloppent. Ce dernier vêtement, qui est commun aux citoyens de toutes les classes, a la couleur naturelle de la laine avec laquelle le drap est fabriqué : ils en usent beaucoup moins que partout ailleurs. La finesse du drap n'est d'aucun prix à leurs yeux; ils ne recherchent que son extrême propreté, et surtout ils s'épargnent toutes ces façons qui sont si dispendieuses pour nous. Il en est de même du linge, dont ils font le plus grand usage.

La seule qualité qu'ils estiment dans la toile, c'est la blancheur; ils en sont tous fort ménagers; tandis que chez nous un particulier qui n'a dans sa garde-robe que cinq ou six habits de drap et autant d'étoffe de soie, et même dix ou douze, ne peut pas dire qu'elle soit bien montée, un Utopien trouve dans ses principes d'économie les moyens d'être toujours à la mode de son siècle, de pouvoir se présenter partout et de n'avoir cependant besoin que d'un seul habit en deux ans. On se moquerait avec raison d'un particulier qui affecterait d'en avoir davantage, car il n'en serait ni mieux paré ni mieux préservé contre l'intempérie des saisons. C'est par une suite de cette sage économie qu'avec peu de métiers et beaucoup d'artisans tout abonde à un tel point dans le pays que, faute d'occupations plus pressantes, on voit souvent les bourgeois sortir de la ville par bandes et courir, de gaieté de cœur, raccommoder un grand chemin, réparer une chaussée, renforcer une digue ou employer leur temps à plusieurs autres travaux publics de ce genre. Je vous le répète, tout cela se fait de bonne volonté. En pareil cas, la règle des magistrats est de ne contraindre personne. Quand la ville est bien pourvue et que tout se trouve en bon état, alors on abrège le temps du travail.

L'intention du gouvernement n'est point de faire perdre ce temps dans des ouvrages absolument superflus; il veut, au contraire, que chaque citoyen, après avoir rempli la tâche qu'on a droit d'exiger raisonnablement de lui, ait, de son côté, le droit de jouir paisiblement et en pleine liberté du reste de ses journées. En diminuant, autant que cela ne nuit point à l'intérêt public, les heures du travail manuel, son but est d'en laisser davantage pour l'étude, pour la culture de l'esprit et la perfection du cœur, avantages inestimables, dans lesquels les citoyens font consister leur souveraine félicité.

V

DU COMMERCE ET DES RELATIONS DES UTOPIENS

JE crois devoir vous parler maintenant du commerce des Utopiens et vous faire connaître la manière dont ils échangent entre eux les diverses choses nécessaires à la vie. La ville est peuplée de plusieurs familles, qui sont composées de tous les parents de diverses branches. Dès qu'une fille se marie, elle passe dans la famille de son époux; pour les enfants mâles et les neveux, ils restent dans leur propre famille et doivent une entière obéissance au chef; à moins que son grand âge ne l'ait privé du jugement; en ce cas, c'est le plus proche et le plus ancien des parents que l'on met à la tête de la maison. Chaque ville contient six mille familles, sans compter celles des magistrats. Pour que la population se soutienne toujours au même degré, on a fait le règlement suivant : chaque famille ne doit avoir ni moins de dix ni plus de seize personnes adultes. Comme il serait difficile de fixer le nombre des individus au-dessous de l'âge de puberté, le législateur n'en a point parlé. Le règlement sur la quantité des adultes s'observe avec tant de rigueur qu'on réunit aux familles qui n'ont pas le nombre prescrit les surnuméraires qui se trouvent dans les autres.

Quand toutes les familles d'une ville sont complètes,

on fait passer l'excédent des jeunes gens dans les villes qui éprouvent quelque perte du côté de la population. S'il arrive que la république ait plus d'habitants que son sol n'en peut nourrir, alors on tire de chaque ville un certain nombre de citoyens, qu'on transporte sur le continent voisin, dont les habitants ont beaucoup plus de terres labourables qu'ils n'en peuvent mettre en valeur. Ces nouveaux colons continuent à suivre les coutumes d'Utopie, à se gouverner selon ses lois; ils conservent surtout pour la mère patrie un attachement inviolable. Ils offrent d'abord leur alliance aux naturels de la colonie; si ceux-ci l'acceptent, il en résulte un avantage réciproque : car les Utopiens, à force de travaux et par leur industrie, parviennent à dompter la nature ingrate de ces climats, et le sol, qui avant leur arrivée ne pouvait suffire aux besoins d'une peuplade, offre bientôt l'abondance à deux grands peuples.

Si les anciens habitants refusent de faire société avec eux et de vivre suivant leurs lois, ils lèvent aussitôt la hache, leur déclarent la guerre, les combattent et les chassent du pays, dont ils se rendent maîtres absolus.

Vous remarquerez à ce sujet que les Utopiens estiment que la guerre la plus juste est celle qu'on entreprend pour conquérir une contrée que ses habitants, également avares, jaloux et paresseux, ne veulent ni cultiver ni laisser cultiver par ceux qui sont déterminés à ne point épargner leurs bras pour répondre au vœu de la nature.

« Ne sait-on pas, disent-ils, que cette mère commune de tous les hommes a abandonné la terre à ses enfants pour la faire valoir, pour tirer de son sein leur subsistance? » Si quelque calamité extraordinaire, comme la peste, dont ils ont deux fois éprouvé les ravages depuis leur fondation, diminue à tel point la population d'une ville qu'on ne puisse la réparer sans porter un préjudice notable à celle des autres villes, alors, plutôt que d'enfreindre les règlements faits à ce sujet, ils rappellent chez eux leurs colons, car ils aiment mieux dépeupler une colonie que de souffrir la moindre diminution dans aucune des villes de la république.

Je reviens à l'administration domestique de chaque famille. Le plus ancien en est, comme je vous l'ai déjà dit, le supérieur. Les femmes servent leurs maris, les enfants leurs pères, et les jeunes gens sont soumis aux vieillards. Chaque ville est divisée en quatre quartiers égaux. Au centre de chaque quartier se trouvent des marchés publics, qui sont abondamment pourvus de toutes les denrées nécessaires au peuple. Une admirable propreté règne dans les magasins qui entourent la place; c'est dans ces magasins que tous les artisans portent le produit de leur travail et de leur industrie. Les chefs de famille vont demander dans ces dépôts publics tout ce dont ils ont besoin pour eux et pour les personnes de leur dépendance; ils l'obtiennent sans bourse délier et sans donner de gages. On est d'autant plus empressé à leur donner tout ce qu'il leur faut que l'abondance de toute chose est réellement extraordinaire. On est d'ailleurs bien persuadé qu'aucun particulier n'exigera rien au delà de ses besoins. Quel motif plausible déterminerait un citoyen à faire des amas superflus, quand il est assuré qu'à sa première demande on lui fournira toujours un ample nécessaire?

La crainte de n'en avoir jamais assez produit cette

rapacité vorace que l'on remarque dans tous les animaux. L'homme, le moins raisonnable de tous, est travaillé d'une manie bien plus étrange : il aspire sans cesse, dans son fol orgueil, à dominer ses semblables ; il veut les éblouir par le fastueux appareil de sa puissance et de sa grandeur. Rempli d'une sotte vanité, il se fait gloire de posséder plus à lui seul que cent autres ensemble ; prétentions absurdes, avarice infâme, détestable gloriole, vous ne fîtes jamais le tourment de nos sages insulaires. L'unique satisfaction de leurs besoins est le terme de tous leurs désirs.

Attenant aux magasins dont je viens de vous parler, sont les halles, où l'on porte certains comestibles, comme le pain, les herbages, les fruits et les légumes. Les boucheries, les marchés aux poissons et aux volailles, sont hors de la ville, sur les bords de la rivière. On a choisi le voisinage de l'eau pour procurer à ces endroits la propreté qui leur est si essentielle et sans laquelle ils ne seraient que des cloaques infects.

Les esclaves seuls exercent la profession de bouchers. On a craint, non sans raison, que les citoyens, en se familiarisant avec l'art d'égorger les animaux ou de les assommer, ne perdissent peu à peu cette heureuse sensibilité, cette douceur naturelle, qualités si chères et si précieuses à tous les cœurs bien nés. Quant à l'emplacement des tueries, on a encore eu en vue, en les transportant hors de l'enceinte des villes, de prévenir les maladies épidémiques que les exhalaisons qui corrompent l'air à la longue ne manquent point d'occasionner. Il y a dans chaque rue plusieurs grands hôtels, qui tous ont un nom particulier et sont bâtis à égale distance l'un de l'autre. C'est dans ces lieux choisis que les syphograntes font leur domicile. A chaque côté latéral de leur demeure sont situés, moitié par moitié, les maisons des trente familles qu'ils ont sous leur direction. Aux heures des repas, ces familles se rendent dans le vaste réfectoire de l'hôtel du syphogrante pour y manger en commun. Les pourvoyeurs de ces différents hôtels vont, à une heure fixe, aux marchés et à la halle, et d'après la liste des personnes qu'ils ont à servir on leur distribue toutes les provisions de bouche qui leur sont nécessaires. Le soin des malades fait l'objet d'une préoccupation particulière de la part des magistrats ; les malades sont traités dans les hôpitaux publics, qui sont au nombre de quatre, situés près des portes de la ville ; ces édifices sont si vastes qu'on les prendrait volontiers pour autant de gros bourgs. Quelle que soit la quantité des malades, les magistrats veulent qu'ils soient à leur aise ; ils veillent surtout à ce qu'on ne permette aucune cohabitation entre ceux qui n'ont que des maladies purement accidentelles et ceux qui sont attaqués de maladies contagieuses ; la pharmacie de chaque hôpital est des plus complètes, les gardes-malades sont des plus attentifs, et les médecins des plus habiles.

Je vous assure, en un mot, que tout ce qui peut contribuer au prompt rétablissement des souffrants s'y trouve réuni. On ne contraint personne d'aller se faire traiter dans les hôpitaux ; mais il n'est aucun Utopien qui, se voyant attaqué d'une maladie sérieuse, ne s'y rende de son plein gré ; il est persuadé qu'il y sera soigné avec plus de zèle et d'empressement encore que dans sa maison. Quand le pourvoyeur des malades a fait le choix des viandes ordonnées par les médecins, ce qui reste de meilleur dans les boucheries est divisé par portions égales pour l'approvisionnement de chaque réfectoire. On ne manque pas de servir d'abord le prince, les pontifes, les tranibores, les députés et les étrangers.

Ces derniers sont toujours en petit nombre. Durant leur séjour dans l'île, ils sont défrayés de tout par le gouvernement. Aux heures des repas, un héraut sonne de la trompette, toutes les familles d'une syphograntie, à l'exception des malades, se rendent aussitôt au réfectoire. Après que les salles sont fournies, le particulier a la liberté d'emporter les viandes chez lui pour y manger, si bon lui semble; dans ce cas on présume qu'il a de bonnes raisons pour en agir ainsi. Il n'est donc pas défendu de dîner ou de souper chez soi, mais fort peu de gens prennent cette habitude. En premier lieu c'est qu'elle blesserait les usages de la civilité, fort estimée chez les Utopiens. En second lieu c'est qu'il serait peu raisonnable d'apprêter un mince dîner au logis, tandis qu'on en a un tout préparé et beaucoup meilleur à sa portée.

Les esclaves seuls sont chargés des travaux les plus rudes et des offices les plus bas, soit au réfectoire, soit à la cuisine. Le soin d'apprêter les mets, de mettre le couvert, ne regarde que les femmes; tour à tour celles de chaque famille sont chargées de ce détail. On dresse toujours trois tables, et plus s'il est nécessaire. Les hommes sont assis du côté du mur, les femmes se placent vis-à-vis, afin que s'il leur prend quelque faiblesse elles puissent se lever et sortir du réfectoire sans déranger personne. En cas d'incommodité elles vont dans la chambre des nourrices, qui n'est séparée de la salle à manger que par un mur mitoyen. Là, celles qui nourrissent trouvent toujours du feu, de l'eau propre et des langes tout prêts pour leurs enfants, qu'elles peuvent à leur aise et tant qu'il leur plaît égayer par leurs tendres caresses. Chaque mère allaite ses enfants, à moins que les maladies ou la disposition de son tempérament ne le lui permettent pas.

Dans ces deux cas, les épouses des syphograntes cherchent promptement une nourrice à l'enfant; elles n'ont aucune peine à la trouver. Toutes celles qui sont en état de nourrir s'offrent de bon cœur pour remplir ce ministère sacré, qui est l'objet de la plus grande vénération des femmes d'Utopie. Le nourrisson devient alors le fils adoptif de celle qui lui a donné son lait; toute sa vie il conserve pour elle les sentiments qu'un bon fils doit avoir pour sa propre mère.

Les enfants au-dessous de cinq ans restent à la chambre des nourrices. Ceux qui ont dépassé cet âge, tant filles que garçons, servent au réfectoire, ou, s'ils ne sont pas assez forts pour servir, ils se tiennent debout dans un silence respectueux derrière ceux qui sont à table. Leurs parents et leurs amis leur présentent par intervalles quelques morceaux de pain et des viandes découpées, qu'ils mangent à la hâte, car ils n'ont pas d'autre temps pour prendre leurs repas.

La première table de toutes est celle qui occupe le fond de la salle. La place du milieu est la plus honorable et la plus élevée; elle domine sur toutes : c'est celle du syphogrante; son épouse est à sa droite, et les deux vieillards les plus anciens sont à sa gauche.

Il est bon de vous dire que la distribution des convives est de quatre par quatre. Si le temple se trouve dans cette syphograntie, le ministre et son épouse prennent place auprès du magistrat, comme devant naturellement présider à l'assemblée ; on mêle ensuite les jeunes gens avec les personnes d'un âge mur. Ces dernières ont l'inspection sur eux ; et comme on ne peut rien dire ni rien faire dans ces réfectoires qui ne soit vu ou entendu, le respect qu'imprime le grand âge retient les étourdis. Si par hasard il leur échappe quelque parole trop libre ou quelque geste déplacé, les anciens qui sont auprès d'eux les reprennent sur-le-champ et leur imposent silence. On ne sert point toute une file de suite, mais on présente les mets les plus succulents d'abord aux personnes les plus âgées, dont les places sont distinguées ; ensuite on distribue sans façon à la jeunesse ce qui reste sur les plats. Les vieillards partagent, si bon leur semble, avec leurs voisins, ce qu'ils ont de plus appétissant. La quantité de mets délicats n'est pas assez abondante pour les prodiguer indistinctement à tous les convives. Quoique, par égard pour l'âge, on destine les meilleurs morceaux aux chefs de famille, cela n'empêche pas les autres convives d'être bien nourris et même de faire bonne chère.

Au commencement du dîner et du souper on lit quelque traité de morale. Cette lecture est fort courte, parce qu'on craint qu'elle ne devienne plus fastidieuse qu'instructive. Dès qu'elle cesse, les pères entament la conversation, qui roule ordinairement sur des sujets agréables et divertissants ; ils ne se permettent cependant jamais le récit d'aucune anecdote scandaleuse ou aucune saillie indécente. Ne vous imaginez pas qu'ils vous étourdissent par leur babil tout le long du repas ; non, ils laissent très volontiers le champ libre aux jeunes gens, auxquels même ils font beau jeu. C'est dans ces moments où la liberté de la table leur permet de déployer leur esprit qu'on est plus à portée de le connaître et d'en juger.

Le dîner n'est pas, à beaucoup près, aussi long que le souper. Ils pensent qu'en surchargeant à midi son estomac de nourriture, le corps, affaissé par les fonctions laborieuses de la digestion, perd les forces nécessaires pour le travail; le soir on peut, sans inconvénient, contenter son appétit, parce que l'inaction du corps pendant la nuit et le sommeil sont deux excellents digestifs. On exécute toujours, durant le souper, différentes symphonies, et les desserts y sont exquis. Les cassolettes sont allumées et répandent les odeurs les plus suaves dans l'intérieur de la salle; enfin on n'oublie rien de ce qui peut flatter les sens des convives; car nos Utopiens adoptent pour maxime que toute volupté dont la suite n'est point dangereuse est légitime et permise. Tel est le genre de vie que l'on mène à la ville; celui de la campagne est peu différent. Comme les habitants y sont plus éloignés les uns des autres, chaque colon mange en son particulier. Au surplus, il s'en faut bien qu'on manque de vivres aux champs, puisque c'est leur territoire même qui fournit les provisions de la ville.

VI

DES VOYAGES DES UTOPIENS

Quand il prend fantaisie à un Utopien de voyager, soit pour aller voir ses amis qui habitent dans une autre ville, soit pour connaître le pays, il en obtient sans difficulté la permission des syphograntes et des tranibores, à moins que sa présence et son assiduité au travail ne soient d'une absolue nécessité pour ses concitoyens. D'ordinaire les voyageurs marchent par caravanes ; ils sont munis d'un passeport du prince, qui jour pour jour fixe la durée de leur voyage. On leur donne un chariot, avec un esclave public pour le conduire, et avoir soin des bœufs qui y sont attelés. S'il ne se trouve point de femmes dans la caravane, les hommes aiment mieux aller à pied et laissent là le char, qui retarderait leur course. Ils n'emportent rien dans leur tournée, ils sont traités gratis tous le long de la route. On leur fournit tout ce dont ils ont besoin. Chez les différents particuliers où ils logent, l'hospitalité s'exerce avec tant de courtoisie et de bonne grâce que les voyageurs ne s'aperçoivent jamais qu'ils sont hors de chez eux. Celui qui passe plus d'un jour dans un endroit y travaille de son métier, et les artisans ses confrères ont pour lui toutes les déférences imaginables. Si quelqu'un s'avise de quitter ses foyers sans permission et de se mettre en voyage sans un passeport du prince, on le ramène comme un fuyard dès qu'on peut l'attraper, et il est sévèrement repris ; s'il tombe dans la récidive, il perd sa liberté. Un Utopien ne peut faire le tour de la ville et parcourir les champs voisins sans l'agrément de son père et de sa femme. Comme il ne trouve ni à boire ni à manger, il est obligé de revenir aux heures précises du travail s'il veut dîner ou souper. A cette condition on lui permet de se promener pendant la récréation hors des murs de la ville, qui n'en souffre aucun préjudice, puisqu'il est contraint d'y rentrer au moment où il devient utile. Vous concevez, d'après ce que je viens de vous dire, qu'on a mis tout en œuvre pour forcer l'oisiveté jusque dans ses derniers retranchements.

On ne rencontre dans toute l'étendue de l'île aucun cabaret, point de ces académies de jeu où souvent, au péril de leur vie, les dupes font le profit des escrocs et des fripons. L'œil vigilant du ministère embrasse tellement toutes les parties de la police qu'il faut, bon gré mal gré, faire un sage emploi de son temps, soit en travaillant, soit en ne prenant aux heures de loisir que des délassements honnêtes. L'abondance est l'heureuse suite de ces sages mesures ; et comme la répartition des biens est égale et commune entre tous les citoyens, on ne connaît en Utopie ni pauvres ni mendiants.

Dans l'assemblée des états généraux, qui se tient tous les ans à Amaurote et où assistent trois députés de chaque ville, on présente un état détaillé de toutes les productions de chacune de ces villes et de leur territoire. Après l'examen qui en est fait, on établit une balance exacte de rapport et de consommation entre toutes ; on donne ensuite à celles qui se ressentent de la disette le superflu de celles qui ont tout à foison. Ce don est gratuit et sans espoir de retour. Si l'année suivante la ville qui a donné vient elle-même à manquer, elle ne va point demander ce qu'il lui faut à celle qui a reçu son superflu, mais elle accepte ce qui lui manque de la première ville qui s'offre à le lui fournir.

Tous ces prêts et ces échanges se font sans aucune vue d'intérêt ; on les regarde comme autant de devoirs naturels, dont on ne saurait se dispenser sans inhumanité. De pareils traits vous prouvent assez sans doute que toute la république ne compose qu'une seule et même famille. Comme on ignore si l'année qui suit la dernière récolte sera bonne ou mauvaise, on a grand soin de toujours approvisionner le pays pour deux ans ; on permet ensuite l'importation chez l'étranger de l'excédent des denrées en tout genre.

Les productions nationales consistent en blé, miel, laine, lin, chanvre, bois, peaux, coquillages, cire, suif, cuir, et même en quantité de gros et menu bétail. Ils donnent un septième de leurs marchandises aux pauvres du pays où ils vont commercer et vendent le restant à un prix très borné. Ils rapportent de ces traites non seulement le fer, qui est presque la seule chose qui leur manque, mais encore des sommes considérables en or et en argent. On ne saurait s'imaginer combien les Utopiens se sont enrichis depuis le long espace de temps qu'ils font si heureusement ce commerce : aussi leur est-il absolument égal aujourd'hui de vendre à crédit ou au comptant. La plus grande partie de leurs affaires se fait en papier. Pour en assurer la solidité, ils ne se contentent pas de la garantie et de la solvabilité du tireur et de l'endosseur; ils ont soin, se conformant aux usages des lieux, d'en faire dresser des actes authentiques par des officiers publics. Ils chargent ensuite les corps municipaux des villes de commerce du recouvrement de ces dettes.

Ceux-ci font payer avec d'autant plus d'exactitude les débiteurs à l'échéance de leurs obligations que leurs villes perçoivent les intérêts des créances remboursées et déposées en masse au trésor public, jusqu'au jour où les Utopiens font la demande de leurs capitaux. Ils n'en reprennent souvent que la plus faible partie et abandonnent le reste à leurs débiteurs, parce qu'ils estiment que c'est blesser la justice que d'enlever aux autres ce qui leur sert et ce dont on ne fait soi-même aucun usage. Mais s'ils veulent obliger un peuple voisin menacé d'une invasion, ou s'ils se trouvent sur le point d'avoir la guerre, alors ils redemandent la totalité de leurs créances. Tous les trésors qu'ils amassent dans leur propre pays sont destinés à écarter loin d'eux les calamités publiques, à leur acquérir des secours dans les dangers pressants et imprévus.

En temps de guerre ils donnent une forte paye aux soldats étrangers, qu'ils soudoient et qu'ils exposent plus volontiers que les leurs, car ils sont très avares du sang de leurs compatriotes. Ils sèment d'ailleurs si largement l'or et l'argent chez les ennemis qu'ils occasionnent la désertion de leurs troupes, qui passent de leur côté; ou ils enflamment à tel point la cupidité des généraux que ceux-ci tournent leurs armes contre eux-mêmes et s'entre-détruisent. Voilà les raisons qui les déterminent à conserver toujours au besoin un trésor considérable. Mais vous dirai-je le cas qu'ils font de l'or en général? peut-être ne voudrez-vous pas me croire : car enfin, si quelqu'un venait me raconter tout ce dont j'ai été témoin à ce sujet, je vous avoue que je ne pourrais guère m'empêcher de mettre en doute la véracité de son récit. Des hommes sensés cependant, des hommes qui réfléchiront sur les usages, sur les lois de ces républicains, si différentes des nôtres, s'étonneront moins de ce que je vais vous raconter et se le persuaderont plus facilement. Il ne s'agit point ici d'avoir égard à l'emploi que nous faisons de l'or et de l'argent; il faut uniquement consulter la façon de penser et de juger des Utopiens sur ce premier objet de notre culte.

Comme ils n'ont aucun besoin d'espèces, dont le cours est inconnu chez eux, ainsi que je l'ai remarqué plus haut, ils se bornent à garder leur or et leur argent pour s'en servir à propos dans les conjonctures difficiles et fâcheuses. « Il est possible, disent-ils, que ces moments de crise ne se présentent pas dans la série des événements que le Ciel nous prépare; il est prudent toutefois de chercher à nous précautionner contre un avenir incertain. »

L'usage qu'ils font, en attendant, de l'or et de l'argent est bien propre à fixer le jugement que tout le monde devrait raisonnablement porter sur ces métaux. Cet usage n'est autre que la mesure du mépris qu'ils doivent inspirer. Qui pourra disconvenir que le fer, dont on ne peut pas plus se passer que du feu et de l'eau, ne soit bien plus nécessaire et plus précieux que l'or et que l'argent? L'homme néanmoins, toujours irréfléchi, toujours inconséquent dans ses procédés, assigne une valeur aux métaux sans faire la moindre attention aux divers degrés de mérite qu'ils peuvent avoir par rapport à son utilité personnelle. Il avilit, il méprise, malgré leurs qualités usuelles, ceux qui sont les plus communs, et met un prix ridicule aux autres en raison de leur extrême rareté, quoique d'ailleurs ils ne puissent être d'aucun usage proprement dit utile et nécessaire. Mais la nature, cette tendre mère, dont la sagesse se manifeste dans toutes ses vues, raisonne d'une manière bien différente de celle de ses enfants; elle place sous nos yeux et sous notre main tout ce qu'elle juge essentiel au soutien de notre existence; elle affermit la terre sous nos pieds, balance et fait circuler autour de nous l'air, qui est notre élément; elle nous indique la source et le cours des rivières; rien ne lui échappe de ce qui peut nous rendre la vie douce et agréable; mais elle enfouit dans des gouffres profonds, qu'elle-même a creusés au centre de la terre, tout ce qui ne peut nous être d'une utilité réelle. Le gouvernement d'Utopie ne fait point enfermer dans des tours l'or et l'argent, afin de prévenir les jugements du vulgaire, sottement ingénieux, dans tous les mondes possibles, à se forger des idées bizarres.

Il pourrait croire ici que le prince et le sénat abusent de sa bonne foi, qu'ils ourdissent ensemble quelque trame avantageuse pour eux et nuisible à ses intérêts. On n'emploie pas non plus de ces métaux à fabriquer de la vaisselle et d'autres ouvrages travaillés par les plus grands artistes. Quand il faudrait fondre les matières et en faire de la monnaie pour payer les troupes, ce serait un embarras et un sujet de chagrin : car dès qu'une fois on s'est laissé séduire par le luxe, dès qu'on est attaché à ses inventions, ce n'est qu'avec beaucoup de peine qu'on y renonce.

Pour prévenir ces inconvénients, ils ont sur cet objet une politique marquée au coin de la singularité qui frappe d'abord dans toutes leurs institutions. Cette coutume est si contraire à nos idées, si opposée au profond respect, à la passion que nous avons pour l'or et pour l'argent, qu'il faut, je le répète, avoir vu les choses pour les croire. Toute la vaisselle des Utopiens est de terre cuite ou de verre, d'une forme, il est vrai, aussi propre qu'agréable; mais la matière n'est rien moins que rare et coûteuse. Quant à nos métaux les plus précieux, ils les emploient à la fabrique de leurs vases nocturnes et des ustensiles les plus vils du ménage. On en voit quantité tant dans les édifices publics que chez les particuliers. Ils en font aussi les fortes chaînes qu'ils attachent aux pieds et aux mains de leurs esclaves. On condamne encore tous ceux qui sont notés d'infamie à porter des pendants d'oreille d'or, une quantité prodigieuse d'anneaux aux doigts, des colliers et une large plaque sur le front, le tout du même métal.

Vous voyez par là que nos républicains ont cherché tous les moyens d'ôter à l'or et à l'argent tout leur crédit, de les avilir et de les mettre au niveau de la fange, qu'on méprise et qu'on rejette avec horreur. Ainsi la possession de ces mines si riches, que tant d'autres peuples chérissent comme leurs propres entrailles et de la perte desquelles ils seraient inconsolables, n'est d'aucun prix aux yeux de nos insulaires; et on leur enlèverait d'un seul coup toutes les richesses pécuniaires qu'ils ne s'en croiraient pas plus pauvres d'une obole. Ils ramassent des perles sur leurs rivages, ils trouvent des diamants et des pierres fines dans le creux des rochers, mais ils ne se donnent pas la peine de les chercher. Ils se contentent de faire usage de ceux qui tombent par hasard sous leurs mains. Ils les taillent, les polissent et en font des ornements et des joyaux à leurs petits enfants. Dès que ceux-ci grandissent et qu'ils sont susceptibles de raison, ils se défont de leur propre mouvement de ces babioles, comme nos jeunes gens quittent les marques extérieures de l'enfance et les jeux innocents qui, au sortir du berceau, amusaient leurs facultés naissantes.

Ces usages, diamétralement opposés à ceux des autres nations, donnent quelquefois lieu à d'étranges méprises et de la part des Utopiens et de la part des étrangers qui abordent chez eux.

Je n'ai jamais été plus à portée de voir ces erreurs réciproques qu'à l'arrivée des ambassadeurs d'Anémolie[1], qui firent leur entrée à Amaurote durant mon séjour. Comme ils venaient pour traiter d'affaires de la plus haute importance, trois députés de chaque ville et les ministres étrangers qui se trouvaient alors dans l'île vinrent se rendre auprès d'eux au milieu de la capitale. Ces derniers, qui séjournaient depuis quelque temps en Utopie, n'ignoraient pas les coutumes des habitants et le profond mépris qu'ils avaient pour le faste et pour tout ce qui s'appelle pompe extérieure. Ils se présentèrent en conséquence fort simplement vêtus; mais les Anémoliens, qui, par rapport à leur

---

1. *Anémolie,* en grec exposé au vent, par extension léger, frivole.

éloignement et au peu de commerce qu'ils faisaient avec nos insulaires, n'avaient aucune connaissance de leurs mœurs et de leurs usages, commirent à leur égard une bévue fort grossière. Les premiers Utopiens qui s'offrent à leur vue sous le costume national leur font juger aussitôt que ce peuple est pauvre et misérable. Plus orgueilleux que sages, ils s'avisent de vouloir lui en imposer par leur richesse et leur magnificence. Nos trois ambassadeurs, qui étaient des personnages de premier rang dans leur pays, s'habillent aussi superbement que des acteurs qui doivent monter sur la scène pour y représenter des héros et des dieux. Les voilà qui se mettent en marche, accompagnés d'une suite de cent personnes au moins toutes couvertes d'habits de soie brodés de diverses couleurs. Ceux de Leurs Excellences étaient de drap d'or enrichi de pierreries; ils portaient en outre des bagues, des bracelets, des colliers et des pendants d'oreilles de perles et de diamants. Leurs chapeaux étaient garnis d'une large broderie en or et d'agrafes d'un travail aussi précieux que le métal.

Parés de tous ces riches ornements, qui chez les Utopiens sont les marques distinctives de l'esclavage, de l'infamie ou de l'enfance, ils s'imaginaient éblouir tous les yeux et se donner le spectacle de ces coups de surprise qui flattent si agréablement l'orgueil et la vanité de ceux qui les font naître. Tous trois portaient fièrement la tête au vent, en faisant tomber par-ci par-là quelques regards de pitié sur le peuple, qui accourait en foule pour les voir passer. Mais le plaisant de l'aventure c'est que, malgré leur air d'importance et la bonne opinion qu'ils avaient d'eux-mêmes, nos trois

Excellences furent parfaitement moquées et bernées tout le long de la représentation.

Je vous ai dit qu'en général bien peu d'Utopiens voyagent, très peu par conséquent sont instruits des mœurs et des usages des autres peuples. Il ne faut donc pas s'étonner si nos bons bourgeois d'Amaurote, qui s'imaginaient que tout se passait ailleurs comme chez eux, prenaient ici les maîtres pour les valets et les ambassadeurs pour les esclaves de leur suite. Ils saluaient respectueusement ceux qui portaient les habits les plus simples, parce qu'ils croyaient voir en eux les nouveaux ministres plénipotentiaires. Des enfants de sept à huit ans, qui avaient renoncé à tous ces joyaux de l'enfance dont ils voyaient les ambassadeurs surchargés, criaient de bonne foi à leur mère : « Regardez donc ces grands nigauds qui portent des bijoux et des babioles comme s'ils n'étaient encore qu'au maillot. — Taisez-vous, répondaient sérieusement les mères, ce sont à coup sûr les bouffons de Leurs Excellences. »

D'autres, portant la vue sur leurs chaînes d'or, disaient tout haut, en se moquant : « De quelle utilité peuvent être ces chaînes? Elles sont si minces que ces esclaves peuvent aisément les briser, et si peu serrées qu'il leur est plus facile encore de les ôter et de prendre la fuite. »

Après avoir séjourné quelques jours dans la capitale, les Anémoliens, plus instruits des usages du lieu, reconnurent leur prévention. Ils s'aperçurent bien que l'or ne manquait pas en Utopie, puisqu'un seul esclave en portait plus dans les chaînes dont il était garrotté qu'ils n'en avaient à eux trois dans leurs riches habits, mais que ce métal était aussi vil, aussi abhorré chez les Utopiens qu'il était chéri et révéré dans leur pays.

Honteux et confus de leur méprise, ils s'empressèrent de retrancher tout leur train et déposèrent humblement leur fierté et leur arrogance. Ils se trouvèrent encore bien plus éloignés du but qu'ils s'étaient proposé lorsque différents entretiens avec les habitants les eurent mis à même de connaître à fond la manière de penser du peuple avec lequel ils venaient traiter. J'avoue que ses opinions sur ce point durent leur paraître bien étranges. « Est-il possible, disent les Utopiens, qu'un homme qui est tous les jours en état de contempler les astres et la beauté du soleil puisse avec quelque plaisir repaître ses yeux de la lueur fugitive de ces petits morceaux de cristal ou de roche qu'il nomme pierres précieuses? Se peut-il qu'il se rencontre des êtres assez dépourvus de sens et de raison pour se croire plus nobles, plus excellents que leurs semblables parce qu'ils sont couverts d'un drap plus fin et plus rare? Mais la laine dont ce drap est fabriqué ne provenait-elle pas également de la toison d'une brebis, et, au bout du compte, toute belle qu'était cette toison, la brebis qui la portait n'était-elle pas une bête comme une autre? Vous adorez l'or (prenez que c'est un Utopien qui parle); mais ce métal, par la nature de sa trempe, ne peut vous être d'aucune utilité; s'il a quelque prix, c'est vous qui le lui avez indiscrètement donné. Ce prix est idéal et fictif, ce n'est qu'une valeur conventionnelle et relative à vos besoins. » Cependant cette matière est aujourd'hui en si haute vénération chez tous les peuples de la terre qu'on ne rougit point de la préférer à l'homme même.

En voulez-vous la preuve? La voici. Regardez ce maître sot, enseveli dans sa crasse ignorance; ne vous semble-t-il pas voir une misérable souche qui conserve à peine quelque reste de végétation? Ce lâche individu n'est d'ailleurs qu'un fou décidé, un juré fripon. Cependant une cour nombreuse s'empresse de lui offrir ses hommages; il tient sous sa dépendance et à ses gages des hommes sensés et vertueux, des sages et des gens à talents. A quel titre leur commande-t-il? Sur quoi fonde-t-il ses droits? Sur quoi? sur son coffre-fort. Le malheureux est riche, et sa richesse est tout à la fois la base de son stupide orgueil et de son injuste domination. Mais si l'avare chicane, qui met tout son plaisir à dévorer les trésors des hommes et à réduire les plus opulents aux dernières extrémités de l'indigence; si la fortune encore, par un caprice bien digne d'elle, vient à précipiter du haut de sa roue ce mortel boursouflé de sottise et d'ennui naguère si fier de ses richesses; si elle les fait passer dans les mains du plus indigne pendard de tous ses valets, alors quelle sera la ressource du millionnaire ruiné? Vous le verrez bientôt ramper à son tour dans la poussière, traîner sa honteuse existence dans l'obscurité et finir par mendier un refuge chez son propre laquais, qui ne regardera son service auprès de lui que comme une dépendance nécessaire de la totalité de ses biens, dont le sort l'a mis en possession.

Ce qui m'irrite, ce qui me révolte surtout, est de voir les respects, les honneurs presque divins que vous rendez à un homme qui ne vous est de rien et auquel vous ne devez rien. Je vous surprends néanmoins fléchissant le genou devant lui, vous l'encensez; et pourquoi ces adorations? parce qu'il a de l'or et de l'argent. Mais vous savez que c'est un ladre, un usurier, et que de son vivant vous n'aurez pas un sou de toute sa fortune. Que vos grimaces sont méprisables, extravagantes et absurdes!

Telle est sur les richesses la façon de penser des Utopiens. L'éducation publique qu'ils reçoivent dès leur plus bas âge, et l'étude des belles-lettres, dont ils s'occupent très sérieusement eux-mêmes, contribuent pareillement à la leur inspirer et à la perfectionner.

Quoiqu'ils ne destinent particulièrement à la connaissance intime des hautes sciences que ceux qui annoncent dès leur enfance un esprit judicieux, un génie élevé, un goût invincible pour la philosophie et la métaphysique, on donne néanmoins à tous les enfants une teinture de ces sciences, ainsi que des arts libéraux.

D'ailleurs je vous ai dit que les hommes et les femmes se font un plaisir de consacrer à leur étude les heures que leur laisse l'interruption du travail. Les Utopiens ne connaissent que leur langue maternelle; c'est la seule qu'on emploie dans tous les collèges, dans toutes les écoles et les académies. Cet idiome est riche, et la prononciation en est fort douce. Aucun autre ne saurait leur prêter des expressions plus propres à rendre leurs pensées avec autant de précision et de clarté que de justesse et d'énergie. Cette langue est d'ailleurs presque universelle dans leur monde; elle a différents dialectes. Ils n'avaient point entendu parler, avant notre arrivée, de tous les philosophes si célèbres parmi nous. Mais en musique, en logique, dans l'arithmétique et la géométrie, leurs découvertes n'étaient nullement inférieures à celles de nos plus grands maîtres. Si toutefois ils peuvent aller de pair avec les anciens dans les inventions vraiment utiles, il s'en faut bien qu'ils égalent nos dialecticiens et nos sophistes modernes. Ils n'ont trouvé aucune règle de restrictions, d'amplifications, de suppositions, ni aucune de ces subtilités de logique que nos grimauds de collège savent sur le bout du doigt. Ils sont peu propres à la recherche des idées *fécondes*; ils n'ont jamais pensé à l'homme dans l'*universalité*, comme s'explique le jargon scientifique de nos écoles [1]. Malgré la grandeur démesurée de ce colosse au-dessus de toutes les statures gigantesques; malgré toutes les démonstrations que nous employâmes pour le leur rendre palpable, ils ne purent jamais l'apercevoir. Mais s'ils n'ont pas fait un pas dans ce fatras d'abstractions métaphysiques, on peut assurer qu'ils ont, en revanche, poussé fort loin leurs connaissances dans l'astronomie. Ils ont fabriqué divers instruments de mathématiques, comme des télescopes, des quarts de cercle, et plusieurs autres à l'aide desquels ils mesurent exactement la hauteur du soleil; ils fixent même la durée de son cours, ses déclinaisons, ainsi que les phases de la lune, les mouvements ordinaires ou rétrogrades des astres et des planètes qui brillent sur leur horizon. Quant à l'astrologie judiciaire et à tous ces contes bleus de la magie blanche, leur ignorance sur ce point est des plus parfaites. Mais ils pronostiquent les pluies, les vents, le froid et le chaud sur certains signes apparents et d'après une

---

1. Un grand et lucide esprit comme Morus ne pouvait laisser échapper l'occasion de frapper sur les ridicules formules de la vieille scolastique, qui obstruaient encore toutes les voies de l'enseignement.

foule d'observations confirmées par une longue expérience, qui rarement nous induit en erreur. Au surplus, relativement à ces objets, ainsi qu'au flux et reflux de la mer, à sa salaison, à l'origine du monde tel qu'ils le conçoivent, à la nature des divers corps célestes, ils ont des opinions qui diffèrent entre elles, comme en ont eu nos anciens philosophes. Quelquefois ils quittent les vieilles pour s'attacher aux nouvelles, lorsqu'ils les croient plus solides ; et ils finissent, ainsi que nous, par ne pas tout à fait s'accorder sur ces points de croyance arbitraire.

Ils agitent en philosophie morale les mêmes questions que nous. Ils se demandent en conséquence si le nom de bien peut convenir également aux qualités de l'âme, à celles du corps et de la fortune, ou s'il n'appartient qu'aux premières. Leurs dissertations sur la vertu et sur ce qu'on appelle plaisir ou volupté sont très étendues.

L'objet le plus noble et le plus intéressant de toutes leurs questions et de toutes leurs recherches, est de savoir en quoi consiste le vrai bonheur de l'homme, si c'est dans une seule ou plusieurs choses réunies. La plupart des Utopiens embrassent sur cet article le système d'Épicure : ils sont persuadés que si la volupté n'est pas entièrement dispensatrice du bonheur, elle seule du moins contribue le plus à nous le procurer. Ce qui va vous étonner sans doute, c'est qu'ils fondent sur la religion même, toute triste et toute sévère qu'elle est, une morale très facile et très douce. Jamais ils ne dissertent sur le souverain bien de l'homme qu'ils n'invoquent le secours de leur religion ; ils déduisent leurs conséquences de ses principes mêmes, ils mêlent ses maximes aux raisonnements de la philosophie, et pensent que sans le concours de leurs lumières réciproques ils feraient pendant toute leur vie des recherches infructueuses pour trouver la félicité.

Voici leurs dogmes principaux : l'âme est immortelle ; Dieu, dans les décrets éternels de sa bonté, l'a créée capable de bonheur ; il est une vie future, dans laquelle le vice sera puni et la vertu récompensée. Quoique la religion seule établisse et enseigne ces articles de foi, les Utopiens prétendent que la vertu doit suffire pour nous déterminer à les adopter et à y croire. Si ces points fondamentaux n'étaient point autant de vérités incontestables ; si la mort, en nous retranchant du nombre des vivants, anéantissait tout notre être, il n'est pas d'homme, si borné qu'on le suppose, qui n'eût encore assez d'esprit pour sentir qu'il est de son intérêt de se faire même des crimes les plus atroces autant de degrés pour atteindre au bonheur de la vie présente. On le verrait donc sans cesse tourmenté de la soif des plaisirs ; il les saisirait tous avec une égale avidité, en s'arrêtant néanmoins avec complaisance au choix des plus raffinés, des plus exquis, et de ceux dont la douleur n'accompagne ou ne suit pas la jouissance.

Qui pourrait le blâmer de suivre un pareil système ? Quel excès de folie de renoncer de soi-même aux agréments de la vie, de pratiquer les vertus les plus difficiles et les plus austères, de s'exposer volontairement aux tribulations, de supporter avec patience les disgrâces et les maux les plus cuisants, si notre espoir ne s'étend pas au delà du tombeau, si notre âme et la félicité dont elle est susceptible se perdent et s'abîment avec le corps dans une nuit éternelle !

Quant à la volupté dont ils font dépendre le bonheur de cette vie, ce n'est point cette volupté sensuelle qui n'a pour but que la satisfaction des appétits désordonnés ; c'est cette volupté douce et honnête, fondée principalement sur l'amour et la pratique de la vertu, sans laquelle ils ne lui trouveraient aucun prix. Or la vertu, selon eux, n'est autre chose que l'observation rigide de la loi naturelle, seule loi universelle, invariable et permanente, que Dieu a profondément gravée dans nos cœurs pour nous servir de règle en ce monde. Vivre selon la loi naturelle, c'est, disent les Utopiens, ne consulter que la raison, pour savoir d'elle ce que nous devons ou ne devons pas faire, ce qui doit être l'objet de nos désirs ou de notre aversion. Le premier et le plus important de tous les devoirs que nous impose la raison, c'est de révérer, de bénir l'Être suprême, seul auteur de notre existence et du bonheur auquel nous aspirons. Cette raison nous engage ensuite à mener une vie douce et paisible, à resserrer et à cimenter les liens de la société, en partageant avec tous nos semblables, qui sont nos frères, les aisances, les agréments et les biens que nous parvenons à nous procurer. Car enfin le partisan le plus zélé de la vertu, l'ennemi le plus irréconciliable du plaisir, en vous faisant un devoir de supporter courageusement vos peines, d'être dur envers vous-même, ne vous ordonne-t-il pas en même temps d'aimer votre prochain, de l'aider dans son infortune, de le consoler dans ses afflictions ?

Quelque austère qu'on suppose un homme, il n'en est point qui ne fasse l'éloge de la charité comme de la vertu la plus excellente et la plus essentielle. Il n'en est point qui ne s'attendrisse, qui ne laisse échapper des marques précieuses de sensibilité en vous disant : « Oui, les seuls plaisirs purs et délicieux, les seuls plaisirs qui rapprochent un faible mortel de la divinité, sont ceux qu'il goûte lorsqu'il trouve et saisit l'occasion d'essuyer les larmes de son semblable, de le soulager du poids de la douleur qui l'accable, de le rappeler des portes du trépas, et de le rendre aux charmes d'une vie si tranquille, qui seule renferme la vraie volupté. »

Que chacun de nous descende dans son cœur, qu'il l'interroge, il lui répondra que c'est là le vœu le plus ardent que la nature — c'est-à-dire le désir de sa propre conservation, de son propre bonheur — ne cesse de lui faire former pour lui-même. Posons d'abord pour principe que la vie passée dans les délices, qui n'est autre que la vie voluptueuse, est bonne ou mauvaise. Si elle est réellement mauvaise, loin d'en procurer la jouissance à votre prochain, vous devez la lui ôter comme une chose contraire à son bien-être; si elle est bonne, s'il est permis, je dis plus, si nous sommes obligés de lui offrir les moyens d'en jouir, pourquoi ne commencerions-nous pas par nous?

Il est une vérité universellement reconnue : c'est qu'on n'est intéressé à faire du bien à personne au monde plus qu'à soi-même. Tandis que la nature dispose nos cœurs à l'amour du prochain, tandis qu'elle nous fait un devoir de cet amour, pourrait-elle nous ordonner de haïr notre propre individu et de sévir contre nous-mêmes? Non, sans doute; le but de tous nos soins et de toutes nos recherches doit donc être de mener la vie la plus agréable possible, c'est-à-dire d'embellir le cercle étroit de nos jours de toutes les délices, de toutes les jouissances que la nature nous indique, car la seule et vraie vertu de l'homme est de vivre selon ses lois.

Attentive à nous procurer tout ce qui peut nous être d'un bien réel, elle se sert de la voie du plaisir pour appeler au bonheur ses enfants, qu'elle voit tous du même œil et qu'elle chérit avec une égale tendresse. En les pressant de s'aider mutuellement, de partager à l'amiable entre eux ses faveurs et ses trésors, elle ne cesse de leur répéter de fuir ces délices perfides, ces voluptés insidieuses, que souvent quelques ingrats n'ont pas honte d'acheter aux dépens du bien-être de tous ceux qui les entourent.

C'est par une suite de ces principes que les Utopiens soutiennent qu'on doit scrupuleusement observer les conventions rédigées entre particuliers et les lois promulguées par un prince bon et juste ou par un peuple libre et bien intentionné.

« Cette inviolable observation, ajoutent-ils, doit avoir lieu surtout à l'égard de nos lois, qui, revêtues de la sanction publique, établissent le partage égal, la communauté de ces biens et de ces avantages de la vie dans lesquels nous faisons consister la souveraine volupté. Respecter les lois dans les moyens que l'on prend pour se procurer le bonheur, c'est prudence; se proposer le bien général pour but de toutes ses démarches, c'est humanité; chercher son bien aux dépens de celui d'autrui, c'est une injustice criante. Le comble de la grandeur d'âme et de l'héroïsme civique c'est de sacrifier son intérêt personnel à celui de son concitoyen, c'est de ne plaindre ni soins, ni peines, ni argent, lorsqu'il est question de l'obliger; c'est en un mot de préférer son bien-être au nôtre propre. Loin de nous nuire, cette générosité officieuse devient pour nous la source d'une infinité d'avantages. Outre qu'un bienfait porte toujours avec lui sa récompense, la chaîne invisible qui nous lie les uns aux autres nous fait une nécessité de nous rendre des services réciproques et d'user entre nous de justes représailles. Mais sans parler ici de ce retour que nous avons le droit d'attendre, les impressions vives et délicieuses que nous éprouvons au fond du cœur, lorsque nous avons fait une action bonne et louable, n'en sont-elles pas le plus doux prix? Et ce prix si flatteur ne nous dédommage-t-il pas au centuple de la privation que nous avons eu le courage de nous faire? A ces considérations purement humaines, qui résultent d'un acte d'humanité, il faut joindre un motif plus consolant encore : c'est la certitude intime qu'a tout homme pénétré de sa religion, qu'il est un Dieu tout-puissant, dont la justice souveraine récompense les œuvres de bienfaisance et de charité par des biens éternels et inépuisables. »

C'est d'après ces principes qu'ils se persuadent que les plaisirs, dont la continuité forme le bonheur, sont l'unique fin à laquelle doivent tendre toutes les actions et même toutes les vertus de l'homme. Ils définissent la volupté « cet état de l'âme et du corps que l'instinct naturel nous fait préférer à tout autre, parce qu'il nous affecte d'une manière plus douce et plus agréable ».

Remarquez, je vous prie, ces mots *l'instinct naturel*. Ce n'est pas sans de très fortes raisons qu'ils les emploient dans cette définition. « Les seuls plaisirs avoués par la nature sont, disent-ils, ceux qui ne causent de préjudice à personne, qui ne nous font point sacrifier un plus grand avantage à un moindre, qui n'engendrent ni la douleur ni le remords, qui ne portent enfin aucune atteinte soit à nos facultés physiques soit à nos qualités intellectuelles. Les plaisirs que la nature condamne et rejette sont ceux que se forgent cette multitude d'hommes aveugles qui se repaissent d'illusions, qui donnent aux choses le degré de bonté, de valeur et d'excellence qui leur plait, comme s'il dépendait d'en changer aussi facilement l'essence qu'ils en changent la dénomination. Tous ces désirs déréglés, tous ces appétits fougueux, toutes ces convulsions de l'âme et ces épuisements des sens ne sont point la vraie félicité; loin de nous rapprocher d'elle, ils ne font que l'éloigner de nous, ils la détruisent même entièrement. Dès qu'une fois l'homme prend plaisir à savourer de pareilles jouissances, dès qu'il est tourmenté de semblables vertiges, plus de repos, plus de douceurs à espérer pour lui;-son cœur, dupe de son imagination exaltée, s'échauffe et s'enflamme pour des objets fantastiques, dont la recherche lui cause autant de peines et de soins que la possession lui cause de douleur et de repentir. Regardez ce malheureux aveugle : il s'élance, il court, il vole dans une route qu'il prend pour celle du bonheur; dans le délire de la passion, il croit y parvenir, il double la vitesse de sa marche, il touche au bout de sa carrière : qu'y trouve-t-il ? Le précipice affreux dans lequel il se précipite. »

Les Utopiens mettent au rang de ces plaisirs, de ces voluptés chimériques, la folie de ces hommes dont je vous ai parlé plus haut, qui, mesurant leur mérite à leurs habits, s'estiment sottement au-dessus des autres, en proportion du faste et de la magnificence qu'ils déploient dans leur extérieur. « Cette façon de penser et de s'apprécier, disent nos sages, renferme deux erreurs bien grossières. Priser son habit plus que sa personne, première sottise. Dans le fait, à ne considérer l'habit, ainsi qu'on doit le faire, que relativement à son usage, quelle simplicité de mettre une différence entre les draps et de préférer le plus fin ! Quelle foule d'inconséquences absurdes cette première n'entraîne-t-elle pas ! Les partisans du luxe, persuadés, à la vue de leur pompeux étalage, qu'ils ne s'abusent point et qu'ils sont réellement au-dessus du commun des hommes, exigent nos hommages comme un tribut qui leur est dû, et qu'on ne peut se dispenser de leur payer sans s'exposer à leur ressentiment. Ils nous forcent à des égards, à des respects auxquels ils n'auraient jamais osé prétendre, sous l'extérieur simple et uni de la bourgeoisie.

« Autre sottise. Quel profit, quel bien réel retirent-ils de ces vains honneurs, de ces déférences suspectes, dont ils sont si fiers et si jaloux ? De quelle sensation agréable vous affecte un courtisan qui vient humblement embrasser vos genoux et vous prodiguer son encens ? La forte odeur de sa fumée apaise-t-elle les douleurs de votre sciatique ou guérit-elle votre cerveau perclus ? » Les Utopiens classent dans la même catégorie de fous ces nobles à seize quartiers qui, déployant à tout propos leur généalogie, vous montrent avec un orgueil insultant la longue suite de leurs ancêtres, vous font l'énumération de tous les fiefs qu'ils ont possédés (car, disent-ils, point de noblesse sans seigneurie) et qui ne s'en croient pas moins nobles d'un cheveu, quoique les terres et les châteaux de leurs pères ne soient pas parvenus jusqu'à eux, ou quoiqu'ils les aient vendus et qu'ils en aient sottement dissipé les fonds.

Auprès de ces fous fieffés, nos insulaires placent les amateurs de bijoux, ces curieux qui s'extasient à la vue d'une perle ou d'une pierre quelconque, et qui s'imaginent jouir d'un bonheur vraiment divin, lorsqu'ils en trouvent une qui est de mode et de grande valeur aux yeux des connaisseurs : car il est bon de remarquer que les joailleries et les bijoux ont leur vogue et leur discrédit, comme toutes les autres modes du siècle.

Sitôt donc que nos amateurs rencontrent une de ces pierres, ils l'achètent sans monture, après avoir préalablement pris le serment de garantie du vendeur qu'elle est fine : car ces messieurs sont défiants et croient toujours qu'on veut les tromper. Mais puisqu'ils ne savent pas distinguer un diamant fin d'avec un faux, quel plaisir trouvent-ils à faire l'acquisition de l'un plutôt que de l'autre? Ne vous semble-t-il pas voir un aveugle-né qui s'avise de choisir les couleurs?

Aux antiquaires et aux curieux ils joignent ces avares intraitables qui, toujours affamés d'argent, n'en ont jamais assez, quoiqu'ils en regorgent. Que veulent-ils faire de tous ces trésors qu'ils entassent? Ils ne peuvent se rassasier de leur vue; tant que dure le jour, il les contemplent; la nuit ils se relèvent pour les regarder encore, les caresser, les baiser, y toucher du bout des doigts : frénésie insensée, délire cruel, non, non, tu n'es point le bonheur.

A la suite de ces derniers je vois ces malheureux avares qui, toujours travaillant, toujours suant, portent des regards avides sur la moindre parcelle d'or qui s'offre à leurs yeux, se dérobent jusqu'au nécessaire pour ne point entamer leur trésor, ou pour l'enfler de quelques grains; après lui avoir prodigué mille témoignages extravagants de leur passion, ils l'enfouissent secrètement dans la terre, de sorte qu'ils le perdent par la crainte seule de le perdre. En effet, n'est-ce pas le perdre réellement que de se priver soi-même, que de priver les autres de son usage et de l'enterrer au fond de la cave ou dans son jardin? « Mon cher, mon pauvre argent, te voilà donc en sûreté, » se dit tout bas notre avare, qui trépigne de joie en regardant la place où il l'a mis. Mais supposons qu'on l'enlève dix ans avant la mort du propriétaire et à son insu, la possession idéale équivaudra à la possession réelle et fera de même son bonheur. Pourvu qu'il n'ait point connaissance du vol, il lui est fort indifférent, puisqu'il ne s'en sert pas, que son or reste ou ne reste pas dans l'endroit où il l'a déposé[1]. Mais, d'après ces raisonnements si simples, n'est-il pas clair que tout avare est un imbécile décidé et la plus sotte des dupes? Quoique les Utopiens ne connaissent aucun jeu de hasard, ils savent très bien cependant qu'il en existe; mais ils traitent et les joueurs de profession et les chasseurs déterminés avec le même mépris que les avares et les autres fous que je viens de vous citer.

---

1. La Fontaine, imitant la fable de Phèdre, que Morus paraphrase évidemment ici, fait dire à l'*avare qui a perdu son trésor* :

« ... De grâce,
Pourquoi donc vous affliger tant,
Puisque vous ne touchez jamais à cet argent ?
Mettez une pierre à la place,
Elle vous vaudra tout autant. »

« Quel misérable passe-temps, vous disent-ils, que de s'assembler autour d'un tapis vert, pour ressasser et jeter des dés, dont la chance incertaine vous met dans des transes continuelles et renouvelle à chaque instant vos angoisses ! » Je vous accorde que le jeu est un plaisir; convenez, de votre côté, que ce plaisir doit à la fin devenir fastidieux et insipide à force de se répéter. Dites-moi encore de quelle titillation voluptueuse votre oreille est affectée en entendant les jappements, les aboiements des chiens qui se disputent l'honneur de coiffer les premiers le cerf ou le sanglier que vous relancez. Pouvez-vous prendre plus de plaisir à voir courir un chien après un lièvre qu'un basset après un autre chien ! Si vous ne voulez vous procurer que le divertissement de la course, faites courir vos chiens les uns après les autres; ils égalent les lièvres en vitesse. Mais si c'est l'espérance de voir étrangler, déchirer sous vos yeux l'animal épuisé, qui doit nécessairement succomber, convenez que ce barbare spectacle devrait bien plutôt émouvoir votre pitié, s'il vous en restait encore. Est-il possible que vous puissiez voir de sang-froid un limier irrité se jeter sur un lièvre et le déchirer à belles dents? Vous ne sentez donc pas toute l'injustice d'un combat aussi inégal et aussi révoltant? Faites attention que l'animal de la mort duquel vous aimez à vous repaître, est faible, timide, innocent, au lieu que celui qui le terrasse et le dévore est vigoureux, irascible et sanguinaire.

Ces spectacles dégoûtants inspirent une telle horreur aux Utopiens qu'ils ont abandonné la chasse à leurs bouchers, qui sont, comme je vous l'ai dit, tous esclaves. Nos insulaires la regardent comme la partie la plus vile et la plus abjecte de l'art de tuer les animaux et d'apprêter leur chair. Ils pensent que les autres parties de cet art sont plus honnêtes, parce qu'elles sont plus utiles. Dans le fait, si on égorge un mouton, c'est pour s'en nourrir : c'est donc une nécessité que de le tuer. Mais le chasseur, en faisant déchirer par ses chiens la proie qu'il prend, ne cherche qu'un divertissement conforme à son goût particulier; et ce goût est toujours la preuve d'une âme dure et d'un caractère féroce. Si, par hasard, un chasseur conserve encore quelque sensibilité, l'habitude de voir le sang ne peut manquer de la lui faire perdre tôt ou tard et de lui faire contracter des sentiments cruels et barbares.

Les Utopiens prétendent donc que tous les genres de bonheur dont je viens de vous faire l'énumération, et beaucoup d'autres encore, auxquels les hommes se livrent avec fureur, sont totalement opposés au vrai bonheur, loin d'avoir aucune ressemblance, aucun rapport avec lui.

Comme les plaisirs factices n'ont, de leur nature, aucune qualité douce et agréable; comme l'imagination abusée leur prête celles qu'on leur trouve, il faut en conclure qu'ils prennent pour l'ouvrage du plaisir même les diverses sensations voluptueuses dont ils s'affectent, tandis qu'elles ne sont en effet que la suite de leurs préjugés et de leur prévention. Cependant, comme la vue d'une personne attaquée de la jaunisse ne change point le fond des couleurs, quoique tous les objets qui s'offrent à ses regards prennent une teinte jaunâtre, de même les fausses idées de quelques extravagants séduits par de vains prestiges ne sauraient changer la nature et l'essence de cette volupté qui fait le vrai bonheur.

Les Utopiens distinguent deux sortes de plaisirs, sans le concours desquels le bonheur ne peut subsister. Ceux du premier ordre sont les plaisirs de l'âme, ceux du second sont les jouissances du corps. Dans la classe des plaisirs de l'âme ils font entrer les impressions touchantes qu'occasionnent en nous la découverte ou la connaissance de la vérité, l'espoir d'une vie future, dans laquelle nous jouirons éternellement des biens sans aucun mélange et sans altération. Les jouissances des sens se subdivisent en deux autres classes. On comprend dans la première les sensations douces et voluptueuses que nous procure la satisfaction de tous les besoins corporels. Outre ces plaisirs, il en est d'autres qui ont sur l'individu une influence moins immédiate; mais quoique leur action ne soit pas aussi vive et que nous puissions démontrer clairement de quelle manière elle a lieu, elle n'en est pas moins très agréable. Ainsi l'exécution d'une bonne musique charme notre oreille, nous ravit, nous transporte.

Les plaisirs du corps de la seconde classe consistent dans la bonne disposition des sens et de leurs organes, dans ce juste équilibre des humeurs, qui sont les preuves manifestes d'une parfaite santé. On ne saurait disconvenir que la santé ne soit elle-même un très grand bien. Quoique l'âme ne soit pas doucement agitée par des impressions extérieures, elle n'en jouit pas moins d'un calme délicieux, lorsque tous nos membres sont sains et bien dispos. Il est vrai que ce plaisir est moins vif, moins apparent que celui qui résulte de la satisfaction de nos besoins; cependant les philosophes utopiens le regardent comme la base sur laquelle porte toute la félicité humaine.

Ce système est fort de mon goût; et en effet, quelle douceur peut-on espérer dans la vie sans la santé? La langueur répand goutte à goutte le poison et l'amertume sur toutes nos jouissances. L'état physique d'un homme qui, sans souffrir des douleurs aiguës, n'a qu'une santé faible et chancelante, un corps cacochyme, est, selon nos insulaires, moins un état flatteur et désirable qu'une obstruction totale, qu'un engourdissement funeste de toutes ses facultés.

« La santé est-elle un bien réel, et sa possession doit-elle être mise au rang des voluptés? » Cette question a jadis excité de grands débats parmi les Utopiens. Plusieurs tenaient pour la négative et donnaient pour raison que le mot *volupté*, signifiant une impression actuelle faite sur les sens par un objet extérieur, ne pouvait exister sans cette action; un plus grand nombre soutenaient l'affirmative et prétendaient que la santé était la première de toutes les voluptés; leur sentiment est aujourd'hui le plus général; celui des premiers est tombé dans un discrédit presque absolu.

Voici comment raisonnent les partisans de l'affirmative : « La douleur est la compagne inséparable de la maladie : or, si la douleur est l'ennemie mortelle de la santé et du plaisir, le plaisir ou la volupté doit être, par une conséquence assez naturelle, la suite de la bonne santé. Il importe fort peu que la maladie soit la douleur même ou qu'elle n'en soit que l'occasion. Comme le feu est celle de la chaleur, il s'ensuit que ceux qui s'approchent du feu doivent nécessairement ressentir la chaleur; ceux qui jouissent d'une santé parfaite doivent également jouir de ce bien réel que nous appelons volupté; d'ailleurs, ajoutent-ils, prendre ses repas n'est-ce pas repousser la faim? repousser la faim n'est-ce pas rétablir les forces épuisées, c'est-à-dire corroborer sa santé, qui commençait à éprouver quelque altération, et le plaisir de satisfaire son appétit n'est-il pas un des plaisirs les plus sensibles? Or, si l'on trouve du plaisir à contenter son appétit, ne doit-on pas en éprouver un plus grand encore lorsque, la faim entièrement apaisée, l'estomac fait une paisible et facile digestion? Peut-on alors tomber dans une léthargie assez profonde pour ne pas sentir la disposition harmonique de toutes les parties des corps, et si on la sent, comme on n'en saurait douter, cette sensation, dont il nous est si aisé de nous rendre compte, n'est-elle pas encore une jouissance vraiment voluptueuse? C'est donc se tromper que de dire que la santé n'est point un bien réel, parce qu'elle n'a pas sur nos sens d'action extérieure ou qu'elle manque d'un sentiment qui lui soit propre; car quel homme bien éveillé ne s'aperçoit pas que son corps est dans un état tranquille et qu'il fait fort bien toutes ses fonctions? Quel homme n'est point agréablement affecté de cet état et ne demande pas à le conserver? Tous ces raisonnements si clairs, si démonstratifs, prouvent donc que la santé a des effets très sensibles et qu'on doit par conséquent la regarder comme un bien réel et la mère de toutes les autres voluptés; mais il est temps de me résumer. »

Les Utopiens donnent aux plaisirs de l'âme la préférence qui leur est due, tant à cause de leur noblesse que de leur solidité. Le témoignage d'une bonne conscience et d'une vie sans reproche est, selon eux, le premier de tous ces plaisirs; un bon tempérament, une santé à l'épreuve, sont les premiers biens réels du corps.

« On ne doit, disent-ils, prendre de nourriture que pour vivre, c'est-à-dire pour soutenir sa santé. Le boire et le manger n'ont par eux-mêmes aucunes bonnes qualités; celles que nous leur trouvons ne sont que relatives à nos besoins. Il ne faut voir dans les aliments que des moyens propres à réparer les forces que nous perdons continuellement, à entretenir la vigueur du corps et à repousser la mort, qui s'avance à pas lents et qui nous retranche à chaque minute une partie de nous-mêmes. Ainsi, comme le sage a raison d'aimer mieux écarter de lui les maladies plutôt que d'appeler la médecine à son secours; comme il a raison encore de préférer les remèdes qui guérissent radicalement à ceux qui ne font que pallier le mal!

Ceux qui font leur souverain bien de la gourmandise doivent donc se persuader qu'ils auraient atteint au plus haut degré de bonheur s'ils avaient trois ventres, une faim que rien ne pût apaiser, une soif toujours dévorante et une démangeaison continuelle au palais. Mais qui ne conçoit pas qu'un individu qui passerait toute sa vie à table sans pouvoir jamais se rassasier, serait le plus étrange et le plus à plaindre de tous les animaux? Les plaisirs de la bonne chère sont sans contredit les moins nobles de tous les plaisirs des sens.

Cette sorte de volupté a d'ailleurs ses douleurs inséparables qui l'empoisonnent. Le plaisir de manger naît de la faim, mais la partie n'est pas égale entre eux. Le malaise que la faim nous fait éprouver est de beaucoup plus long que le plaisir que nous éprouvons à satisfaire notre appétit. La faim naît avant le plaisir et le plaisir cesse avec elle. Les Utopiens soutiennent donc qu'on ne doit faire cas des plaisirs de la table qu'autant qu'ils nous sont nécessaires. Ils usent avec sobriété, avec une reconnaissance vraiment filiale, de tous les dons que la main libérale de la nature leur présente. Ils sont pénétrés surtout de ce que cette bonne mère a attaché des sensations agréables, dont le charme secret nous attire et nous fait trouver une volupté réelle, à satisfaire des besoins qui sont autant de tyrans impérieux qu'il faut contenter par nécessité. Que notre vie serait triste et déplorable s'il nous fallait chasser par des drogues et des potions amères les incommodités journalières de la soif et de la faim, comme nous chassons les autres maladies, qui sont bien moins fréquentes.

Les Utopiens regardent la beauté, la force, la souplesse, l'agilité, comme autant de qualités estimables; ils ne négligent donc rien de ce qui peut les augmenter et leur en faire retenir les plus grands avantages. Ils sont fort sensibles aux plaisirs des yeux, de l'ouïe et de l'odorat. Les jouissances attachées à ces trois sens sont particulières à l'homme. Aucun autre animal ne peut s'amuser à contempler l'ordre, la structure, l'admirable chef-d'œuvre de l'univers. Toutes les brutes n'ont qu'un flair plus ou moins borné qui leur sert uniquement à distinguer leur pâture; aucune d'elles n'est agréablement affectée par la respiration des odeurs suaves, aucune n'est mollement agitée par les sons touchants de la mélodie et l'harmonie de la musique. Mais quel que soit le goût de nos sages pour les plaisirs des trois sens dont je vous parle, ils prennent toujours garde, avant de s'y livrer, que la possession d'un moindre ne nuise à la jouissance d'un plus grand, ou que la possession de ceux qu'ils se procurent ne soit suivie de douleurs et de regrets : « ce qui ne manquera pas d'arriver, vous disent-ils, si ces plaisirs ne portent point un caractère visible d'honnêteté. »

Ils pensent que le comble de la folie est de mépriser les grâces, la beauté et les forces du corps ; ils regardent même comme coupables d'un lent suicide ceux qui pratiquent les jeûnes, les abstinences et les autres macérations de ce genre, qui épuisent nos sens, minent peu à peu et finissent par détruire totalement la santé.

Négliger les qualités extérieures dans le but de procurer un bien quelconque soit au prochain soit à la patrie, et dans une ferme confiance que Dieu, qui voit tout, nous dédommagera amplement de cet oubli volontaire de nos propres intérêts, c'est un sacrifice noble et généreux dont les Utopiens font le plus grand cas. Mais qu'un homme, séduit par un vain fantôme de vertu, ou par l'idée de se faire une habitude du malaise, pour lequel il n'est peut-être pas né, s'impose de rudes mortifications, des pénitences meurtrières, lesquelles sont en pure perte pour lui et pour ses semblables, c'est un excès de démence, c'est une cruauté envers lui-même, une ingratitude criminelle envers la nature, dont il ne s'empresse de rejeter les plus doux bienfaits que pour acquérir plus tôt le droit de la méconnaître [1].

---

[1] On voit que, tout fervent observateur qu'il était des pratiques dévotes, Morus savait allier à ses fermes croyances chrétiennes un fond d'accommodante philosophie épicurienne.

Telle est l'opinion de ce peuple touchant les vertus et les plaisirs. Il croit que le seul secours de la raison est suffisant pour procurer à l'homme cette félicité si douce et si solide à laquelle il doit tendre, et qu'il n'appartient qu'à une religion émanée du Ciel même de lui inspirer des idées plus pures encore et plus sublimes. Ce système de morale est-il bon, est-il mauvais? Cette question pourrait faire la matière d'une longue dissertation, dans laquelle mon temps ne me permet pas d'entrer. Je la crois d'ailleurs trop étrangère à mon sujet. Je me suis engagé à vous faire le récit de mon voyage, à vous donner une idée sommaire des mœurs, des coutumes, de la politique et du gouvernement des Utopiens; mais je n'ai point entendu me rendre le garant et devenir le censeur ou le panégyriste de leur morale et de leurs dogmes. Quelle que soit votre opinion sur ces articles, n'en tenez pas moins pour certain qu'il est impossible de voir une république plus éclairée, plus florissante et plus heureuse.

Les Utopiens sont de moyenne taille et ont plus de force qu'elle n'en promet. Leur climat n'est point des plus fertiles; l'air, en général, y est assez malsain. Grâce à leur industrie, il ne résulte aucun danger pour eux de ces inconvénients. Ils viennent à bout, par leurs travaux continuels, de changer la nature de leur sol et de le fertiliser; par leur sobriété, leur tempérance et surtout leur grande propreté ils se garantissent de toutes les influences du mauvais air. Aussi ne trouve-t-on nulle part une plus grande abondance du nécessaire et des êtres mieux constitués, plus robustes, dont la santé soit moins exposée aux maladies et dont le cours de la vie soit plus étendu. Outre les travaux ordinaires à nos laboureurs, ils en font de bien plus étonnants pour surmonter les obstacles et vaincre l'ingratitude du sol qu'ils cultivent. Souvent, pour ensemencer un terrain qui leur paraît propre au labour, ils déracinent une forêt entière, coupent les arbres et en plantent une dans un autre endroit. Le besoin de se préparer d'abondantes récoltes a moins de part encore à ces travaux prodigieux que la précaution d'entourer les villes de bois, pour s'épargner dans le transport les embarras et les fatigues d'une longue route. Ils plantent toujours leurs bois auprès de la mer et en bordent les rivières, pour la commodité du charroi; ils pensent que celui des autres denrées se fait plus aisément par terre, quelque éloigné que soit le lieu d'où on les tire.

Ce peuple est d'un commerce facile et agréable; il a le caractère doux, l'humeur enjouée, l'esprit subtil, et surtout le jugement fort sain. En général les Utopiens aiment le repos; mais dès que l'utilité publique parle, ils volent partout où elle les appelle; et dans ce cas aucun travail ne les étonne, aucune fatigue ne les rebute. Leurs désirs, qui sont en tout fort modérés, semblent n'avoir point de bornes lorsqu'il s'agit d'apprendre, de connaître et de s'instruire, de sorte que l'étude est presque leur unique passion. Nous ne jugeâmes pas à propos de leur donner d'abord connaissance des auteurs latins; nous avions bien prévu que parmi ces écrivains les poètes et les historiens pourraient seuls flatter leur goût; mais sitôt que nous leur eûmes parlé des grecs et des philosophes fameux qui se trouvent chez ce peuple, le plus célèbre de l'antiquité, il n'est point de prières et d'instances qu'ils ne nous fissent

7

pour nous déterminer à leur en donner des traductions.

Nous cédâmes à leurs pressantes sollicitations, plutôt par politesse que dans l'espérance de leur voir recueillir quelque profit de nos veilles ; mais nous eûmes la satisfaction de nous apercevoir, dès nos premières leçons, que, grâce à leur avidité pour les sciences et à leur infatigable application, nous ne perdrions point le fruit de notre travail. Dès qu'ils eurent quelque teinture de la langue grecque, ils formèrent des caractères avec tant d'aisance, la prononcèrent si nettement et apprirent par cœur avec tant de facilité, qu'ils nous étonnèrent au dernier point. J'aurais regardé la rapidité de leurs progrès comme un miracle si, d'ailleurs, les écoliers dont le sénat nous avait spécialement chargés n'eussent été les plus intelligents de leurs collèges et n'eussent joint aux merveilleuses dispositions d'un âge mûr le désir le plus ardent de s'avancer.

Au bout de trois ans, ils possédaient parfaitement le nouvel idiome et expliquaient couramment les meilleurs auteurs, à moins que les fautes d'impression qui se rencontraient dans les exemplaires ne leur fissent faire quelque contresens. Je ne sais au juste ce qu'il en est ; mais je crois devoir attribuer leur progrès dans ce vieil idiome à l'affinité qui se trouve entre cette langue et la leur. Je conjecture à ce sujet que les Utopiens tirent leur origine des Grecs. Quoique l'idiome des premiers soit presque tout à fait persan, on retrouve néanmoins des vestiges de la langue grecque dans la dérivaison des noms des villes et des magistrats [1]. Lors

---

[1]. Façon ingénieuse d'expliquer la formation des noms que l'auteur compose avec des mots grecs.

de ma quatrième navigation, au lieu de me charger d'un ballot de marchandises, comme les autres passagers, j'emportai avec moi une assez grande quantité de livres : car mon intention était bien plutôt de passer mes jours chez cet heureux peuple que de hâter mon retour dans un monde aussi pervers que le nôtre. Je ne sais quelle fatalité m'a entraîné malgré moi et m'a fait renoncer à un si louable dessein. A mon départ je fis présent à nos insulaires de ma petite bibliothèque ; elle était composée des œuvres de Platon, d'une partie de celles d'Aristote, du traité de Théophraste sur les plantes. Ils font le plus grand cas des mélanges de Plutarque et s'amusent des plaisanteries de Lucien. Parmi les poètes, ils ont Aristophane, Homère, Euripide et un petit Sophocle de la jolie impression d'Alde [1]. Entre autres historiens, je leur ai donné Thucydide, Hérodote et Hérodien ; ils ont en outre plusieurs livres de médecine, car mon compagnon de voyage, Tricius Apinatus, avait apporté avec lui quelques traités d'Hippocrate et le petit manuel de Galien, pour lequel ils ont une estime singulière.

Quoique je ne connaisse point de pays où la médecine soit moins essentielle, il n'en est cependant pas où cette science soit plus honorée et plus respectée. Les Utopiens la placent au rang des connaissances les plus utiles et les plus importantes de la philosophie. Premièrement ils jouissent d'un plaisir inexprimable en voyant qu'il leur est permis de soulever, à la lueur du flambeau de cet art sublime, un coin du rideau

---

[1]. Alde Manuce, célèbre imprimeur vénitien, dont les magnifiques éditions princeps des auteurs grecs et latins sont très recherchées. Il va de soi que Morus avait la passion des beaux livres.

qui nous cache les secrets merveilleux de la nature ; en second lieu, ils pensent que l'éternel Créateur de toutes choses leur sait bon gré des peines qu'ils se donnent pour connaître, détailler, examiner, approfondir tous les ressorts du plus beau chef-d'œuvre qui soit sorti de sa main. Ils sont persuadés que Dieu, qui est le premier de tous les artistes, n'est pas moins jaloux que les autres de voir admirer ses ouvrages ; en conséquence ils croient que cet Être suprême n'a créé l'homme seul à son image, ne l'a doué de la raison, qui est une émanation de sa divine essence, que pour livrer à ses regards et à ses réflexions le spectacle miraculeux de l'univers, et recevoir ensuite de la bouche de sa créature le tribut de louanges et de reconnaissance que méritent ses œuvres, dans lesquelles on voit éclater tout à la fois sa bonté, sa sagesse et sa toute-puissance.

Aussi disent-ils que Dieu comble de ses grâces les plus particulières les hommes qui, animés d'une sainte curiosité, se plaisent à contempler ses ouvrages, à s'élancer, du cercle étroit où ils sont placés, dans la profondeur de ses secrets ; tandis qu'il traite à l'égal des brutes les êtres stupides dont l'œil morne, sans cesse attaché à la terre, les rend semblables aux vils animaux qui cherchent leur pâture ; ces êtres paresseux, qui n'ont jamais osé briser par la pensée les liens qui les retiennent et s'élever jusqu'à la voûte étoilée qui les environne, pour l'examiner, en parcourir toutes les beautés, et ensuite former des actes d'adoration et de reconnaissance envers leur auteur. Mais je rentre dans mon sujet.

Je vous dirai donc que le génie des Utopiens, exercé

dès leur bas âge par l'étude des sciences et des belles-lettres, a toute la sagacité nécessaire tant pour l'invention que pour la profession de ces arts qui font éclore, fécondent et multiplient les agréments de la vie. Entre ces arts il en est deux très importants dont ils nous sont redevables : le premier est l'imprimerie, le second est la fabrique du papier. Il est vrai qu'ils n'ont pas peu contribué à en faire par eux-mêmes la découverte. Nous n'eûmes besoin que de leur montrer les livres d'Alde imprimés, de leur indiquer les matériaux qui entrent dans la composition du papier et de leur faire connaître la facilité et la promptitude avec laquelle on imprime. Comme aucun de nous n'en savait davantage, il nous fut impossible de leur donner de plus amples lumières. Il ne leur fallut rien de plus, puisqu'ils parvinrent, sur notre simple exposé, à pénétrer le secret de ces deux arts. Au lieu de feuilles d'arbustes et d'écorce de roseaux, dont ils s'étaient servis jusqu'alors, ils essayèrent de fabriquer du papier et de fondre des caractères. Faute de quelques procédés, ils manquèrent leurs opérations dans les premiers essais; mais, loin de se rebuter, ils les recommencèrent de tant de façons différentes qu'à la fin ils réussirent et perfectionnèrent même leurs découvertes. S'ils avaient entre les mains une plus grande quantité d'auteurs grecs, les exemplaires ne leur en manqueraient pas, car ils ont déjà fait plusieurs éditions de ceux que je leur ai laissés.

Ils accueillent avec bonté tous ceux qui voyagent chez eux. On ne pourrait leur apporter que du fer, de l'or et de l'argent; mais les négociants en général préfèrent l'importation de ces deux derniers métaux à leur exportation. Quant aux marchandises et aux denrées d'Utopie, les habitants aiment mieux les transporter eux-mêmes que de laisser aux habitants des autres pays la liberté de venir les chercher. Une bonne raison les a déterminés à prendre ce parti. Ils ont voulu se ménager par là des occasions favorables de voyager chez leurs voisins et de se perfectionner dans l'art de la navigation, qu'ils sont extrêmement désireux de bien connaître.

VII

DES ESCLAVES

Les Utopiens ne se servent pour esclaves que des prisonniers de guerre qu'ils ont faits eux-mêmes et ne réduisent point les enfants de ces malheureux à la condition de leurs pères. Ils ne veulent même pas employer les esclaves des peuples voisins. « Sur qui donc, me demanderez-vous, tombe le poids et l'infamie de la servitude ? » Sur le crime seul et sur la scélératesse. Ils achètent des autres nations tous ceux qui, par leurs forfaits, ont mérité la mort à laquelle ils sont condamnés. Voilà ceux qui composent en grande partie leurs esclaves. Leur île n'en fournit qu'un très petit nombre. Ils ont ces misérables à fort bon compte et souvent pour rien. Toujours chargés de chaînes, ils sont dans cet état condamnés aux travaux publics. Il est à propos de vous faire observer qu'ils traitent les esclaves compatriotes avec plus de rigueur que les étrangers, parce qu'ils jugent que leur bassesse est moins digne de pitié, puisque la bonne éducation qu'ils ont reçue, les exemples de vertu qu'ils ont eus sans cesse sous les yeux, n'ont pu corriger leur naturel vicieux et leur inspirer l'horreur du crime.

Outre ces esclaves, ils en ont d'une autre sorte. Ce sont les gens qui, forcés de gagner leur pain à la sueur de leur front, viennent en Utopie parce qu'ils savent que ses habitants, justes appréciateurs de la peine et du temps d'autrui, accordent un honnête salaire aux pauvres journaliers qu'ils emploient. On use de la plus grande douceur envers ces derniers; on double leur tâche, il est vrai, parce qu'ils sont, par nature et par état, endurcis au travail; à cela près, ils jouissent du droit de bourgeoisie et de tous les privilèges des autres citoyens. Lorsqu'ils veulent retourner dans leur pays, ce qui arrive assez rarement, on ne les retient point; encore moins les laisse-t-on partir les mains vides.

Les Utopiens, comme je l'ai dit plus haut, ont pour les malades mille soins, mille attentions et des complaisances sans bornes. Ils ont recours à tous les moyens qui peuvent contribuer à leur rendre la santé. Tous les secours que fournit la médecine leur sont prodigués; on leur fait surtout observer le régime le plus propre à les rétablir. C'est principalement aux infortunés affligés de maux incurables qu'ils destinent les remèdes les plus efficaces; c'est pour eux qu'ils réservent ces consolations douces et insinuantes qui, sans rien changer à la nature du mal, semblent le diminuer de moitié. Mais si une maladie résiste à tous les efforts de l'art et fait éprouver à celui qui en est attaqué des douleurs trop aiguës, des souffrances continuelles, alors les prêtres et les magistrats sont les premiers à prier le malade d'abréger sa vie et son horrible tourment.

« Mon cher frère, lui disent-ils, quel fardeau plus importun, plus odieux pour vous que l'existence ? A vous parler franchement, il ne vous reste aucun espoir de guérison; vous n'êtes plus propre à rien; vous êtes à charge à vous-même et insupportable aux autres : pourquoi ne pas hâter l'instant de votre délivrance ? Non, mon ami, non, ne vous opiniâtrez pas à nourrir sans cesse dans votre sein le germe cruel de la mort, dont les angoisses et les horreurs se renouvellent pour vous à chaque instant du jour. Puisque la vie n'est plus pour vous qu'une gêne affreuse, un supplice effrayant, rendez, rendez de plein gré à la terre votre dépouille ; n'attendez pas que la mort, qui se plaît à fondre sur ceux qui jouissent à leur aise des délices de la vie et à laisser languir ceux qui sont navrés de ses amertumes, vienne d'elle-même à votre aide. Courez, volez au-devant d'elle, bravez-la ; armez vos mains sans trembler, frappez ; le dernier jour de vos souffrances sera le premier de votre bonheur. Ayez confiance, mon cher frère, et soyez persuadé qu'en quittant cette vie et en descendant chez les morts, vous ne ferez que sortir d'un horrible cachot pour entrer et faire à jamais votre demeure dans le séjour des voluptés éternelles. Si vous êtes assez faible pour vous arrêter au cri de la nature effrayée, si l'idée de votre destruction vous épouvante au point de faire tomber le fer de votre main, tournez les yeux vers le meilleur de vos amis, implorez sa pitié, conjurez-le de vous rendre ce bon office ; présentez hardiment la tête au coup mortel qu'il va vous porter, et que votre dernier soupir soit un acte de reconnaissance pour lui. Vous ne sauriez trop lui en témoigner, puisqu'il va faire cesser vos douleurs et vos tourments. Nous vous le répétons, vous ne sauriez montrer trop de prudence et de résignation à la volonté de l'Être suprême, dont nous sommes les interprètes et les oracles, qu'en suivant, sans tarder, le bon conseil que nous vous donnons de trancher vous-même la trame de vos jours, ou de souffrir qu'une main amicale vous rende ce dernier service. »

Les malades qui cèdent à la force de cette exhortation se laissent volontiers mourir d'inanition, ou, au moyen de quelques breuvages préparés qu'ils avalent, tombent doucement et sans s'en apercevoir dans les bras du sommeil éternel. Au reste, quel que soit l'état désespéré de ces malades, on ne les force point au suicide ; on n'en fait périr aucun s'il n'y consent ; au contraire on les soigne, on les assiste jusqu'au dernier moment ; en un mot, on ne néglige rien pour alléger leurs douleurs autant qu'il est possible.

Les Utopiens pensent que ces infortunés, en succombant sous la violence de leurs maux, meurent honorablement. Si un homme égaré par le désespoir, ou par dégoût pour la vie, ou par quelque autre raison, qui n'est approuvée ni par les prêtres ni par les magistrats, attente à ses jours et meurt du coup dont il se frappe, on le regarde comme indigne de la terre et du feu, et son cadavre, privé des honneurs de la sépulture, est jeté à la voirie pour y servir de pâture aux corbeaux.

Chez les Utopiens il n'est point permis d'entrer dans les liens du mariage avant dix-huit ans pour les filles et vingt-deux pour les garçons. D'ordinaire les mariages, qui du reste ont été faits après examen de toutes les convenances, sont heureux et tranquilles ; mais, en Utopie comme ailleurs, il peut arriver qu'il y ait incompatibilité d'humeur entre les époux. En ce cas-là, ils se séparent d'un consentement mutuel et peuvent convoler à de secondes noces. N'allez pourtant pas vous imaginer que cela se fasse sans autorité de magistrature. Les sénateurs s'informent exactement du fait; ils emploient même à la recherche leurs femmes, comme fines connaisseuses en cette matière-là; et après avoir connu clairement que l'union des *complaignants* est un enfer et que le mariage ne peut pas raisonnablement subsister, le sénat prononce la sentence de divorce. Ce n'est pourtant qu'à l'extrémité qu'on en vient là. Nos insulaires, nation fort pénétrante, n'ignorent pas que c'est un mauvais moyen pour faire régner la paix dans le mariage que de faire espérer qu'on peut se démarier.

On ne trouve dans le code utopien aucune peine fixée pour le châtiment des délits et des crimes. Le législateur a laissé entièrement à la prudence et au discernement du sénat le soin d'en prononcer dans tous les cas, suivant leur degré de malice ou d'atrocité. Les maris ont sur leurs femmes le même pouvoir que les pères ont sur leurs enfants; les uns et les autres peuvent leur infliger des corrections domestiques, à moins que l'énormité de leur crime ne force la justice d'en prendre connaissance et d'appeler à son secours la vindicte publique. En général la servitude est la punition la plus en usage chez les Utopiens, même contre les forfaits les plus graves. Ils pensent, avec assez de raison, que cette peine n'en est pas moins rigoureuse pour les scélérats que la mort même et qu'elle est plus utile à la république.

En effet, un homme que l'on force à remplir la tâche la plus rude est un être dont on tire du service; il est donc plus nécessaire à la société qu'un cadavre; d'ailleurs ces malheureux esclaves, exposés tous les jours à la vue des passants, sont une leçon vivante qui produit tous les bons effets qu'on peut en attendre. Elle imprime dans l'âme une crainte salutaire, qui se renouvelle sans cesse; elle inspire, en un mot, une aversion bien plus grande pour le crime que quand la mort enlève du milieu de nous les criminels et que quelque laps de temps efface jusqu'à leur souvenir. Si ces forçats se mutinent et se révoltent, s'ils refusent de travailler, alors on les égorge sans pitié, comme des bêtes féroces que l'on ne peut dompter, malgré la pesanteur de leurs chaînes et l'horreur de leur cachot. Ceux, au contraire, qui s'arment d'une confiance courageuse pour supporter leur sort, ont l'espoir flatteur de le voir changer.

Lorsque ces malheureux, prêts à succomber sous le poids des travaux dont ils sont chargés, témoignent le plus vif repentir de leurs égarements passés et qu'ils paraissent plus touchés de la bonté qui suit le crime que de son supplice, quelquefois le prince, pour leur donner une preuve de sa bonté, quelquefois la voix du peuple adoucit leur servitude, ou même leur fait recouvrer leur liberté. En général la volonté déterminée de commettre un crime quelconque et les moyens employés pour y parvenir sont réputés chez eux pour le fait. Ils estiment à cet égard qu'il serait injuste de faire grâce à un scélérat d'un forfait que le défaut seul d'occasion favorable l'aura empêché de consommer.

Ce peuple a un goût singulier pour les farces et pour les bouffons; c'est s'exposer à des reproches certains et même à des réprimandes sévères que de les insulter, tant ils se persuadent qu'on ne saurait prendre de passe-temps plus agréable que de s'amuser des folies que débitent les fous. Lorsque nos insulaires savent qu'un homme pousse l'austère indifférence au point de ne pas même accueillir d'un léger sourire les plaisanteries d'un bouffon, ils ont bien soin de ne pas le confier à sa garde ou de ne point le mettre sous sa protection. Ils craignent que ces êtres empesés et chagrins dont le front ne se déride jamais, ne traitent mal un individu qui, par état ou par nature, n'a d'autre tuteur et d'autre mérite que celui d'égayer les autres. Nos sages pensent qu'il est malhonnête et indécent de railler une personne sur sa laideur ou sur tout autre défaut corporel que ce soit. Loin d'applaudir à ces brocards, ils méprisent toujours les mauvais plaisants. Un galant homme ne doit jamais se moquer des travers de la nature ; il doit plaindre ceux qu'elle a disgraciés, puisqu'il ne dépend pas d'eux d'être exempts de ces défauts trop visibles et souvent fort incommodes.

Si d'un côté les Utopiens blâment et accusent d'une insouciance répréhensible les personnes qui négligent leur beauté, de l'autre ils regardent comme infâmes toutes celles qui emploient les vains secours d'une toilette recherchée et du fard, pour se donner des attraits que la nature leur a refusés ou que le temps leur a fait perdre.

Ce peuple philosophe sait par expérience que la fragile beauté d'une épouse est d'un charme moins puissant pour attirer et retenir un époux que la douceur du caractère, la sagesse de la conduite, et surtout une complaisance sans bornes et un respect inviolable pour son mari.

Le gouvernement d'Utopie croirait n'avoir rempli que la moitié de l'administration publique s'il se contentait de faire trembler et de punir les méchants. C'est peu d'effrayer le crime : il faut encourager la vertu. En conséquence les magistrats, pour en faire naître l'amour dans le cœur des citoyens, décernent aux plus vertueux des récompenses aussi flatteuses qu'honorables. Remplis d'un zèle patriotique, ils font élever dans la grande place de chaque ville des statues à ceux qui se sont illustrés soit par leurs qualités héroïques, soit par les services importants qu'ils ont rendus à leur pays. Ces monuments glorieux, destinés à perpétuer le souvenir des belles actions et à consacrer la mémoire des pères, deviennent pour les enfants un puissant aiguillon, qui les excite à marcher sur leurs traces : leurs âmes fières et sublimes s'électrisent à la vue de ces effigies que semble animer encore l'amour du bien public.

C'est ainsi que cette nation éclairée, en honorant la vertu, a trouvé le moyen d'assurer chaque jour à la patrie une foule de nouveaux héros. Un homme convaincu d'avoir brigué une place dans la magistrature est destitué de toutes ses fonctions ; il ne peut plus espérer de jamais rentrer dans les charges et d'avoir place au ministère.

Nos insulaires vivent entre eux dans l'union la plus étroite : c'est un peuple d'amis.

Les magistrats n'ont point l'abord glacial, l'air rébarbatif et menaçant. On les appelle pères. Ils méritent effectivement ce nom. On leur témoigne, sans contrainte aucune, tous les respects dus à leur personne encore plus qu'à leur rang ; mais ils ne sont nullement jaloux de ces honneurs ; aussi ne les voit-on point se formaliser de ce qu'on aura manqué par hasard à quelques-uns des égards que prescrit la politesse.

Le prince ne porte ni diadème ni couronne ; il n'en impose point par la pompe de son extérieur et de son cortège. Vêtu comme un simple particulier, on ne le distingue de la foule des citoyens que par une gerbe de blé que Sa Majesté tient ordinairement à la main. Il en est de même du souverain pontife; on ne le reconnaît qu'au cierge allumé qu'on porte toujours devant lui.

Le code des lois est fort peu volumineux; mais, par la nature de son institution et de son gouvernement, cette république en a tout autant qu'il lui en faut. Ce que ses habitants trouvent de plus étrange chez les autres peuples, ce sont ces énormes volumes de lois et de gloses qui, loin d'affermir leur tranquillité et d'assurer leurs fortunes, ne font que porter le trouble dans les familles et jeter de l'incertitude sur les propriétés. Les citoyens, loin de trouver dans ces lois l'appui qu'ils invoquent en faveur de leurs possessions, n'y trouvent que des moyens sûrs de s'y ruiner promptement et d'absorber tout leur avoir.

« N'est-ce pas une injustice criante, ajoutent les Utopiens, que de promener et d'égarer les hommes dans ce labyrinthe de lois, qui sont trop nombreuses pour qu'une étude de toute la vie puisse suffire à les bien connaître, et toujours trop obscures pour qu'un commentateur, quelque habile qu'il soit, puisse au premier coup d'œil en déterminer le véritable sens? Ils écartent loin du sanctuaire de la justice ces procureurs avares et insatiables, qui dévorent et engloutissent les biens de leurs clients; ils en excluent aussi ces dangereux avocats, qui se chargent volontiers des plus mauvaises causes, qui ont l'art de les colorer du plus beau vernis, et qui, à la faveur de leurs commentaires insidieux, parviennent à faire absoudre le coupable et condamner l'innocent. Tous les autres suppôts subalternes de la chicane, qui nous pillent et qui nous rongent, y sont inconnus. Ils ont tellement en horreur cette vermine du barreau qu'elle n'ose s'y produire. Toujours prévoyants, toujours judicieux, ils pensent qu'il est plus naturel de laisser les parties juges de leurs affaires. C'est le plus court expédient pour couper court à ces longueurs mortelles, à ces subtilités si nuisibles aux intérêts des clients; c'est aussi le meilleur moyen de parvenir à la connaissance de leur bon droit. Tout homme qu'un rusé praticien n'a pas endoctriné n'est nullement versé dans l'art de surprendre notre religion par des discours apprêtés et de nous éblouir par de grands mots. Il se contente d'articuler les faits. Son juge, attentif et pénétrant, le suit pas à pas; il voit tout, il examine tout. La vérité lumineuse qui sort de la bouche de cet homme simple le frappe : elle lui aurait complètement échappé sous les nuages impénétrables dont n'aurait pas manqué de l'envelopper un pilier du barreau.

Les juges sont privés de ces grands avantages dans ces pays où chaque particulier, en ressassant ce fatras de lois amoncelées et toujours contradictoires, peut trouver quelque passage louche du texte, pour étayer de fausses prétentions et favoriser sa cupidité. De là ces jugements monstrueux qui sont tôt ou tard la honte de ceux qui les rendent et qui causent la perte, le déshonneur même de ceux qui le méritent le moins. Au reste, il n'est point d'Utopien qui n'ait une bonne teinture de la jurisprudence. Outre que leur code est fort peu étendu, le texte en est très clair et très précis; on y distingue à chaque pas la prudence consommée et le désintéressement des sages qui l'ont dicté. La fin que doit se proposer un législateur est de mettre tous les citoyens à portée de connaître les obligations qui les lient les uns aux autres et les devoirs communs et respectifs qu'ils ont à remplir. Or à quoi bon multiplier les lois et les charger de gloses? Ces commentaires si subtils, si raffinés, ne sont entendus que par un petit nombre qui ont assez de sagacité pour en pénétrer leur sens. Il ne peut donc y avoir que ce petit nombre de particuliers qui soient instruits des obligations que les lois leur imposent. Mais une loi dont l'esprit n'est pas moins clair que le texte en est simple, est une loi qui devient intelligible pour tous les citoyens de tous les états.

Dans tous les gouvernements n'est-ce pas le vulgaire qui compose la multitude des particuliers? Or qu'importe à ce vulgaire peu éclairé, et qui a le plus besoin de règlements, que vous en prescriviez ou que vous n'en prescriviez pas, si ceux que vous faites sont si obscurs, si entortillés qu'il ne puisse les comprendre, si vous le forcez à avoir recours à des commentateurs plus embrouillés encore, qui achèvent de l'égarer et de le plonger dans cette incertitude d'idées, dans cette confusion, dans cette ignorance absolue dont vous vouliez le tirer? Prétendrez-vous que ce vulgaire, d'habitude uniquement occupé de ses besoins physiques et du besoin de gagner sa vie, ait un génie perçant, un tact sûr, un discernement fin, une judiciaire, en un mot, qui le mette à l'abri des erreurs et des surprises? Certes c'est demander l'impossible d'exiger que chaque artisan pris séparément soit un jurisconsulte profond et l'aigle du barreau.

Nos républicains procurent de grands avantages aux nations voisines qui veulent les prendre pour modèles. Plusieurs leur doivent la liberté dont elles jouissent ; ce sont eux qui les ont affranchies du joug tyrannique sous lequel elles gémissaient. Jalouses de faire leur bonheur à l'exemple des Utopiens, elles viennent chez eux se choisir des magistrats. Les unes les renouvellent tous les ans, les autres les continuent pendant cinq ans. Quand leur temps est épuisé, on les conduit comme en triomphe dans leur patrie, en les comblant de tous les éloges et des bénédictions que méritent les magistrats intègres, et on en reprend de nouveaux.

Ces nations étrangères prouvent, en agissant ainsi, qu'elles sont très éclairées sur leurs vrais intérêts. La perte ou le salut d'un peuple dépend absolument des mœurs de ceux qui sont à la tête de l'administration. D'après ce principe incontestable, convenez qu'on ne saurait trop vanter la prudence de ces nations voisines d'Utopie. En prenant pour magistrats des hommes qui n'ont qu'une charge passagère et doivent prochainement quitter le pays pour retourner dans le leur, elles ont présumé avec raison que ces hommes auraient de trop puissants motifs d'honneur et de gloire pour se jamais laisser corrompre, et pour vendre la justice. Elles ont encore pensé que ces magistrats, étant étrangers et inconnus à leurs compatriotes, seraient toujours impartiaux, toujours intègres, et que jamais la haine ou la vengeance ne dicterait leurs arrêts ; que, fermes comme des chênes, ils marcheraient sans broncher dans les voies de la justice et de la vérité, et pèseraient les droits avec l'exactitude la plus scrupuleuse. On ne pouvait sans doute raisonner plus sagement. La considération des personnes et l'intérêt sont les deux agents qui égarent le plus de juges et qui leur font perdre entièrement de vue cette suprême équité qui est le lien le plus sacré des sociétés humaines et la seule sauvegarde de tous les empires.

Les Utopiens donnent le nom d'alliés aux peuples qui sont gouvernés par des magistrats d'Utopie, et le nom d'amis à ceux auxquels ils fournissent différents secours, suivant les circonstances. Ils ne font aucun de ces pactes, de ces traités d'alliance que les autres peuples changent, rompent, et renouvellent si souvent entre eux.

« A quoi servent ces traités ? vous disent-ils. La nature, notre mère commune, n'a-t-elle pas créé tous les individus pour s'entr'aimer ? N'a-t-elle pas assez fortement gravé cet amour au fond de nos cœurs ? L'être assez barbare pour en étouffer la voix et résister à ses douces impressions sera-t-il assez délicat pour se faire un scrupule d'enfreindre les clauses d'un traité ? »

Nos insulaires sont d'autant plus attachés à ces principes que la plupart des souverains de leur hémisphère ne sont rien moins que rigides observateurs de leurs conventions respectives. Ces infractions sont fort rares en Europe, surtout parmi les princes qui ont le bonheur de vivre sous l'empire de la foi chrétienne.

La religion de Jésus-Christ, cette religion sainte et sublime, a sur eux un ascendant supérieur encore à leur puissance. Dans cette partie de notre monde, la majesté des traités est considérée comme sacrée et inviolable. La bonté paternelle et la droiture de nos monarques d'une part, de l'autre le respect qu'ils portent au saint-siège[1] et la crainte qu'ils ont de déplaire au souverain pontife les rendent tous religieux observateurs des pactes qu'ils font entre eux. Comme ce vicaire du chef invisible de l'Église ne promet jamais rien, ne contracte aucun engagement sans le tenir à la rigueur, il fait, de la part de Dieu même, un devoir à tous les rois de remplir scrupuleusement leur parole et d'accomplir à la lettre leurs conventions réciproques. S'ils osent y manquer, les censures ecclésiastiques les rappellent à leur devoir; s'ils n'y rentrent pas, le saint-père tonne, les foudres de l'excommunication échappent aussitôt de sa main, tombent et frappent les potentats orgueilleux qui refusent de se soumettre. Les papes n'ont sans doute pas tort de penser qu'il est indigne à des princes jaloux du nom de chrétien de manquer de bonne foi dans l'observation de leurs conventions. Mais dans le monde où se trouve placée l'Utopie, monde encore moins éloigné du nôtre par l'équateur, au delà duquel il est situé, que par la différence de ses mœurs et de ses usages, on ne doit nullement se reposer sur la foi des traités politiques. Les abus à cet égard sont si excessifs et si fréquents qu'on pourrait presque avancer que plus on emploie de cérémonies

---

[1]. Remarquons que cela fut écrit avant la perturbation jetée dans le monde religieux par les écrits de Luther. En ce temps-là Henri VIII, modèle assez douteux d'ailleurs « de droiture et de bonté paternelle » (ce qui pourrait faire supposer ici une intention d'ironie), affectait pour les intérêts de la religion et pour la suprématie du saint-siège le zèle extrême qui devait lui mériter le titre de Défenseur de la foi, titre dont ses successeurs sur le trône britannique se parent encore, malgré la séparation de l'Église anglicane, comme on peut le voir par les deux lettres F. D. (*Fidei Defensor*) qui sont placées à la suite de leur nom sur les monnaies anglaises.

solennelles pour leur donner une solide sanction, plus ils sont fragiles, plus leur durée est momentanée. La raison de ces ruptures multipliées est fort simple. Les traités de paix, d'alliance, de confédération se font en des termes si ambigus que les parties contractantes ne sont jamais tellement liées qu'elles ne trouvent toujours des moyens plausibles, au moins en apparence, d'éluder leurs engagements et de se dégager de leurs serments. Cependant si les plénipotentiaires trouvaient une pareille duplicité, disons mieux, une pareille fraude dans les contrats particuliers, irrités de cette insigne mauvaise foi, ils la taxeraient hautement de fraude, de piège, de scélératesse, et s'écrieraient qu'elle mérite le dernier supplice; mais eux, mais ces fiers représentants des maîtres de la terre, croient leur avoir rendu un service au-dessus de toute récompense lorsqu'ils ont surpris la bonne foi d'un négociateur, lorsqu'ils l'ont trompé et lui ont fait signer un traité qu'ils peuvent interpréter à leur avantage ou faire rompre à leur fantaisie. Que conclure de la mauvaise foi des maîtres de cet autre monde et de leurs ministres[1], sinon que la probité est une qualité obscure, qui ne convient qu'au petit peuple, qu'elle est d'une condition trop basse pour sortir des cercles bourgeois et figurer à la cour; ou bien encore qu'il est deux sortes de probité : l'une vile et abjecte, qui sied à la roture et qui ne doit jamais franchir les bornes étroites dans lesquelles elle est restreinte, et l'autre plus noble, plus

---

[1]. Par le contraste malicieusement établi entre la prétendue bonne foi parfaite des diplomates européens et la duplicité des souverains et ministres des royaumes voisins d'Utopie, on voit de quelle nature étaient les impressions que l'intègre ambassadeur du roi d'Angleterre avait rapportées des missions diplomatiques qu'il venait de remplir.

élevée, plus libre que celle du vulgaire; que cette dernière a le droit de tout faire, parce qu'elle peut impunément tout oser, et que cette probité fière et impérieuse est apparemment la vertu favorite des rois [1]?

Comme je viens de vous le dire, la duplicité des monarques du monde dans lequel l'Utopie est située est la principale cause qui détermine nos républicains à ne faire aucun traité avec les puissances de ces contrées. Je me persuade qu'ils changeraient de résolution s'ils vivaient au milieu de l'Europe. Cependant, quelque bonne foi, quelque exactitude que l'on apporte dans l'observation des traités, la coutume d'en faire ne paraît pas moins étrange et moins déplacée. « Car enfin, vous demandent-ils, que produit cette malheureuse coutume? Deux peuples sont séparés l'un de l'autre soit par un petit bras de rivière, soit par un monticule; et comme si la nature n'avait pas établi assez de rapports entre les êtres, comme si elle n'avait pas tissu de ses propres mains les nœuds si doux qui les lient nécessairement les uns aux autres, ces individus, inquiets et jaloux, s'observent, se regardent d'un œil sombre; ils s'enivrent du poison de la défiance et se persuadent qu'ils sont nés comme des bêtes féroces, pour s'attaquer, se mordre, se déchirer et se dévorer, à moins qu'un traité bien dressé, bien cimenté, leur prouve le contraire et n'enchaîne leur férocité. Mais le voilà conclu, ce traité; le voilà ratifié de part et d'autre; ne vous imaginez pas que la paix et l'amitié fraternelle en soient plus stables parmi eux. Non, des deux côtés les hostilités, les meur-

---

[1]. Nous voyons ici que certaine théorie dite des *deux morales*, qui a fait beaucoup parler d'elle à une certaine époque contemporaine, n'est pas d'une invention toute récente.

tres, les dévastations, recommencent de plus belle après la signature; et pourquoi? C'est que, par faute d'attention de la part des négociateurs qui ont rédigé les articles, tous si équivoques, ils renferment des contradictions si palpables que les deux peuples regardent le traité comme nul et non avenu, et croient en conséquence devoir profiter de la liberté qu'il leur rend pour se massacrer de nouveau et se détruire. Nous autres, au contraire (ce sont toujours les Utopiens qui parlent), nous n'appelons ennemis et nous ne traitons comme tels que ceux qui nous font tort et insulte; autrement nous pensons que cet amour de l'espèce, ce sentiment qui nous est si naturel, doit avoir sur nos cœurs des droits plus saints, plus inviolables que les clauses d'un contrat; en un mot nous voulons que les honnêtes gens de toutes les nations connues ne forment qu'un seul peuple de frères, et qu'ils soient plus fortement attachés les uns aux autres par leurs besoins réciproques et les secours mutuels qu'ils se doivent que par de vaines conventions, aussi peu respectables que les passions qui les dictent et qui s'en font un jeu[1]. »

[1]. Cette vigoureuse flétrissure de l'absurdité de certains antagonismes internationaux et ces douces aspirations de paix universelle, s'expliquent d'autant mieux ici que Morus écrivait dans un temps où les capricieuses ambitions de quelques princes causaient une sorte de conflagration générale, qui couvrait l'Occident de ruines et de désolation.

VIII

DE L'ART MILITAIRE EN UTOPIE

Ce peuple déteste la guerre. Il voit avec horreur que l'homme, qui de tous les animaux se glorifie d'avoir seul la raison en partage, est cependant le plus déchaîné, le plus furieux contre son espèce, et qu'il fait sa passion dominante d'un art qui semblerait devoir n'être exercé que par les ours, les tigres et les panthères.

Cette gloire si funeste, cette gloire que l'on n'acquiert que par le fer et par le feu, cette gloire qui est l'idole de presque toutes les nations, leur paraît bien plutôt une frénésie brutale, une férocité abominable, qu'une passion noble et sublime, digne des éloges fameux qu'on lui prodigue. Malgré l'aversion décidée qu'ils ont pour les armes, les Utopiens ne laissent pas cependant de s'y exercer. A certains jours on donne des leçons publiques de tactique, auxquelles non seulement tous les hommes, mais aussi les femmes sont obligées d'assister, afin que dans un cas pressant elles puissent avec adresse prêter un coup de main pour sauver leur pays. Quoique ce peuple cherche tous les moyens de s'aguerrir, il ne prend néanmoins les armes qu'à la dernière extrémité, soit pour se garantir d'une invasion ou défendre ses frontières, soit pour repousser les ennemis de ses bons et fidèles alliés, soit enfin pour délivrer du joug d'un tyran les voisins qui implorent son secours.

Dans ce dernier cas ils combattent par pure générosité et ne retirent leurs troupes que quand la nation opprimée a brisé les fers qui la retiennent dans l'esclavage. Nos républicains prêtent gratuitement à tous les peuples l'assistance qu'eux-mêmes leur demanderaient s'ils étaient dans le cas d'en avoir besoin. Ce n'est pas seulement pour se défendre contre d'injustes agresseurs qu'ils leur donnent des secours, ils leur en fournissent encore pour les mettre en état d'obtenir satisfaction des hostilités commencées et d'user de justes représailles.

Je dois vous faire observer que les Utopiens ne prêtent aucune assistance si on ne les consulte pas avant la déclaration de guerre. Ils veulent se convaincre par eux-mêmes que le peuple qui réclame leur appui ne peut se dispenser d'opposer la force à la force. Dès qu'ils en sont persuadés, ils lui fournissent sans délai les troupes qu'il leur demande. Les nations opprimées et pillées par leurs voisins n'ont pas de plus sûrs vengeurs que nos insulaires. Leur ressentiment éclate surtout lorsqu'un peuple se forge des lois iniques, se joue des plus saintes, et par les interprétations insidieuses qu'il en donne parvient à tromper la crédule honnêteté des commerçants.

Tel fut l'unique motif de la guerre qu'ils firent, il y a environ un siècle, pour les Néphélogètes contre les Alaopolites [1]. Les premiers soutenaient que leurs

---

[1]. *Néphélogètes*, de *néphélé*, nuée, et *agô*, je conduis, formation analogue à l'épithète de *musagète*, que les poètes donnaient à Apollon con-

négociants avaient éprouvé, de la part des derniers, une lésion révoltante, quoique revêtue de toutes les formes de la justice. Que cette plainte fût bien ou mal fondée, c'est ce qu'il ne m'est pas possible de décider.

Quoi qu'il en soit, elle fut le sujet d'une guerre sanglante et ruineuse. En effet, sur ce différend les deux nations arment avec la plus grande activité; leurs préparatifs sont effrayants. La discorde et la haine soufflent sur elles; elles sont à l'instant saisies, transportées de fureur; chacune d'elles brûle de signaler sa vengeance, la soif du sang les dévore; les peuples voisins prennent parti pour ou contre, en un clin d'œil l'embrasement devient général; les armées s'avancent, elles se choquent; le combat s'échauffe; des flots de sang ruissellent, les campagnes sont jonchées de morts, et les villes n'offrent bientôt plus que de vastes cimetières. Ces deux États naguère florissants reçoivent tour à tour des secousses qui les font pencher vers leur ruine. Enfin, après un épuisement total, les Alaopolites succombent et sont contraints de recevoir la loi du plus fort, qui les réduit à la servitude.

Les Utopiens, qui ne faisaient la guerre que pour leurs alliés, furent les premiers à forcer les vaincus de vivre sous l'entière dépendance des vainqueurs, et cependant les Alaopolites, dans les beaux jours de leur prospérité, formaient une nation riche et puissante, peu faite pour entrer en comparaison avec la peuplade inconnue des Néphélogètes. Telle est la chaleur, tel est le zèle que mettent les Utopiens dans la défense des intérêts politiques et pécuniaires de leurs alliés. Il s'en

---

duisant ou président le chœur des Muses. — *Alaopolites*, de *alaos*, aveugle, et *polis*, ville : ville des aveugles.

faut bien qu'ils soient aussi ardents pour leur propre compte. Si on les trompe, si on leur enlève leurs trésors, ils ne poussent point leur ressentiment jusqu'à la rupture, et pourvu qu'on ne commence aucun acte d'hostilité, ils se contentent de ne plus commercer avec les peuples qui leur font banqueroute. Ce n'est pas qu'ils tiennent moins à cœur les intérêts de leurs compatriotes que ceux de leurs amis ; mais ils pardonnent moins volontiers le tort qu'on fait à leurs alliés que celui qu'on leur fait à eux-mêmes.

Ainsi que tous les autres, ce procédé a ses raisons ; les voici : « Chez nos alliés, disent-ils, les biens appartenant en propre à chaque particulier, les négociants ne sauraient éprouver aucune perte sans supporter un échec considérable, puisque souvent il entraine leur ruine ; au lieu que chez nous, les biens se trouvant en commun, toutes les pertes le sont aussi, de sorte qu'une banqueroute faite à nos commerçants ne frappe point directement sur un seul ou sur quelques particuliers. D'ailleurs on ne peut jamais nous enlever que notre superflu, puisque nous avons grand soin de ne rien transporter chez l'étranger qu'au préalable notre pays ne soit abondamment pourvu de tous les objets d'exportation. Nous pensons en conséquence qu'il serait absurde et cruel de sacrifier des milliers de citoyens pour nous venger d'un dommage qui n'est sensible pour aucun de nous. »

Si quelque Utopien, voyageant chez un peuple voisin, se trouve attaqué dans sa personne et reçoit une blessure dont les suites altèrent la santé ou le conduisent au tombeau, soit que cet attentat ait été commis par trahison ou en vertu d'un ordre de gouvernement, aussitôt que nos républicains en sont instruits, ils en demandent hautement satisfaction ; ils exigent qu'on leur livre les coupables, quels qu'ils soient ; et pour peu qu'on balance, ils déclarent sur-le-champ la guerre au peuple fauteur du meurtre. Si on leur remet les auteurs de l'assassinat, suivant son atrocité, ils les condamnent à mort ou les réduisent à l'esclavage.

D'ailleurs ils rougissent en quelque façon et sont plongés dans le plus grand deuil lorsqu'ils remportent une victoire signalée. « C'est, vous disent-ils, une impéritie, une absurdité révoltante que d'acheter à de si hauts prix des marchandises, quelque précieuses qu'on les suppose et qu'elles soient en effet. » Le plus beau moment de leur gloire est celui où leur génie, fécond en ruses de guerre, rend inutiles toutes les tentatives de leurs ennemis et les leur fait vaincre par adresse. On décerne à ceux qui ont remporté un tel avantage les honneurs du triomphe public ; et, par les trophées qu'on leur érige, on immortalise la mémoire de pareils exploits. Ces exploits sont les seuls qu'ils admirent et qu'ils soutiennent être vraiment dignes de l'homme, qui doit l'emporter autant sur tous les animaux par les ressources du génie que la plupart d'entre eux l'emportent sur lui par les forces du corps. « De fait, disent-ils, les lions, les ours, les tigres, les loups, les sangliers, les chiens et les autres espèces d'animaux qui se combattent, ont sans contredit bien plus de force et de férocité que nous ; mais qu'ils nous sont inférieurs du côté du raisonnement et de l'imagination ! Quel homme oserait se flatter d'attaquer avec avantage les bêtes fauves s'il lui fallait combattre corps à corps avec elles. Ce n'est que par adresse qu'il doit chercher à les dompter et à les vaincre; c'est ainsi que les hommes devraient se borner à faire la guerre entre eux. »

Les Utopiens ne la déclarent jamais qu'à leur corps défendant et sur un déni positif de justice qu'on leur fait. Ils ne sont, en un mot, agresseurs que quand ils ne peuvent absolument se dispenser de l'être; mais dès qu'ils ont une fois tiré l'épée hors du fourreau, ils ne la remettent qu'après s'être assuré une vengeance éclatante des insultes et des torts qu'on leur a faits. Leur but est alors d'effrayer les nations injustes par la terreur de leurs armes et d'en faire des exemples si frappants, qu'ils puissent à l'avenir leur servir de frein.

Tel est, sur cet article, le plan de conduite de nos insulaires, toujours prudent, toujours modéré dans son exécution. Ils cherchent moins à s'acquérir de la gloire et des éloges qu'à se mettre à l'abri des plus grands dangers, et même à en préserver les autres.

Sitôt que la guerre est déclarée, ils font au même instant afficher avec le plus grand secret quantité de placards munis du sceau de la république dans les lieux les plus fréquentés du pays ennemi. Par ces placards ils mettent à prix la tête du prince leur adversaire, ainsi que celle de plusieurs autres personnes amplement désignées dans ces écrits clandestins. Les récompenses très considérables pour quiconque tuera ces dernières sont cependant moindres que celles qu'ils proposent pour celui qui les défera du prince. Ces personnes sont ordinairement les ministres et les favoris du prince. Lorsqu'on se saisit d'un proscrit et qu'on le remet vivant entre leurs mains, ils donnent le double de la récompense affichée. Ils offrent même des récompenses à ces proscrits et leur grâce, bien entendu, s'ils veulent se détacher du parti ennemi et suivre le leur. Ces expédients politiques jettent ces malheureux favoris dans une horrible défiance les uns contre les autres; sans cesse ils se croient environnés de traîtres, ils n'envisagent bientôt plus dans leurs proches que des ennemis, des espions et des bourreaux. Et en effet il arrive toujours que ces proscrits, et principalement le prince, sont égorgés ou livrés par ceux mêmes qu'ils honoraient de toute leur confiance, tant la soif de l'or est une puissante amorce pour le crime. Les Utopiens, convaincus de cette triste vérité, ne manquent jamais d'en tirer le parti le plus avantageux, et pour rassurer d'autant mieux les mercenaires qu'ils veulent corrompre, ils leur promettent des récompenses si fortes que la cupidité leur fait entièrement fermer les yeux sur tous les dangers auxquels ils s'exposent pour les obtenir.

Dans ces circonstances, dont l'histoire d'Utopie offre plus d'un exemple, ils promettent non seulement des sommes immenses, mais encore la propriété de terres d'un très grand revenu, situées dans le pays de leurs plus fidèles alliés. C'est là que ces traîtres et ces assassins peuvent se retirer pour y passer tranquillement et en toute sûreté le reste de leurs jours au sein de l'opulence. Jamais on n'eut sur cet article ni sur aucun autre à se plaindre du manque de parole des Utopiens.

Les autres peuples regardent comme indigne et barbare, comme une lâcheté abominable, cet usage de faire un trafic du sang de ses ennemis, de mettre leur vie à l'enchère, tranchons le mot, de les faire assassiner. Quant aux Utopiens, ils s'en font un point d'honneur; et voici comme ils justifient sur ce point la sagesse et la justice de leurs procédés : « Par ce moyen, disent-ils, nous terminons souvent la guerre sans livrer aucun combat; nous prouvons donc notre amour pour l'humanité, puisque, aux dépens d'un petit nombre de coupables que nous faisons périr, nous sauvons un peuple d'innocents, qui dans une action seraient restés sur la place. Ce n'est pas la conservation seule de nos compatriotes qui nous intéresse, nous ne sommes pas moins jaloux d'épargner le sang de nos ennemis. Nous n'ignorons pas que ces soldats qui portent les armes contre nos troupes n'agissent point de leur propre mouvement, qu'ils ont souvent horreur d'un métier qu'ils exercent par force, et qu'ils ne sont sous la main du prince qui les commande que les instruments de son aveugle fureur et de sa vengeance. »

Si l'expédient ci-dessus ne leur réussit point, ils tentent une autre voie. Ils sèment le trouble et la division dans la famille royale, en faisant espérer la couronne à un frère du roi, s'il en a, ou, à son défaut, à quelque grand du royaume.

Si l'effet de ces factions et des révoltes qui s'ensuivent ne répond pas à leur attente, ils font alors agir les nations voisines de la puissance avec laquelle ils sont en guerre. A l'aide de quelques vieux titres, qu'ils produisent à point nommé (et les princes, comme on le sait très bien, ne manquent jamais de ces sortes de titres), ils les forcent en quelque façon de prendre les armes contre les ennemis de leur île et font une ligue offensive et défensive avec elles. Suivant les clauses de cette confédération, ils fournissent tout l'argent qu'exige le service d'union de plusieurs campagnes, mais ils ne donnent presque point d'hommes. Leur amour pour leurs compatriotes est poussé à tel point, ils font si grand cas de leur vie, qu'ils se résoudraient, je crois, avec bien de la peine à échanger un des leurs contre le roi ennemi.

Pour l'or et pour l'argent, comme ils ne tiennent en aucune manière à ces métaux, ils donnent sans balancer tout ce qu'on leur demande, et on leur demanderait tout ce qu'ils possèdent qu'ils le donneraient volontiers, puisqu'ils n'en vivraient ni moins à leur aise ni moins heureux. Outre les richesses prodigieuses qu'ils renferment chez eux, ils ont encore des sommes considérables placées chez l'étranger. Je vous ai dit ci-dessus que plusieurs peuples qui commercent avec nos insulaires avaient de l'argent à eux appartenant. Dans les temps de nécessité ils reprennent ces sommes, qui leur servent à lever des soldats de tous les côtés, et surtout à en soudoyer chez les Zapolètes [1].

Ce peuple, situé au levant, est éloigné d'environ cinq cent milles d'Utopie. Il est dur, agreste et sauvage. Il préfère aux lieux où la nature plus riante se pare de tous ses charmes les forêts ténébreuses qu'il habite et les montagnes incultes sur lesquelles il a été nourri. Ces hommes sont d'un tempérament de fer, endurcis

---

1. *Zapolètes*, nom évidemment formé de *za*, particule augmentative, et *polètès*, vendeur : littéralement *très vendeurs* ; il faut sans doute entendre *très disposés à se vendre* : car Morus fait clairement allusion ici aux troupes mercenaires suisses, qui alors étaient à la disposition de tous les princes en état de les bien payer, et que, par conséquent, l'on voyait toujours prêtes à soutenir la cause de ceux qui leur offraient le plus gros salaire.

au froid et au chaud, ainsi qu'au travail le plus opiniâtre; rien ne les rebute. L'agriculture, les modes dans les habits, l'élégance dans les bâtiments, en un mot tous ces arts qui répandent tant de douceurs et d'agréments sur la vie, n'ont aucun prix pour eux; ils les méprisent et ne les cultivent point. Leur occupation journalière consiste à soigner les bestiaux ; ils ne vivent que du produit de la chasse et de la rapine. La nature les forma tout exprès pour la guerre ; leur éducation est toute relative à ce métier; ils cherchent et saisissent avec empressement toutes les occasions de s'y livrer. Dès qu'il s'en présente une, on les voit sortir par bandes de leurs affreux repaires, descendre de leurs mornes inaccessibles, inonder les campagnes et s'engager presque pour rien à ceux qui viennent dans leur pays pour enrôler. Ils n'ont d'autre talent que celui de se battre, et c'est toujours à outrance. Dès qu'une fois ils se sont mis à la solde d'une puissance, ils combattent pour elle avec une bravoure dont on n'a pas d'idée, et leur fidélité d'ailleurs est à toute épreuve. Mais ils ne s'engagent jamais que pour un temps fixe et limité. La première condition qu'ils font quand ils s'enrôlent au service d'un souverain c'est que si le lendemain le prince son ennemi leur propose une plus forte solde, ils seront libres de passer de son côté, et que si le surlendemain le peuple qui les a soudoyés en premier lieu porte plus haut la paye du soldat, il leur sera également permis de revenir se ranger sous ses étendards. Il se fait fort peu de guerres dans lesquelles les Zapolètes ne composent la plus grande partie des troupes de l'une ou de l'autre puissance belligérante.

Il advient de là tous les jours que de proches parents, qui naguère vivaient dans la plus parfaite union et dont l'amitié redoublait en raison du plaisir qu'ils avaient à se voir réunis sous les mêmes enseignes, séduits peu de jours après par l'appât du gain le plus chétif, se séparent et se jettent dans les deux partis opposés. En vient-on aux mains, tous les nœuds du sang et de l'amitié se brisent tout à coup, la haine la plus invétérée succède à leur tendresse; du plus loin qu'ils s'aperçoivent ils s'élancent comme des taureaux furieux les uns contre les autres; ils se mesurent, ils se terrassent, s'égorgent, se massacrent sans aucune pitié[1]. Mais que ce vil intérêt qui leur fait sacrifier un parti à un autre, que cette basse avarice leur est peu profitable! Ils absorbent en un clin d'œil dans un luxe grossier, dans un libertinage crapuleux, le salaire qu'ils retirent de leur art meurtrier, et mènent toujours une vie obscure et misérable.

Tels et plus brutaux sont encore ces hommes que les Utopiens soudoient pour combattre leurs ennemis. Comme ces montagnards ne sauraient trouver ailleurs une plus forte paye, ils accourent en foule se vendre à la république. Nos sages, qui sont si délicats sur le choix des peuples qu'ils adoptent pour alliés, ne traitent avec cette nation barbare que pour s'en débarrasser par les voies les plus courtes et les plus expéditives. En temps de guerre on leur fait occuper les postes les plus périlleux; la plupart tombent sous le fer des ennemis; on est par conséquent dispensé de tenir les promesses qu'on leur a faites pour les attirer; quant à

[1]. L'histoire a offert, en effet, plus d'un exemple de rencontres semblables.

ceux qui en réchappent, on remplit exactement à leur égard la parole qu'on leur a donnée. On veut, en se conduisant ainsi, s'en faire un pont d'or pour l'avenir. Ils sont si flattés de ces avantages, que dans les autres occasions qui se présentent par la suite ils volent de leur plein gré braver les dangers auxquels on les expose. Les Utopiens, loin de les ménager, font litière de ces mercenaires, et pensent que le genre humain leur saurait gré d'en avoir exterminé la race.

Outre les troupes zapolitaines, les Utopiens emploient celles que leur prêtent les peuples auxquels ils ont donné du secours dans l'occasion ; ils ont encore les auxiliaires que leurs alliés leur envoient ; enfin ils joignent à ces forces celles de leur nation. Ils nomment généralissime de toutes ces troupes réunies un des leurs, non moins recommandable par son expérience que par sa valeur. Ce chef, dont l'autorité est absolue, a sous ses ordres deux autres compatriotes, qui lui servent de lieutenants généraux. Tant que le commandant en chef respire, les lieutenants sont sans exercice et n'ont aucun pouvoir sur l'armée ; mais s'il arrive que le général soit tué ou fait prisonnier, alors le premier des deux lieutenants prend le commandement et lui succède par droit d'héritage. Au besoin le second remplacera le premier. Comme les Utopiens n'ignorent pas que rien n'est plus capricieux que le sort des armes, ils ont pris cette sage précaution pour garantir leurs troupes du désordre et de la consternation dans lesquels la mort ou la prise de son général doit nécessairement jeter toute une armée.

Chaque ville fait des levées ; on ne prend que les hommes qui viennent de bonne volonté. Il ne se fait ici aucun enrôlement forcé, parce qu'on pense avec raison que tout poltron, loin de rendre service dans un moment décisif, ne sert qu'à inspirer la frayeur et le découragement à ses camarades. Si cependant le foyer de la guerre se concentre dans leur propre pays, les poltrons, pourvu qu'ils soient bien constitués et bien portants, sont contraints de prendre les armes comme les autres. On les embarque sur des vaisseaux avec des troupes aguerries et intrépides; on les place d'espace en espace sur les murailles, entre de braves soldats, de sorte qu'on leur ôte tout moyen et tout espoir de prendre la fuite. Alors la honte de paraître sans cœur, la nécessité de repousser les coups de l'ennemi et l'impossibilité de se cacher ou de tourner le dos changent souvent tout à coup leur poltronnerie en valeur héroïque.

Quant aux guerres dont le théâtre est dans le pays étranger, si d'un côté on ne force personne d'y aller, de l'autre on permet aux femmes d'y accompagner leurs maris; on les y exhorte même, en comblant d'éloges celles qui prennent ce parti. Dans une action l'épouse combat auprès de son mari; les enfants, les neveux, les alliés, les entourent, si bien que chaque famille forme autant de petites légions particulières qui se réunissent pour combattre avec chaleur, et se prêter mutuellement les secours que la nature et l'amitié réclament en ces instants de crise où ils courent tous un même danger.

Le mari qui revient sans sa femme et le fils sans son père sont également déshonorés. Cette politique produit les plus grands effets. Dès qu'on sonne la charge et que l'on combat, pour peu que l'ennemi offre de résistance, on s'échauffe, on s'enflamme, on se bat en déterminé. Chaque Utopien, disputant pied à pied le terrain, fait des prodiges de valeur et vend chèrement sa vie s'il ne peut la sauver.

Rien ne coûte à ces républicains lorsqu'il s'agit d'écarter d'eux le terrible fléau de la guerre ou pour n'y employer que des troupes étrangères; mais dès qu'ils se trouvent réduits à la fâcheuse nécessité de combattre en personne, ils partent, ils volent où le devoir les appelle; le courage les transporte, et ce que toute la prudence n'a pu faire, leur bravoure l'exécute. Ne croyez pas que leur valeur ne soit qu'un premier feu qui se ralentit et s'éteint aussitôt; non, leur intrépidité s'accroît en raison de la durée du combat. Ce sont autant de héros, dont les rangs sont inébranlables. La mort, qui ne respecte pas plus les braves que les poltrons, les frappe et les moissonne; mais sa vue ne les fait jamais reculer. Cette valeur surnaturelle est une suite de la confiance qu'après eux rien ne manquera à leur famille.

« Son sort, son bien-être est assuré, s'écrient-ils dans ces instants; nous pouvons mourir en repos. » Oui, cette douce confiance est le premier aliment de leur bravoure. Ils se battent avec la ferme résolution de vaincre, et la mort leur paraît plus supportable cent fois que la défaite.

Nous sommes privés de cet avantage, nous autres. Depuis le soldat jusqu'au général, chacun est occupé de son propre intérêt, de celui de ses enfants. Cette cruelle incertitude froisse le cœur des plus déterminés, entre la crainte de laisser après eux des infortunés et celle de l'être eux-mêmes. Or, l'aspect effrayant de la misère est presque toujours, comme on le sait, l'écueil du plus fier courage.

Ajoutez à cette confiance des Utopiens leur habileté dans l'art militaire, la parfaite connaissance qu'ils ont de leur tactique, et vous sentirez aisément qu'ils doivent être tous valeureux et invincibles. Enfin cette vérité vous deviendra, pour ainsi dire, palpable si vous faites attention que les principes dans lesquels on les élève depuis leur berceau contribuent à leur donner et à nourrir en eux cet héroïsme patriotique. « La vie, leur répète-t-on sans cesse, est un dépôt que le Ciel vous a confié. Vous n'avez aucun droit dessus, il appartient tout entier à la patrie ; jouissez des avantages sans nombre que son usufruit vous procure ; que le fonds vous soit assez cher pour le ménager comme votre bien propre ; il n'y a qu'un fou qui s'avise de le dissiper et de l'aliéner. Si la patrie vous le redemande, rendez-le-lui sans balancer : il n'y a qu'un lâche, un homme vil et méprisable qui puisse le nier ou s'obstiner à vouloir le retenir. »

Dans la mêlée une foule de jeunes gens d'élite se rallient, combinent leurs forces, fondent avec l'impétuosité des aigles sur le général ennemi ; tantôt ils l'attirent dans quelque piège, tantôt ils le combattent corps à corps. Ici ils font pleuvoir de loin sur lui une grêle de traits ; là, tous s'opiniâtrent à lui porter le coup mortel ; à moins qu'il ne prenne aussitôt la fuite, il est bien rare qu'il ne soit tué ou qu'il ne tombe vivant entre les mains du vainqueur. Dès que les Utopiens ont obtenu la victoire, ne pensez pas qu'ils se fassent un jeu barbare de massacrer les vaincus. Toute leur vengeance se borne à faire des prisonniers ; jamais ils ne se livrent inconsidérément à la poursuite des fuyards. Ils conservent leur ordre de bataille après le combat pour être toujours à portée de le réintégrer si on les y force ; ils aiment mieux laisser échapper tous les vaincus que de rompre leurs rangs pour les poursuivre.

Ils se souviennent de ce qui leur est arrivé en plus d'une occasion. Les ennemis, après avoir mis en déroute le corps de leur armée, se croyaient déjà si sûrs de la victoire qu'ils se dispersaient et couraient çà et et là sur les fuyards pour les égorger. Les Utopiens, qui ont toujours un corps de réserve en station pour observer tous les mouvements des ennemis, s'étant aperçus de leur désordre, firent avancer ce corps, qui n'avait pas encore donné ; il chargea à l'improviste l'ennemi, qui, ne pouvant plus se rallier, fut taillé en pièces et perdit ainsi le fruit de sa victoire, qui tourna au profit des vaincus.

Je ne saurais vous dire qui l'emporte chez nos insulaires ou de leur habileté à tendre des pièges, ou de celle qu'ils ont à les découvrir et à les éviter. On croirait quelquefois, à voir leurs manœuvres, qu'ils méditent une prompte retraite : point du tout ; ont-ils formé ce projet, ils l'exécutent avec tant de précision et de secret qu'ils sont déjà fort éloignés avant que l'on ne s'en doute. Dès qu'ils ont reconnu les forces ennemies et leur supériorité sur les leurs, ou qu'ils s'aperçoivent du désavantage de leur position, ils décampent de nuit et dans le plus profond silence, ou usent de quelque autre stratagème. Le jour même ils observent un si bel ordre dans leur retraite, ils présentent une telle contenance, qu'il ne serait pas moins dangereux de les attaquer dans leur marche que dans le camp le mieux fortifié. Les retranchements de leur camp consistent ordinairement en un fossé aussi large que profond. La terre qu'ils retirent du fossé qui entoure le camp leur sert à former de leur côté une espèce de mur ou de parapet, qu'il faut franchir avant de pouvoir les attaquer. Ce ne sont pas les sapeurs seuls et les pionniers qui travaillent à ces fortifications : tous les soldats y sont employés, excepté cependant les sentinelles et les vedettes.

A l'aide de ce grand nombre d'ouvriers, ils achèvent en fort peu de temps tous les ouvrages extérieurs qu'ils estiment nécessaires à la sûreté de leur camp.

Leurs armes n'ont pas moins de solidité que de légèreté. Elles résistent aux coups les mieux assénés et en portent presque toujours de mortels. Elles ne gênent le soldat dans aucun mouvement de son corps ; elles lui laissent la liberté de tous ses gestes : il peut même nager commodément en portant ses armes. Je dois vous dire à ce sujet que l'art de nager tout armé est un des éléments du métier de la guerre chez les Utopiens. L'infanterie et la cavalerie se servent de flèches pour armes offensives ; leurs soldats les lancent avec une adresse égale à la vigueur de leurs bras ; et leur coup d'œil est si sûr qu'ils manquent rarement leur coup. Faut-il combattre corps à corps, au lieu d'épées ils ont des haches tranchantes, dont le fil et la pesanteur les rendent également propres à frapper et d'estoc et de taille. Ils ont l'imagination très fertile pour inventer des machines de guerre ; dès qu'elles sont fabriquées, ils les cachent soigneusement, de peur qu'en les laissant paraître avant le moment favorable les ennemis ne s'en fassent un objet de dérision, après avoir trouvé les moyens de rendre leur effet inutile. Les premières qualités qu'ils exigent de toutes ces machines c'est qu'elles puissent se démonter, se transporter et se remonter avec autant d'aisance que de célérité. Sitôt qu'ils ont fait une trêve, ils l'observent si religieusement qu'ils n'usent même pas sur-le-champ de représailles envers les infracteurs.

Jamais, dans les transports insensés d'une fureur brutale, on ne les vit piller, saccager, détruire, incendier les récoltes et dévaster les campagnes. Ils respectent en toute occasion les biens de la terre, qui sont, disent-ils, le patrimoine le plus sacré de l'homme. Leur scrupule sur ce point est poussé si loin, qu'ils prennent les plus grandes précautions pour que les troupes, dans leur passage, ne causent quelque dégât, et que les chevaux ne foulent à leurs pieds les moissons. Ils n'attaquent aucun homme désarmé, à moins qu'il ne soit connu pour un espion. Ils deviennent le protecteur des villes qui se rendent, et jamais ne livrent au pillage celles qui sont prises d'assaut; mais ils font mourir ceux qui ont empêché que la place ne capitulât, et ils font esclaves les soldats et les officiers de la garnison.

L'âge, en pareille circonstance, est toujours l'objet de leur respect; aussi prennent-ils sous leur protection les vieillards, les enfants, et surtout ce sexe faible et timide qui n'a d'autres armes que ses pleurs et ses sanglots. S'ils sont informés que pendant le siège il s'est présenté quelque citoyen judicieux et bien intentionné qui a conseillé la reddition de la ville, ils lui en savent bon gré et lui témoignent leur satisfaction par des récompenses proportionnées au service. On lui fait assez souvent présent d'une partie des biens confisqués.

Le surplus est distribué par égale portion aux troupes auxiliaires. Quant aux Utopiens, satisfaits du sort dont ils jouissent chez eux, jamais on ne les voit prendre part au butin et profiter des dépouilles de l'ennemi.

Quand la paix est faite, ils n'exigent point des alliés pour lesquels ils ont pris les armes le remboursement des frais extraordinaires de la guerre ; ils mettent tout sur le compte des vaincus et leur font payer les dépenses de deux manières : 1° en leur imposant un fort tribut annuel, dont le produit, mis en séquestre, sert à subvenir aux frais d'une autre guerre ; 2° en les forçant de leur céder des terres considérables, et du plus grand rapport. Cette sage politique a triplé les revenus de nos républicains, qui, par la suite des temps, sont devenus propriétaires, chez divers peuples, de biens immenses, dont le produit au total monte, autant que je puis m'en souvenir, à sept cent mille ducats par an. Ils envoient dans les différents pays où sont ces domaines des citoyens ayant qualité de trésoriers. Ceux-ci mènent chez ces différents peuples un train des plus magnifiques et ont surtout une table splendide. Mais, quelques dépenses qu'ils fassent, ils versent encore tous les ans des sommes prodigieuses dans le trésor public.

Nos insulaires prêtent cet argent au peuple sur le territoire duquel sont assis ces grands fiefs. Ils lui en abandonnent les intérêts, jusqu'à ce qu'ils redemandent leur capital, ce qui arrive rarement, comme je vous l'ai dit, pour la totalité. Quant au surplus des terres conquises, ils les distribuent entre tous ceux qui, à leur sollicitation, ont fait cause commune avec eux et ont partagé leurs dangers.

S'il arrive qu'un souverain, pour faire une descente dans leur île, équipe une flotte, ils ne tardent pas à en être prévenus par les amis ou concitoyens qu'ils ont de toutes parts, et ils font sans peine avorter cette entreprise. Leur premier principe est de ne jamais faire la guerre sur leur propre terrain; le second est de n'admettre aucune troupe étrangère dans leur île, quelque grand que soit le péril qui les menace.

IX

DES DIFFÉRENTES RELIGIONS D'UTOPIE

On compte non seulement diverses religions dans l'île, mais chaque ville a aussi les siennes particulières. Les uns offrent leurs vœux au soleil, les autres à la lune, ceux-ci adorent une planète, ceux-là certains astres qu'ils ont choisis. Plusieurs reconnaissent pour leur dieu quelque homme extraordinaire qui, dans les siècles les plus reculés, a fait, par ses exploits glorieux ou par ses vertus éclatantes, l'admiration de son pays.

Mais la plus grande et la plus saine partie de la nation laisse là cette foule de dieux vulgaires, enfants d'une imagination déréglée; elle n'admet qu'une seule divinité éternelle, immense, incompréhensible, dont les attributs ne sont pas moins infinis que la puissance et la gloire. Sa nature n'a aucun rapport avec tout ce qui tombe sous les sens; elle est répandue dans tout l'univers par sa vertu plutôt que par son essence. Ce souverain être, disent ceux qui l'adorent, est le seul auteur de toutes choses. « C'est lui, s'écrient-ils, dans les actes de reconnaissance qu'ils forment du fond de leur cœur, c'est lui qui créa le monde, qui établit cette harmonie merveilleuse qui règne dans toutes ses parties; c'est lui qui règle le cours des astres, qui a posé la barrière insurmontable qui sépare les éléments, qui a fixé les bornes des deux mers ; c'est lui qui prépare ces événements inattendus qui nous jettent dans la dernière surprise et amènent ces révolutions que toute la prudence humaine ne saurait prévoir. La nature ne nous offre qu'un cercle de vicissitudes continuelles ; les siècles s'écoulent, les âges se pressent et se confondent, la mort dévore tous les êtres ; tout ce qui respire, commence, croît, décline et finit. Dieu seul, toujours environné de sa gloire, n'est sujet à aucun changement. »

Les Utopiens, divisés entre eux sur divers points de leurs croyances, se réunissent tous pour confesser l'existence de cet Être suprême, qu'ils appellent *Mythra*[1]. « Quelle que soit, disent-ils, l'idée que l'on s'en forme, toujours est-il certain que chez tous les peuples et

---

1. *Mythra* ou *Mythras*. Ce nom, que le savant Morus ne prend certainement pas au hasard, était celui d'une divinité appartenant à la théogonie des anciens Perses, fondée, dit-on, par Zoroastre. Ces dogmes admettaient la lutte éternelle entre Orsmud, génie du bien, et Ariman, génie du mal. Entre les deux était Mythra, à la fois dieu et déesse, et dont le nom signifie médiateur, qui avait pour mission de ramener les âmes à Dieu, en ouvrant la carrière du soleil. Il avait son siège de prédilection aux équinoxes, c'est-à-dire vers le point qui fait la transition des ténèbres à la lumière et de la croissance à la diminution des jours. Il fut beaucoup question, dans les premiers temps du christianisme, de cette divinité *médiatrice*, dont le culte s'était acquis dans tout l'empire romain de nombreux sectateurs. « Les Pères de l'Eglise, dit Creuzer, voyaient dans Mythras un emprunt au christianisme. De nos jours, au contraire, on a prétendu que le christianisme n'était lui-même qu'une branche de la religion de Mythras, qui en Perse remontait à plus de quarante siècles. A Rome, le 25 décembre, les nombreux adorateurs de Mythras célébraient une fête dite de la *naissance du Soleil invincible (natalis Solis invicti)* qui était devenue en quelque sorte générale dans tout l'Occident. De là vient qu'au commencement du quatrième siècle, les chefs de l'Église chrétienne d'Occident fixèrent au même jour la célébration de la naissance du Christ, dont l'époque était jusque-là demeurée incertaine ou inconnue. Le Christ était pour eux dans un sens spirituel le Soleil nouveau (*Sol novus*), dont les païens célébraient la renaissance physique au jour où le soleil remonte dans les cieux. » Et ce ne fut pas la seule circonstance où les chefs de la nouvelle religion surent absorber par assimilation quelque pratique des anciens cultes.

dans tous les siècles, on a reconnu l'existence de ce Dieu qui n'a point d'égal en puissance et en perfections. »

Au reste, cette diversité de systèmes religieux et ce nombre de sectes diminue de jour en jour, et chacun, profitant des études qu'il fait, parvient, à la lueur du flambeau de la vérité, à connaître la religion la plus raisonnable, et l'embrasse dès qu'il est persuadé qu'il l'a trouvée. Je ne doute même pas que ce chaos d'opinions incohérentes sur la religion ne fût totalement dissipé depuis longtemps si la superstition n'aveuglait pas presque tous ceux qui la suivent. Qu'il survienne un accident, un revers à un Utopien sur le point d'abjurer, la terreur s'empare à l'instant de ses esprits; au lieu d'attribuer ses malheurs au concours des circonstances, à l'enchaînement des choses, il se persuade que le Ciel, irrité de son apostasie, veut le punir et s'en venger. Nous nous fîmes un devoir de leur parler de notre sainte religion. Dès qu'ils furent instruits de la sublime morale de l'Évangile, des préceptes de notre divin Sauveur, de sa mission et de ses miracles, de la constance avec laquelle tant de glorieux martyrs ont confessé, au milieu des plus horribles tortures et en présence des tyrans et des bourreaux, le nom de Jésus-Christ; quand ils surent que leur sang répandu pour la foi avait enfanté une foule de héros au christianisme, que ces nouveaux fidèles, à l'exemple des premiers, couraient mériter la palme du martyre, affrontaient les croix et les bûchers, chantaient au milieu des flammes les louanges de leur divin maître, expiraient en priant pour leurs plus cruels ennemis, soit que la grâce opérât sur leur cœur, soit qu'ils crussent apercevoir et qu'il y eût en effet affinité particulière entre leur profession de foi la plus accréditée et le dogme de l'Évangile, ils se sentaient entraînés par un penchant irrésistible à en faire l'éloge et à l'aimer.

Le partage égal ou plutôt la communauté de biens, si fortement recommandée par le Sauveur du monde, si généreusement observée par les fidèles dans les premiers moments de l'Église naissante, est, je crois, le principal motif du zèle et de l'amour que ces républicains témoignèrent pour notre religion. Mais sans chercher à approfondir les raisons qui les déterminèrent, il me suffit de vous dire qu'un nombre prodigieux se fit baptiser. Comme de six compagnons que nous étions, deux étaient morts, que des quatre vivants aucun n'était revêtu du sacerdoce, nous ne pûmes leur conférer les sacrements, que chez nous les prêtres seuls ont le droit d'administrer; mais tous savent parfaitement bien en quoi ils consistent et brûlent du désir d'être admis à leur participation. Je les ai même entendus agiter la question suivante : « Savoir si un de leurs concitoyens, qu'ils élèveraient à l'ordre de la prêtrise, aurait le caractère sacerdotal, quoiqu'il ne fût pas approuvé par le pape. » Quantité d'Utopiens soutenaient l'affirmative; au temps de mon départ ils n'avaient point encore procédé à cette ordination. Leur premier principe, en fait de religion, est la tolérance; aussi ceux qui ne croient pas à notre révélation ne persécutent-ils point ceux qui y croient; leur amitié pour eux n'en est ni moins vive ni moins sincère; ce système de tolérance leur tient si fort à cœur, qu'ils punissent non seulement le fanatisme, mais même le zèle indiscret. Un de nos nouveaux prosélytes en fit la triste expérience. Il sortait, pour ainsi dire, des fonts baptismaux; dans ces premiers moments de ferveur, il crut qu'il était de son devoir de faire retentir jusque sur les toits les paroles de l'Évangile. En vain lui représentions-nous les risques qu'il courait ; que le Ciel, ne lui ayant donné aucune misson, n'exigeait rien de lui ; il se laissa entraîner par sa fougue imprudente ; il éleva la voix, il prêcha sans nul ménagement; il se plut à heurter de front toutes les bienséances, il s'emporta jusqu'à soutenir que sa religion est la seule émanée d'en haut, la seule véritable, que toutes les autres ne sont qu'un tissu d'erreurs et d'impostures, qu'enfin hors de l'Église il n'est point de salut. Nos Utopiens, lassés d'entendre les déclamations outrées de cet apôtre sans caractère, se saisirent de lui et le traduisirent en justice. On le condamna au bannissement, non comme contempteur des autres religions, mais comme perturbateur du repos public. Ce n'est pas sans des raisons très plausibles qu'ils prêchent le tolérantisme. Lorsque Utope aborda cette île, il apprit aussitôt que les disputes de religion divisaient les esprits, les sentiments, les familles, et que cette désunion portait atteinte aux forces de la nation : vérité dont lui-même fit l'épreuve, puisqu'il ne vint à bout de conquérir le pays qu'en détruisant, les unes par les autres, toutes ces sectes qui combattaient séparément, quoique pour la même cause. Dès qu'il se fut rendu maître de l'île, il se hâta de promulguer un édit portant le libre exercice de toutes les religions. Il permit aux différents sectaires de faire des prosélytes, non pas en décriant les autres dogmes, non pas en prononçant anathème contre ceux qui les professaient et en les condamnant comme des impies et des blasphémateurs, mais en expliquant avec bonne foi et dans la simplicité de leur cœur les motifs déterminants de leur propre croyance, et en prouvant sans passion l'excellence et la vérité de la religion qu'ils voulaient faire embrasser. Tout fanatique convaincu d'avoir employé l'artifice, la force et la violence est condamné à l'exil ou à la servitude, suivant la gravité du délit. Par ces règlements si judicieux, le législateur voulut non seulement assurer la tranquillité publique, toujours exposée à de violents orages, lorsque le fanatisme sanguinaire et barbare, qui ne connut jamais de bornes, arme du couteau sacré les partisans des différentes religions ; il voulut encore faire entendre à son peuple qu'il avait aussi eu en vue les intérêts même de la divinité. « Quelle témérité, disait-il, à un faible mortel d'oser prononcer en dernier ressort sur un objet aussi important que celui de la religion ? Est-il de sa compétence ? Et qui sait si ce Dieu de miséricorde, ce Dieu si jaloux de nos hommages, ne se plaît pas à cette variété des cultes qu'on lui rend, si lui-même ne les inspire point, s'il ne partage pas sa révélation ? » Utope eut sans doute raison de penser que l'absurdité la plus révoltante était de vouloir régir et maîtriser les consciences, de vouloir, à main armée, contraindre un homme à quitter la religion de ses pères, dans laquelle il a été élevé, pour lui en faire embrasser une qu'il ne connut jamais ; et de fait, si dans cette foule de religions qui circulent et qui se propagent sur la surface du globe il n'en existe qu'une seule descendue du ciel et marquée du sceau de la divinité, ceux qui en sont les dépositaires n'ont besoin, pour y faire croire que d'employer les voies de la douceur, de la patience et de la persuasion. La vérité percera à la fin et dissipera tous les nuages sous lesquels l'intérêt et les autres passions humaines chercheront à la faire disparaître.

Quel déluge de maux n'entraîne pas à sa suite l'intolérance ! Si vous entreprenez la conversion des hommes le poignard à la main, considérez que les méchants, c'est-à-dire ces gens dont l'opiniâtreté égale l'aveuglement, se trouvent en bien plus grand nombre ; ils accableront les fidèles, et la vraie religion, que ceux-ci professent, sera étouffée par les ridicules superstitions de ceux-là, comme nous voyons journellement dans nos champs que la bonne semence est étouffée par l'ivraie [1].

Le législateur d'Utopie, en laissant à chacun la liberté de conscience, a cependant renfermé cette liberté dans de justes bornes. Pour prévenir l'établisse-

---

1. Étant donnée l'intolérance normale du temps où vivait Morus, qui devait d'ailleurs, animé d'une foi vive, en être le martyr, il lui fallut certainement autant de courage que de haute raison humaine pour traduire aussi ouvertement sa pensée sur le principe de la liberté de conscience. Les ennemis de Morus ont plus tard voulu prétendre que pendant son passage au pouvoir, alors que le roi faisait encore profession de fidélité au saint-siège, le grand chancelier avait exercé de sanglantes persécutions contre les dissidents. Dans une remarquable étude sur ce sujet, M. D. Nisard a su complètement démontrer le mal fondé de ces accusations. « Morus, dit-il, représente dans sa vie et dans sa mort le catholique immuable, restant debout au milieu de la chute de l'Église universelle, comme Caton sur les ruines de la vieille république romaine. Mais, outre l'ardeur catholique, une autre chose distingue Morus et rend aimable l'austère polémiste de l'Église de Rome : c'est sa bonté aussi constante que sa foi, et qui devait empêcher sa foi de devenir cruelle ; une bonté encore plus de réflexion que d'abandon naturel, une sorte d'équité bienveillante appliquée à toutes les choses de la vie. Dans l'histoire de Morus, le catholique fervent et l'homme bon marchent du même pas : l'homme bon pour tempérer le catholique fervent, et celui-ci pour préserver celui-là des chutes et des faiblesses. » En un mot, il est aujourd'hui prouvé que l'auteur de l'*Utopie*, devenu tout-puissant, n'oublia point les engagements pris par lui devant l'humanité en écrivant son chapitre des *Différentes Religions d'Utopie*.

ment des systèmes odieux que répandent de prétendus philosophes qui se plaisent à ravaler l'excellence et la dignité de notre être, il a sévèrement défendu toute opinion qui dégénère en pur matérialisme, ou, ce qui est plus déplorable encore, en véritable athéisme. Les Utopiens sont donc persuadés de la réalité d'une vie future, dans laquelle les bons et les méchants seront traités selon leurs œuvres. Ils méprisent et détestent tous ceux qui nient cette vérité. Loin de les admettre au rang de citoyens, ils cessent de les compter parmi les hommes, puisqu'ils se rabaissent eux-mêmes à la condition abjecte des plus vils animaux. « Quel cas peut-on faire, disent-ils, d'un être sans principe et sans foi, que la crainte seule du châtiment retient dans le devoir, et qui, sans cette appréhension, violerait toutes les lois, foulerait à ses pieds ces règlements si sages qui consolident le bonheur des sociétés? »

Quelle confiance avoir dans un individu purement charnel, qui, vivant sans mœurs ainsi que sans espoir, ne voit que lui dans l'univers, borne sa félicité au moment présent, fait son dieu de son corps, sa règle de ses plaisirs, et qui, pour les satisfaire, est toujours prêt à tout entreprendre, à se porter même aux dernières extrémités du crime, pourvu qu'il puisse trouver les moyens d'échapper à l'œil vigilant de la justice et d'être scélérat avec impunité?

Ces gens, regardés comme infâmes, sont exclus de toutes les charges municipales, de la magistrature et des emplois publics. Ce sont de purs automates, qu'on laisse errer au hasard et végéter sur la terre. Au surplus, on ne les tourmente point, on ne les condamne point au supplice, parce qu'on est intimement persuadé qu'il n'est pas au pouvoir de l'homme de changer à son gré les idées des autres et de dominer sur les façons de voir, de sentir et de penser. On ne force pas même les impies à déguiser leurs sentiments et à se couvrir du manteau de la religion la plus suivie. En Utopie toute dissimulation est un mensonge, tout mensonge est une fraude manifeste, et la fraude, de quelque genre qu'elle soit, est en horreur chez ce peuple. La défense de dogmatiser publiquement et de répandre leurs principes est la seule gêne que l'on impose aux gens dont je parle : on leur permet cependant la controverse avec les prêtres et les personnes foncièrement instruites, tant on est persuadé que les lumières de ceux-ci illumineront leurs âmes, dessilleront leurs yeux et feront entièrement cesser leur funeste aveuglement.

Il règne dans l'île une opinion bien opposée à celle des matérialistes et des athées. Le nombre de ses partisans est considérable. On tolère ce système, qui ne manque pas de preuves et de l'admission duquel il ne peut d'ailleurs résulter aucun mal. Ces nombreux sectaires soutiennent que les bêtes ont une âme[1], que cette âme, quoique très inférieure à la nôtre et incapable de jouir du même bonheur, est cependant susceptible d'un certain degré de félicité.

La ferme persuasion où sont les Utopiens que Dieu nous réserve après cette vie un bonheur sans bornes, fait qu'ils ne répandent jamais de larmes que durant le

[1]. Cette question, fort controversée dans les diverses écoles philosophiques, a donné lieu à de grandes dissertations dans les deux sens. Elle est très originalement traitée dans les *États et Empire du Soleil* de Cyrano de Bergerac, ouvrage qui fait partie de la collection des *Voyages dans tous les mondes*.

cours de la maladie d'une personne. Est-elle décédée, leur chagrin est tout à fait effacé, à moins qu'ils ne l'aient vue mourir avec regret ou terreur, ce qu'ils regardent comme d'un très mauvais augure : ils pensent que le défunt n'avait aucune espérance dans la miséricorde de l'Éternel, et qu'il craignait sans doute de recevoir le châtiment dû à quelque énorme forfait dont il se sentait coupable. Ils pensent encore que Dieu ne peut accueillir favorablement celui qui, loin de voler dans ses bras lorsqu'il l'appelle, pleure, crie, se désole, voudrait fuir à jamais le moment qui doit le réunir au plus tendre des pères. Ils ont en horreur la mort de tout homme qui quitte la vie en désespéré.

Dès qu'il a fermé l'œil, ses proches et ses amis, saisis d'effroi et consternés, se prosternent contre terre, invoquent le Dieu de toute bonté, en poussant de profonds soupirs; ils le supplient de ne pas entrer en jugement avec son serviteur, de lui pardonner ses péchés, et surtout sa dernière faiblesse; ensuite ils portent le corps en terre et l'inhument en observant un morne silence.

Mais lorsqu'un brave citoyen meurt gaiement, plein de bonnes œuvres et d'espérance, ne croyez pas qu'ils se lamentent à ses funérailles. Non, non. Au milieu des chants d'allégresse, ils recommandent son âme à Dieu, ils le supplient de la recevoir dans son sein. Les cérémonies pratiquées lorsqu'on brûle le corps sont plus religieuses que lugubres. On élève à la place du bûcher une colonne, sur laquelle on grave les titres du défunt. De retour à la maison, ses parents et ses amis prennent plaisir à faire son éloge funèbre, en repassant toute sa conduite publique et privée, ses mœurs, ses actions, et surtout en exaltant sa mort, comme le dernier et le plus bel acte de sa vie. « Les louanges prodiguées à la mémoire des morts sont, disent les Utopiens, une sorte d'encouragement pour les personnes de leur famille qui leur survivent. De plus, pour n'être pas visiblement présents parmi nous, les défunts ne sont pas moins sensibles à ce tribut flatteur. »

Il est bon de vous faire remarquer que nos insulaires croient que leurs parents et amis décédés se plaisent à se trouver au milieu d'eux; qu'ils prennent réellement place à leur côté; qu'ils les écoutent, quoique les sens trop bornés des vivants et principalement la faiblesse de leur vue ne leur permettent pas de les apercevoir. Ils fondent cet article de foi sur des raisonnements simples et judicieux. « Serait-il juste, vous disent-ils, que les bienheureux fussent privés d'aller et de venir où bon leur semble ; et s'ils ont cette liberté, comme nous n'en saurions douter, pouvons-nous penser, sans les taxer d'ingratitude, qu'ils refusent d'en faire usage en faveur de leurs parents et de leurs amis vivants? N'est-il pas plus naturel de croire qu'ils n'ont point rompu tout commerce avec eux, que le trépas qui les a frappés n'a pu porter aucune atteinte à leurs sentiments, et que la béatitude dont ils jouissent n'a dû au contraire que les augmenter? »

C'est d'après ces principes que les Utopiens sont persuadés que les morts sont témoins de leurs discours et de leurs actions. Ils les révèrent comme autant de génies tutélaires, et, assurés de leur secours, ils marchent avec plus de confiance et de fermeté dans le chemin de la vertu. L'idée d'ailleurs que leurs pères sont toujours présents parmi eux suffit pour les détourner de toute démarche qui pourrait exciter leur colère en blessant leur délicatesse.

Quant aux augures et aux autres pratiques superstitieuses qui ont lieu chez les différents peuples de leur voisinage, ils s'en moquent. Pour les miracles et ces événements surnaturels qui arrivent sans le secours des causes secondes, ils les respectent comme autant de preuves de l'existence d'un Dieu qui est présent partout et qui gouverne tout. Ils vous soutiennent même que dans les conjonctures difficiles et dans les calamités publiques, à force de prières et de jeûnes, ils obtiennent souvent de ces miracles qui sont autant de marques de la faveur particulière dont Dieu les honore.

Ils ne sont pas tous d'accord sur le culte qu'on doit rendre à Dieu. Les uns prétendent que la contemplation de ses ouvrages et les actes de reconnaissance qui doivent être la suite nécessaire de cette sainte occupation, est le tribut qui lui est le plus agréable.

D'autres, en fort grand nombre, poussés par un excès de dévotion d'un genre bien différent, méprisent les sciences spéculatives; ils y renoncent, non pour se livrer à une honteuse paresse, mais à l'exercice continuel des œuvres de charité, pour prix desquels ils attendent après leur mort le bonheur des justes. Les uns gardent et soignent les malades, les autres réparent les chemins, nettoient les fossés, raccommodent les ponts; ceux-ci tondent le gazon, émondent les arbres, charrient le sable et les pierres; ceux-là préparent les bois de charpente et les transportent dans les villes avec les autres matériaux et avec les provisions domestiques; en un mot tous sont également dévoués au service du public et à celui des particuliers, de sorte qu'on les prendrait volontiers pour des gens qui sont à leurs gages, ou plutôt pour de véritables esclaves.

On les voit continuellement se charger gaiement des travaux les plus rudes et les plus abjects, de tous ces objets de détail qui inspirent aux autres le plus grand dégoût, ou dont les difficultés les épouvantent ; rien ne choque, rien n'humilie ces pieux zélateurs du bien général. Malgré leur exactitude à pratiquer des œuvres si méritoires, ils ne blâment point le genre de vie opposé au leur, dont ils ne se glorifient en aucune manière.

Mais plus ils s'abaissent, plus on les élève ; plus leur modestie se cache et se dérobe aux éloges du public, plus ce même public, pénétré d'une vive reconnaissance, se fait un devoir de les honorer. Ces dévots personnages sont divisés en deux sectes. La première garde un célibat perpétuel, ses partisans s'abstiennent de manger de la viande ; les rigoristes vont jusqu'à ne vouloir toucher la chair d'aucun animal ; tous renoncent aux vanités du siècle, aux plaisirs dangereux de ce monde, pour ne s'occuper que de leur salut et mériter, par la ferveur de leurs prières et l'austérité de leurs pénitences, la gloire éternelle après laquelle ils ne cessent de soupirer. Ceux qui suivent la seconde secte ne sont pas moins jaloux de se rendre utiles par leurs veilles et leurs travaux ; mais, pour renoncer aux vains amusements du monde, ils ne s'en font pas moins un devoir très doux de lui appartenir encore par les liens du mariage. L'homme, disent-ils, n'est pas né pour vivre seul ; on trouve de grandes ressources, de puissantes consolations dans l'intérieur de son ménage, et la première obligation de tout bon citoyen est de donner des enfants à sa patrie. Ces sectaires ne se refusent donc aucun des plaisirs honnêtes que nous procure une compagne tendre et chérie, qui partage nos fatigues et nos travaux, loin de nous en détourner. De plus, ces derniers se nourrissent de la chair de tous les animaux, parce qu'il croient fermement à cet axiome usité parmi nous : « La chair nourrit la chair. »

Les Utopiens, tout en honorant cette seconde secte, ont un respect plus grand encore pour la première. On nomme ces dévots célibataires *buthresgues*, nom qui dans notre langue revient à peu près à celui de moine ou de religieux. Leurs prêtres font profession d'une sainteté extraordinaire. On en ordonne très peu, chaque ville n'en compte pas plus que de temples, qui sont au nombre de treize; en temps de guerre, on en choisit sept des treize pour servir d'aumôniers dans l'armée. On les remplace par sept autres qu'on ordonne sur-le-champ. Ces derniers n'exercent les fonctions du saint ministère que jusqu'au retour des premiers, auxquels ils sont obligés de rendre leur place; pour eux, ils rentrent dans leur premier emploi ou servent sous les yeux ou sous les ordres du grand prêtre (car ils en ont un), jusqu'à ce qu'il se trouve un bénéfice vacant.

Les ministres de l'autel sont élus, comme les autres magistrats, par le peuple, et à voix basse, pour éviter toute partialité.

Ils sont ordonnés par les ecclésiastiques de leurs collèges. Les prêtres sont les seuls en possession de rendre la justice et les juges-nés de tout différend. Ils sont, en outre, censeurs des mœurs publiques et particulières, si bien qu'on ne connaît pas de plus grand déshonneur en Utopie que celui d'être cité devant leur tribunal ; c'est la preuve d'une vie criminelle et dissolue. La puissance spirituelle se borne aux simples corrections verbales, aux avis charitables ; la punition des scélérats est entièrement du ressort de la puissance temporelle. Mais si les prêtres n'ont pas le droit du glaive, ils ont, comme les nôtres, le pouvoir de lancer les foudres de l'excommunication, arme terrible et qui inspire aux Utopiens la plus grande frayeur. Elle couvre d'opprobre tous ceux qu'elle frappe, elle les expose à de cruelles agitations, à des remords affreux, s'ils ne témoignent au prêtre un vif et prompt repentir. Le sénat se saisit de leurs personnes et les traite comme des impies, comme des infâmes blasphémateurs. L'éducation de la jeunesse est confiée aux prêtres ; ils sont moins empressés d'enrichir son esprit des plus vastes connaissances que de former ses mœurs à la vertu. Leur premier soin est de verser dans son cœur, susceptible de toutes les impressions qu'on veut lui donner, des idées extrêmement saines et toujours utiles à la république.

Ces idées, qui se développent et se fortifient avec l'âge, portent avec elles un caractère ineffaçable ; elles sont la base la plus solide sur laquelle reposent le salut et la prospérité de l'État. Et, en effet, quelle autre cause assigner à ces révolutions qui changent les corps politiques que les vices qui circulent parmi tous leurs membres ? Et ces vices, d'où proviennent-ils, si ce n'est des fausses idées qu'on inculque aux enfants dans leur plus bas âge ?

Le sexe n'est point exclu de la prêtrise ; cependant on l'élève rarement aux ordres. Il faut que les personnes soient veuves et âgées pour y entrer. Les épouses des prêtres sont les femmes les plus accomplies de la nation. Ils ont le droit de les choisir, et tout père de famille se tient fort honoré d'une pareille alliance. Les prêtres sont les magistrats du pays pour lesquels on marque le plus de vénération. Le respect des Utopiens à leur égard est tel qu'un prêtre coupable de quelque forfait que ce soit n'est point justiciable du bras séculier. On remet à Dieu seul la punition de son crime. Ils pensent qu'il n'est pas permis à l'homme de porter la main sur un de ses semblables qui a été consacré à Dieu d'une manière si particulière.

Ce privilège n'entraîne aucun abus dangereux. D'abord les prêtres sont en trop petit nombre; on les choisit avec tant de circonspection, et ils ont si peu d'influence dans les affaires du gouvernement, que quand bien même ils tomberaient, tout à coup de la haute vertu dans la bassesse et dans le crime, ce qui n'est pas impossible vu la fragilité de la nature humaine, leur corruption n'aurait aucune suite funeste pour la république.

C'est pour conserver au clergé la dignité de son ordre qu'ils se sont fait une loi de ne point le multiplier, l'avilissement étant une suite ordinaire de la confusion que le trop grand nombre de sujets, parmi lesquels il s'en glisse beaucoup de mauvais, a introduite dans un corps quelconque. D'ailleurs on exige tant de vertus éminentes de ceux qu'on destine au sacerdoce que les aspirants ne sont pas fort communs.

Les prêtres utopiens jouissent de la même considération et du même crédit chez les nations étrangères que dans la leur. Je crois en avoir trouvé la raison. Pendant les combats ils se tiennent à l'écart et, revêtus de leurs habits sacerdotaux, le genou en terre, les mains tendues vers le ciel, ils lui adressent de ferventes prières pour la prospérité des armes utopiennes, en le conjurant toutefois d'épargner le sang humain. La victoire s'est-elle déclarée pour leur parti, ils volent au milieu du champ de bataille, ils parlent au nom d'un Dieu de paix; le carnage cesse aussitôt, et les vaincus ne trouvent plus que des amis dans les vainqueurs.

Il suffit, pour mettre sa vie et ses biens à couvert de la fureur brutale et de la rapacité du soldat, de crier au prêtre : *quartier!* de toucher les franges de leurs ornements et de baiser leur robe. Ce caractère auguste de douceur et de bienfaisance imprime sur leur front celui de la majesté suprême; il leur communique tant de pouvoir sur tous les peuples de cet univers qu'ils ne sauvent pas moins de compatriotes que d'ennemis et d'ennemis que de compatriotes.

On a vu plus d'une fois, dans ces circonstances désespérées où les troupes utopiennes, accablées par le nombre, prenaient la fuite et se trouvaient exposées à la merci de leurs ennemis qui les poursuivaient pour les massacrer, les aumôniers de l'armée paraître tout à coup au milieu des fuyards et des vainqueurs, dissiper la frayeur des uns, ranimer le courage des autres, les rallier sous leurs drapeaux respectifs, et alors, obtenant la suspension du combat, faire solennellement jurer une paix qui faisait de part et d'autre le bonheur d'une longue suite de générations.

Une remarque que je ne dois pas oublier de faire, c'est que le corps des prêtres d'Utopie a toujours été regardé comme inviolable et sacré par les peuples les plus sauvages et les plus barbares de ces contrées.

Les premiers et les derniers jours de chaque mois et de chaque année sont les seules fêtes des Utopiens. Le cours périodique de la lune règle les mois, la révolution du soleil fixe celle de l'année. Ils appellent en leur langue *cynemernes* les fêtes célébrées les premiers jours, et *trapemernes* celles des derniers jours, mots qui dans notre langue signifieraient première et dernière fête. On trouve en Utopie des temples aussi remarquables par la beauté mâle de leur architecture que par leur vaste enceinte; mais ils sont peu nombreux et assez obscurs. Ce défaut de clarté, qu'on pourrait attribuer à l'ignorance des architectes, ne vient point de leur part, mais c'est par le conseil des prêtres, qui pensent que dans une église trop éclairée on est sujet à mille distractions; au lieu que dans un temple sombre l'âme est naturellement recueillie et s'élève comme d'elle-même vers Dieu, qui est la source de toute lumière.

Une chose assez difficile à croire, qui cependant est très vraie, c'est que les différents partisans de toutes les religions du pays s'assemblent pêle-mêle dans les mêmes églises, comme se proposant le même but, qui est d'adorer et d'invoquer l'Être suprême. A cet effet, il ne se trouve rien, on ne pratique aucune cérémonie dans les églises qui ne convienne également à toutes les sectes; quant au culte particulier de chaque croyance, chacun a la liberté de le pratiquer dans sa maison, au sein de sa famille. Le rituel des cérémonies publiques est si sagement ordonné qu'il s'accorde en tout point à toutes les cérémonies propres à chaque culte.

On ne voit dans les temples aucune image de la divinité, afin que tous ceux qui s'y rassemblent puissent s'en former l'idée que leur religion leur en donne. Ils n'invoquent point l'Éternel sous différents noms : tous l'appellent Mythra, et sous ce nom, universellement reçu, ils comprennent l'auteur et le maître absolu de l'univers.

Les formules de prières publiques sont dressées de manière que les différents sectaires peuvent les réciter sans contredire aucun article de la profession de foi qui leur est particulière. Le dernier jour du mois ou de l'année, les Utopiens se rassemblent à l'église vers le soir, tous à jeun, pour y offrir à Dieu de solennelles actions de grâces.

Le lendemain, dès le grand matin, ils y accourent encore, pour supplier la divine majesté de leur accorder un bon mois ou une heureuse année, qu'ils commencent par cet acte d'adoration. Le jour des dernières fêtes, avant que de se présenter au temple, les femmes se jettent aux pieds de leurs maris, les enfants aux pieds de leurs pères ; dans cette humble posture, ils leur font une confession générale de leurs fautes et leur en témoignent un vrai repentir et leur en demandent pardon. Par ces actes de soumission, ils dissipent les nuages légers qui s'élèvent tous les jours dans les ménages les mieux réglés, et ramènent cette douce sérénité qui fait le bonheur des familles.

Ils n'assistent jamais à la célébration des saints sacrifices qu'avec une âme pure ; ils n'appréhendent rien tant que d'entrer dans le sanctuaire le cœur encore tout souillé des taches du péché.

Un de leurs premiers soins encore est de se réconcilier avec tous ceux contre lesquels ils pourraient avoir des sujets de colère et d'animosité; ils craindraient que la justice divine ne les poursuivît au sortir de l'église, s'ils avaient l'audace d'y entrer avec un cœur ne respirant que haine et que vengeance. Dans les temples, la place des hommes est à droite, et celle des femmes est à gauche. Les garçons se mettent devant les pères, les filles sont toutes rangées sous les yeux de leurs mères, qui ferment le rang de chaque famille réunie. Ainsi les parents sont à portée de voir tout ce qui se passe; et ils conservent à l'église la même autorité, le même droit de discipline qu'ils ont à la maison. On ne place point tous les enfants à côté les uns des autres, mais on mêle les plus jeunes avec de plus âgés, afin qu'ils ne s'amusent point à babiller au lieu de prier, de se recueillir et de se tenir à l'église dans cette crainte salutaire qui est le principe de toute vertu.

Leurs sacrifices ne sont pas sanglants, parce qu'ils pensent que Dieu ne se plaît pas à voir couler le sang des différents animaux, qu'il n'a créés que pour peupler la terre et vivre l'espace de temps qu'il leur a fixé. Ils se contentent de brûler de l'encens, des parfums et surtout quantité de cierges. Ce n'est pas qu'ils s'imaginent que cet appareil peut ajouter quelque chose à la majesté divine; ils savent parfaitement bien que les vœux des hommes ne peuvent même augmenter sa puissance et sa gloire; mais ils trouvent dans ce culte simple et pur une vertu secrète qui les attache et qui dispose leur âme à s'élever vers le Créateur, et qui leur fournit ainsi un double motif de zèle et d'édification.

A l'église tout le peuple est vêtu de blanc; les robes

des prêtres sont nuancées de diverses couleurs, le travail en est précieux, quoique la matière en soit fort commune. On n'y voit ni broderies d'or et d'argent ni pierres fines ; elles sont tissues simplement de plumes d'oiseaux, mais avec tant d'art et d'habileté qu'on ne saurait fabriquer d'étoffe d'un pareil prix. Ces plumes et leur arrangement sont symboliques. Les prêtres ont soin de développer au peuple le sens moral caché sous ces divers emblèmes.

Tantôt les différentes nuances de ces plumes présentent aux fidèles une haute idée des bienfaits que Dieu verse sur la république et sur leurs propres personnes, tantôt ils reconnaissent en elles l'image de la piété qu'ils doivent avoir ; ici ce vêtement sert encore à les avertir de leurs devoirs réciproques, des secours mutuels qu'ils sont obligés de se porter ; enfin il n'est pas une seule plume, dans ce saint vêtement, qui ne les rappelle au souvenir de quelque vertu qu'elle désigne particulièrement.

Dès que le prêtre, revêtu de ses habits pontificaux, sort de la sacristie et s'avance vers l'autel, tout le peuple se prosterne la face contre terre ; le profond silence qui règne alors inspire une sainte terreur. Il semble que Dieu remplisse tout à coup le temple par sa présence et qu'aucun de ces pieux mortels ne puisse soutenir l'éclat majestueux de son front. A certain signal que fait le prêtre, tout le monde se relève, et l'on chante au son des instruments les louanges du Créateur. La plupart de ces instruments sont différents des nôtres. Ceux qui en approchent le plus sont supérieurs du côté de l'harmonie et surtout de la douceur. Les autres ne sauraient souffrir aucune comparaison avec ceux dont nous nous servons. Au surplus, la musique des Utopiens, soit pour la partie du chant, soit pour la symphonie, l'emporte de beaucoup sur la nôtre; il n'est pas possible d'en trouver une qui renferme une expression plus naturelle des affections de l'âme et de nos passions. Peint-elle les humbles soupirs d'une âme qui s'abaisse devant son Dieu, elle fait couler vos larmes; peint-elle la gaieté, elle vous ravit; la tristesse, elle perce le cœur; la colère, elle vous transporte et vous fait frémir; en un mot, cette musique pénètre, échauffe, embrase; partout on distingue les accents du sentiment qu'elle exprime, partout on y reconnaît le langage même des passions.

Après le chant, le pasteur et tout le peuple récitent des prières solennelles, composées de manière que chaque fidèle n'en pourrait dire d'autres en son particulier. En voici le contenu : « Dieu infini, éternel et tout-puissant, Créateur de l'univers, auteur de tous biens, daigne recevoir les très humbles actions de grâces que nous t'offrons, pour tous les bienfaits que tu ne cesses de répandre sur nous. C'est toi seul, ô mon Dieu, qui nous a fait naître dans la plus sage et la plus heureuse des républiques et dans une religion que tout nous engage à croire la seule véritable. Si cependant nous sommes dans l'erreur sur ce dernier article, si quelque autre culte t'est plus agréable que le nôtre, ah! Seigneur, daigne nous le faire connaître, daigne dissiper les ténèbres qui nous environnent, montre-nous le chemin que nous devons prendre, nous sommes prêts à te suivre partout où tu voudras nous servir de guide. Mais si nous sommes dans le bon chemin, s'il est vrai que notre gouvernement soit le plus parfait, et notre religion la plus sainte, donne-nous la confiance nécessaire pour vivre et pour mourir dans l'un et dans l'autre ; daigne aussi, ô mon Dieu ! inspirer à tous les hommes l'amour de nos lois, de nos usages et de nos coutumes ; daigne les amener à notre foi, à moins que, par une suite de tes vœux impénétrables, tu ne te plaises à cette variété de cultes par lesquels on t'honore. Sois seul l'arbitre et le maître absolu de notre vie ; fais-nous la grâce de la passer saintement à tes yeux ; et quand il plaira à ta divine majesté de nous appeler vers elle, daigne nous accorder la mort des justes et nous recevoir dans ton sein. Mais, Seigneur, nous osons te le dire avec confiance, la mort la plus douloureuse nous paraît préférable cent fois à la vie la plus sensuelle, si cette mort nous met à même de jouir au plus tôt de ta présence, seul objet de nos vœux et de nos soupirs. »

Cette prière achevée, ils se prosternent de nouveau ; après quelques minutes de recueillement, ils se relèvent et s'en vont faire leur repas en commun. Ils consacrent le reste de la journée aux amusements de la société et aux différents exercices des armes.

Je viens de vous faire, messieurs, le tableau le plus exact qu'il m'a été possible du gouvernement d'Utopie. Cet État est si bien réglé, si heureux, que lui seul me paraît mériter le titre de république par excellence. Dans les autres États le bien public est l'objet de toutes les dissertations de nos grands politiques ; mais l'intérêt particulier est le mobile de toutes leurs actions et l'unique but de toutes leurs démarches. En Utopie, au contraire, comme on n'y connaît point les propriétés personnelles, chaque individu est obligé de concourir nécessairement par son travail à l'intérêt commun. Convenons que de part et d'autre on agit fort prudemment. Qui ne sait, en effet, que dans tout autre État, quelque florissant qu'il soit, si on n'a pas la précaution de s'amasser un bien-être pour l'avenir, on court risque de mourir de faim? Il faut donc, bon gré mal gré, suivre à la rigueur ce principe : charité bien ordonnée commence par soi-même. Il faut s'occuper de son propre intérêt avant de songer à celui du prochain; mais ici, où tout est en commun, n'est-on pas bien fondé de croire que personne ne manquera jamais de rien, pourvu que l'on ait soin de remplir les greniers et d'approvisionner les magasins publics? On n'y connaît point l'injuste répartition des biens; on n'y voit ni pauvre ni mendiant, et tous sont également riches, sans rien posséder en propre. A parler sensément, qui peut à meilleur droit se flatter d'être opulent, sinon celui qui, toujours pourvu d'un ample nécessaire, voit tranquillement s'écouler les jours sans craindre que les dures extrémités du besoin viennent jamais altérer la paix dont il jouit au sein de ses foyers?

Qui peut se flatter de mener une vie plus douce que celui qui la passe sans redouter les plaintes douloureuses d'un fils qui languit, les reproches amers d'une femme qui sent les approches de la misère, les cris d'une fille qui voudrait se marier et qui n'a pas de dot? En un mot, quel homme ici-bas jouit d'un plus grand bonheur que le citoyen qui voit son bien-être, celui de sa famille et de ses enfants assuré jusqu'à la dernière génération?

Et quel gouvernement encore plus digne de nos éloges et de nos hommages que celui qui pourvoit également à la subsistance et de ceux qui travaillent, parce qu'ils en ont le pouvoir, et de ceux qui, après avoir employé leur temps pendant nombre d'années, ne sont plus en état de travailler? Qu'on ose comparer une équité si parfaite à celle de tous les autres gouvernements. Quant à moi, je veux mourir si je trouve ailleurs qu'en Utopie la moindre apparence de justice. Et, sans m'appesantir sur certains détails, je vous demanderai ici pourquoi un gentilhomme, un artisan du luxe et une quantité d'individus qui passent leur vie dans une honteuse oisiveté ou qui n'exercent qu'une profession absolument inutile à l'État, je vous demanderai, dis-je, pourquoi ces gens nagent dans les délices et l'abondance, s'engraissent, au sein de la noblesse et de la volupté, des fruits de leur coupable paresse, tandis qu'un valet, un laboureur, un pauvre journalier, supportent à eux seuls le poids de ces pénibles travaux sans lesquels un État ne saurait subsister une année.

Mais ce qui me révolte, c'est qu'en s'épuisant de toutes manières à porter ce lourd fardeau, ils trouvent à peine à gagner leur pain ; c'est qu'ils traînent une vie si misérable que le sort des chevaux, des bêtes de somme, me semble préférable au leur : car enfin ces animaux essuient moins de fatigues, et prennent plus de goût à leur fourrage que nos malheureux n'en prennent à leurs mets ordinaires. Ajoutez à cela que les bêtes de somme vivent sans souci, sans inquiétude, et sont exemptes surtout de cette crainte si redoutable de l'avenir. D'après ces considérations, pourriez-vous ne pas convenir qu'il vaudrait mieux naître cheval que naître infortuné comme ceux dont je vous parle?

Tout les désole, tout les accable. Que de perplexités! que d'angoisses! Ils succombent sous la nécessité urgente du présent, et s'ils portent leurs regards dans l'avenir, grand Dieu! qu'y voient-ils? Une vieillesse pauvre et infirme, le manque absolu de tout, le mépris et l'avilissement, suites inséparables de la misère. Ces idées, qui se retracent sans cesse à leur esprit, sont autant de coups de poignard qui leur font souffrir mille morts sans les anéantir.

Peut-être pensez-vous qu'au milieu de tant d'assauts, l'espérance les console et adoucit leurs maux? Non, le malheur opiniâtre a détruit chez eux jusqu'au germe de l'espoir. Leurs gains modiques pendant leur jeunesse suffisent à peine à leur subsistance. Comment pourraient-ils épargner et mettre de côté un morceau de pain pour l'âge de la retraite et des infirmités? N'est-il pas honteux pour un gouvernement, n'est-on pas en droit de lui reprocher sa noire ingratitude, lorsqu'on le voit répandre avec profusion ses grâces sur tous les artisans des plaisirs et de la mollesse, tandis qu'il ferme ses mains avares pour tous les malheureux, et surtout pour ceux de la campagne, dont le labeur continuel et accablant assure seul la prospérité de l'État? C'est donc là, au sein d'une ingrate patrie, que des milliers d'êtres, nos concitoyens, vont consumer leur jeunesse, leurs forces et leur santé, dans des métiers de forçat, et qu'ils verront, sur leurs vieux jours, la patrie oublier leurs services et leur refuser la subsistance qu'ils auront acquise à la sueur de leur front!

Mais ce n'est pas là encore le comble de l'injustice. Que dire de la rapacité de ces gens haut placés, qui chaque jour portent une main profane sur les revenus publics, foulent ce pauvre peuple par des exactions particulières, ou par l'abus qu'ils font de leur autorité pour envahir son patrimoine? Que dire de ces gens de fortune qui osent ériger en vertu l'ingratitude envers le malheureux, et l'impitoyable dureté avec laquelle ils le traitent, vertu atroce sans doute, et qui, dans un État bien policé, n'échapperait point au châtiment qu'elle mérite?

En vérité, quand je considère la plupart des corps politiques de notre monde, je n'y vois qu'une conspiration perpétuelle des hommes puissants, qui, réunis sous le nom de république, ne songent qu'à tout disposer pour leurs propres intérêts. Tantôt ils ne s'occupent qu'à inventer mille artifices, pour se conserver la propriété de ce qu'ils ont acquis par des voies illicites; tantôt ils ne cherchent que les moyens de profiter des misérables dépouilles de ceux qu'ils réduisent à la mendicité. Ces conclusions révoltantes, qu'on a l'art de faire autoriser par le peuple, c'est-à-dire par les pauvres eux-mêmes, qui forment la majeure partie, ont partout force de loi.

Mais enfin ces hommes avides et insatiables ont beau entasser, ils ont beau dévorer entre eux la subsistance de leurs concitoyens, jamais, non, jamais leur gouvernement ne jouira de ce bonheur si pur et si doux qui semble destiné à la seule république d'Utopie. Le désir de thésauriser n'y est point connu, parce que l'usage de l'or y est absolument proscrit. Éteignez cette malheureuse soif de l'or, vous verrez bientôt disparaître le déluge de maux qui inonde notre globe.

Qui peut ignorer, en effet, que pour tarir la source des querelles, des trahisons, des fraudes, des rapines, des ravages, des empoisonnements, des assassinats et de tous les forfaits qu'on punit, mais qu'on ne peut arrêter par des supplices, il ne faudrait qu'ôter aux hommes la propriété et l'usage de l'or, et même anéantir ce funeste métal. Je dis plus : faites disparaître l'or du milieu de nous, vous ferez en même temps disparaître cette foule de soupçons, de soucis, de travaux, de craintes et d'alarmes qui troublent si fréquemment la sérénité de nos plus beaux jours.

La misère elle-même, qui seule paraît avoir besoin du secours de l'or, la misère diminuera peu à peu et cessera bientôt de nous faire éprouver ses tristes effets. Pour vous convaincre de ces vérités, examinez ce qui se passe dans une de ces années de disette où plusieurs milliers d'infortunés meurent de faim. Je parie que si on visitait, au bout de cette année, certains greniers et magasins, on y trouverait du blé en assez grande quantité pour remplacer, s'il eût été à propos distribué, ce que le Ciel avait manqué de verser sur la terre. C'est ainsi que l'or, employé d'abord pour nous aider dans nos besoins et nous faciliter l'acquisition des choses nécessaires à la vie, est devenu, par l'avidité de quelques-uns, la cause des malheurs communs et de la perte publique.

Nos financiers ne peuvent aller à l'encontre de ce que je dis ici. Ils n'ignorent pas qu'il vaudrait beaucoup mieux ne point manquer du nécessaire que d'abonder dans le superflu, être affranchi de tant de maux que d'être environné de tant de richesses. Je ne doute point que quand bien même l'intérêt général n'aurait pas été un motif assez puissant pour déterminer les autres nations à prendre le système du gouvernement utopien, l'autorité seule de Dieu, qui, dans les décrets éternels de sa providence et de sa bonté, veut toujours le mieux possible, eût suffi pour l'établir chez tous les peuples, si l'ambition, cette ennemie jurée du bonheur des hommes, ne s'y fût constamment opposée.

C'est elle qui a toujours attaqué, combattu, détruit ce bonheur, toutes les fois qu'elle nous a vus prêts à le saisir. Cette orgueilleuse souveraine porte la tyrannie au point qu'elle ne mesure pas la satisfaction personnelle sur ses avantages, mais sur les désastres et les calamités d'autrui, si bien qu'elle renoncerait dès ce jour au titre de déesse, s'il fallait pour l'obtenir qu'elle consentît à ne voir dans l'univers aucun infortuné au malheur duquel elle pût insulter.

Remarquez que l'ambition, toujours fière et cruelle, ne se réjouit jamais tant que quand elle peut humilier le pauvre et l'accabler sous le poids de son insolente prospérité. Ce monstre, que l'enfer a vomi dans sa rage, a de tout temps inspiré aux hommes des idées si contraires à leurs véritables intérêts; il a tellement fasciné leurs yeux, que ces indolents, effrayés de la longueur du chemin qu'ils ont fait dans la route qu'il leur a tracée, ne veulent plus revenir sur leurs pas, malgré les dangers inévitables dont ils savent très bien qu'elle est remplie. Aussi leur souhaiterais-je, plus volontiers que je n'ose l'espérer pour eux, la forme du gouvernement des Utopiens.

Quoi qu'il en soit, je me réjouis de l'avoir vue établie chez eux; c'est sur ce fondement inébranlable qu'est appuyée, suivant toute apparence, leur éternelle félicité. Après les soins qu'ils ont pris pour étouffer cette ambition, mère de toutes les factions qui minent les corps politiques, on ne doit pas appréhender que l'Utopie se trouve jamais exposée à ces fureurs de partis, à ces guerres intestines, source unique de la décadence des empires jadis les plus florissants.

Tant que cette république conservera la forme de son gouvernement, ses mœurs, ses coutumes et ses usages, j'ose prédire que le bonheur dont elle jouit n'éprouvera aucune altération, que ses ennemis ne retireront de toutes leurs entreprises contre elle que la honte d'y échouer; c'est alors que, supérieure aux efforts jaloux des princes ses voisins, elle sera dans tous les siècles le modèle des plus heureuses et des plus parfaites républiques.

Ici Raphaël finit son récit. Je ne jugeai pas à propos d'entrer en discussion avec lui, malgré les absurdités sans nombre que j'avais remarquées dans les coutumes et les lois de son Utopie, et principalement dans sa manière de faire la guerre et dans ses différents systèmes de religion. Ce qui me choquait le plus était cette communauté de biens, ce discrédit absolu des matières premières, sans la circulation desquelles il n'y aurait plus de noblesse, d'éclat, de magnificence, de splendeur et de majesté, avantages précieux qui annoncent, selon le jugement le plus général, la gloire et la prospérité des grands empires.

Voyant que notre homme était fatigué, ignorant d'ailleurs si mes objections lui feraient plaisir, je gardai le silence. Ce qui m'y détermina encore plus, c'est que je me rappelai la censure qu'il avait faite, dans le cours de son récit, de ces êtres qui, pour se donner un air d'importance, ne laissent jamais passer les idées d'autrui sans les contrarier et les combattre. Je me bornai donc, en le conduisant à la salle à manger pour y souper, de faire un éloge succinct de la république; je lui témoignai en outre le désir que j'avais de converser plus au long avec lui dans un autre moment et de lui proposer mes réflexions sur tout ce qu'il venait de nous raconter. Voici la dernière, que j'ajoute ici : « Je ne puis approuver dans son entier le plan que nous a tracé cet homme, aussi judicieux que versé dans les affaires politiques, du meilleur gouvernement possible; j'avoue néanmoins qu'il renferme une foule de vues très utiles et nombre d'institutions très sages. Le comble du bonheur pour nous serait sans doute de les adopter; mais, je le répète, il ne nous reste malheureusement que des vœux impuissants à former pour leur établissement. »

L'ARCADIE

PAR

BERNARDIN DE SAINT-PIERRE

AVANT-PROPOS

Autres temps, mêmes rêves : car elle est de toutes les époques la commisération que des rêveurs généreux éprouvent au spectacle des souffrances humaines.

Ils ont en eux l'instinct de la concorde, de l'harmonie, de la confraternelle solidarité ; une vision se présente, où leur semblent disparaître sans difficiles efforts les dissidences, les conflits, les tristes inégalités. Ils la traduisent. Que les belles institutions qui s'édifient en leur imagination leur paraissent réalisables, non, peut-être ; mais ils n'ont pu résister au désir, au plaisir de reproduire le songe enchanteur qui est venu les hanter et qui pourra, selon eux, répandre dans d'autres âmes, par le charme de l'idéal, un peu d'oubli des trop cruelles réalités.

L'auteur des *Études de la Nature*, cette grande œuvre harmonique ; de *Paul et Vir-*

ginie, cet épisode à la fois si ingénu et si profondément douloureux, Bernardin de Saint-Pierre, va nous apprendre lui-même dans quelles circonstances, dans quelle disposition d'esprit il fut amené à concevoir le plan de cette *Arcadie,* dont il n'écrivit que le premier livre en entier et quelques fragments du second et du troisième livre.

Avant lui plusieurs poètes, notamment, au seizième siècle, Sannazar en Italie et Sidney en Angleterre, avaient chanté les délices d'une Arcadie imaginaire, dont ils devaient l'idée première à l'antique tradition qui considérait cette région comme un séjour de parfaite félicité.

Parmi les anciens, qui s'accordaient sur cette idée, nul mieux que Virgile n'avait célébré, consacré la poétique légende arcadienne; aussi est-ce à Virgile que Bernardin de Saint-Pierre demande surtout des inspirations; d'où la grâce antique du style, la fraîcheur des images, qui donnent aux fragments de cette fiction un caractère tout particulier de charmante grandeur et une véritable valeur littéraire et morale.

Malheureusement ce ne sont là que des lambeaux d'une grande composition philosophique, conçue par un de nos plus sympathiques penseurs, qui est en même temps un de nos plus charmants écrivains. Le premier livre nous offre une très pittoresque image de nos origines nationales, et quelques gracieuses légendes, bien dignes d'être conservées. Comme en maints passages les idées du rêveur français correspondent à celles du grave fantaisiste anglais, il nous a semblé que l'ébauche de l'un avait sa place marquée à côté de l'œuvre de l'autre ; et nous les avons rapprochées.

E. M.

FRAGMENT SERVANT DE PRÉAMBULE

A

L'ARCADIE

—

... L'ingratitude des hommes dont j'avais le mieux mérité, des chagrins de famille imprévus, l'épuisement total de mon faible patrimoine, dispersé dans des voyages entrepris pour le service de ma patrie, les dettes dont j'étais resté grevé à cette occasion, mes espérances de fortune évanouies : tous ces maux combinés ébranlèrent à la fois ma santé et ma raison. Je fus frappé d'un mal étrange : des feux semblables à ceux des éclairs sillonnaient ma vue. Tous les objets se présentaient à moi doubles et mouvants : comme Œdipe, je voyais deux soleils. Mon cœur n'était pas moins troublé que ma tête. Dans le plus beau jour d'été, je ne pouvais traverser la Seine en bateau sans éprouver des anxiétés intolérables, moi qui avais conservé le calme de mon âme dans une tempête du cap de Bonne-Espérance, sur un vaisseau frappé de la foudre. Si je passais seulement dans un jardin public, près d'un bassin plein d'eau, j'éprouvais des mouvements de spasme et d'horreur. Il y avait des moments où je croyais avoir été mordu, sans le savoir, par quelque chien enragé. Il m'était arrivé bien pis : je l'avais été par la calomnie.

Ce qu'il y a de certain, c'est que mon mal ne me prenait que dans la société des hommes. Il m'était impossible de rester dans un appartement où il y avait du monde, surtout si les portes en étaient fermées. Je ne pouvais même traverser une allée de jardin public où se trouvaient plusieurs personnes rassemblées. Dès qu'elles jetaient les yeux sur moi, je les croyais occupées à en médire. Elles avaient beau m'être inconnues : je me rappelais que j'avais été calomnié par mes propres amis et pour les actions les plus honnêtes de ma vie. Lorsque j'étais seul, mon mal se dissipait; il se calmait encore dans les lieux où je ne voyais que des enfants. J'allais, pour cet effet, m'asseoir assez souvent sur les buis du fer à cheval aux Tuileries, pour voir des enfants se jouer sur les gazons du parterre, avec de jeunes chiens qui couraient après eux. C'étaient là mes spectacles et mes tournois. Leur innocence me réconciliait avec l'espèce humaine, bien mieux que tout l'esprit de nos drames et que les sentences de nos philosophes. Mais à la vue de quelque promeneur dans mon voisinage, je me sentais tout agité et je m'éloignais. Je n'ai cherché qu'à bien mériter des hommes; pourquoi est-ce que je me trouble à leur vue? En vain j'appelais la raison à mon secours; ma raison ne pouvait rien contre un mal qui lui ôtait ses propres forces. Les efforts mêmes qu'elle faisait pour le surmonter, l'affaiblissaient encore, parce qu'elle les employait contre elle-même. Il ne lui fallait pas de combats, mais du repos.

A la vérité la médecine m'offrit des secours. Elle

m'apprit que le foyer de mon mal était dans les nerfs. Je le sentais bien mieux qu'elle ne pouvait me le définir. Mais quand je n'aurais pas été trop pauvre pour exécuter ses ordonnances, j'étais trop expérimenté pour y croire. Trois hommes à ma connaissance, tourmentés du même mal, périrent en peu de temps de trois remèdes différents, et soi-disant spécifiques pour la guérison d'un mal de nerfs. Le premier par les bains et les saignées; le second par l'usage de l'opium, et le troisième par celui de l'éther. Ces deux derniers étaient deux fameux médecins de la faculté de Paris, tous deux renommés par leurs écrits sur la médecine et particulièrement sur les maladies du genre nerveux.

J'éprouvai de nouveau, mais cette fois par l'expérience d'autrui, combien je m'étais fait illusion en attendant des hommes la guérison de mes maux ; combien vaines étaient leurs opinions et leurs doctrines, et combien j'avais été insensé, dans tous les temps de ma vie, de me rendre misérable en cherchant à les rendre heureux et de me détordre moi-même pour redresser les autres.

Cependant je tirai de la multitude de mes infortunes un grand motif de résignation. En comparant les biens et les maux dont nos jours si rapides étaient mélangés, j'entrevis une grande vérité bien peu connue : c'est qu'il n'y a rien de haïssable dans la nature, et que, son Auteur nous ayant mis dans une carrière où nous devons nécessairement mourir, il nous a donné autant de raison d'aimer la mort que d'aimer la vie.

Toutes les branches de notre vie en sont mortelles comme le tronc. Nos fortunes, nos réputations, nos amitiés, nos amours, tous les objets de nos affections les plus chères, périssent plus d'une fois avant nous ; et si les destinées les plus heureuses se manifestaient avec tous les malheurs qui les ont accompagnées, elles nous paraîtraient comme ces chênes qui embellissent la terre de leurs vastes rameaux, mais qui en élèvent vers le ciel encore de plus grands, que la foudre a frappés.

Pour moi, faible arbrisseau brisé par tant d'orages, il ne me restait plus rien à perdre. Voyant, de plus, que désormais je n'avais rien à espérer ni des autres ni de moi-même, je m'abandonnai à Dieu seul, et je lui promis de ne jamais rien attendre d'essentiel à mon bonheur d'aucun homme en particulier, à quelque extrémité que je me trouvasse réduit, et dans quelque genre que ce pût être.

Ma confiance fut agréable à Celui que jamais on n'implore en vain. Le premier fruit de ma résignation fut le soulagement de mes maux. Mes anxiétés se calmèrent dès que je n'y résistai plus. Bientôt, sans la moindre sollicitation, par le crédit d'une personne que je ne connaissais pas, il me vint quelques modestes ressources. Après avoir bien réfléchi à ma situation, je trouvai que la Providence me traitait précisément comme le genre humain, auquel elle ne donne, depuis l'origine du monde, dans la récolte des moissons, qu'une subsistance annuelle, incertaine, portée par des herbes sans cesse battues des vents et exposées aux déprédations des oiseaux et des insectes. Mais elle me distinguait bien avantageusement de la plupart des hommes, en ce que ma récolte ne me coûtait ni sueurs ni travaux et qu'elle me laissait l'exercice plein de ma liberté.

Le premier usage que j'en fis fut de m'éloigner des hommes trompeurs, que je n'avais plus besoin de solliciter. Dès que je ne les vis plus, mon âme se calma. La solitude est une grande montagne d'où ils paraissent bien petits. La solitude m'était cependant contraire, en ce qu'elle porte trop à la méditation. Ce fut à J.-J. Rousseau que je dus le retour de ma santé. J'avais lu dans ses immortels écrits, entre autres vérités naturelles, que l'homme est fait pour travailler et non pour méditer. Jusqu'alors j'avais exercé mon âme et reposé mon corps; je changeai de régime: j'exerçai le corps et je reposai l'âme. Je renonçai à la plupart des livres. Je jetai les yeux sur les ouvrages de la nature, qui parlait à tous mes sens un langage que ni le temps ni les nations ne peuvent altérer. Mon histoire et mes journaux étaient les herbes des champs et des prairies. Ce n'étaient pas mes pensées qui allaient péniblement à elles, comme dans les systèmes des hommes, mais leurs pensées qui venaient paisiblement à moi sous mille formes agréables. J'y étudiais sans effort les lois de cette sagesse universelle qui m'environnait dès le berceau et à laquelle je n'avais jamais donné qu'une attention frivole. J'en suivais les traces dans toutes les parties du monde, par la lecture des livres de voyages. Ce furent les seuls des livres modernes pour lesquels je conservai du goût, parce qu'ils me transportaient dans d'autres sociétés que celle où j'étais malheureux, et surtout parce qu'ils me parlaient des divers ouvrages de la nature.

Je connus, par leur moyen, qu'il y avait dans chaque partie de la terre une portion de bonheur pour tous les hommes, dont presque partout ils étaient privés; et qu'en état de guerre dans notre ordre politique, qui les divise, ils étaient en état de paix dans l'ordre de la nature, qui les invite à se rapprocher. Ces consolantes méditations me ramenèrent insensiblement à mes anciens projets de félicité publique, non pas pour les exécuter moi-même comme autrefois, mais au moins pour en faire un tableau intéressant. La simple spéculation d'un bonheur général suffisait maintenant à mon bonheur particulier. Je pensais aussi que mes plans imaginaires pourraient un jour se réaliser par des hommes plus heureux. Ce désir redoublait en moi à la vue des malheureux dont nos sociétés sont composées. Je sentais, surtout par mes propres privations, la nécessité d'un ordre politique conforme à l'ordre naturel. Enfin j'en composai un d'après l'instinct et les besoins de mon propre cœur.

A portée, par mes voyages, et plus encore par la lecture de ceux d'autrui, de choisir à la surface du globe un site propre à tracer le plan d'une société heureuse, je le plaçai au sein de l'Amérique méridionale, sur les rivages riches et déserts de l'Amazone.

Je m'étendis en imagination au sein de ses vastes forêts. J'y bâtis des forts, j'y défrichai des terres, je les couvris d'abondantes moissons et de vergers chargés de toutes sortes de fruits étrangers à l'Europe. J'y offris des asiles aux hommes de toutes les nations dont j'avais connu des individus malheureux. Il y avait des Hollandais et des Suisses sans territoire dans leur patrie, et des Russes sans moyens pour s'établir dans leurs vastes solitudes, des Anglais las des convulsions de leur liberté populaire, et des Italiens de la léthargie de leurs gouvernements aristocratiques; des Prussiens, de leur despotisme militaire, et des Polonais, de leur anarchie républicaine; des Espagnols, de l'intolérance de leurs opinions, et des Français, de l'inconstance des leurs; des chevaliers de Malte et des Algériens; des paysans bohémiens, polonais, russes, franc-comtois, bas-bretons, échappés à la tyrannie de leurs propres compatriotes; des esclaves nègres, fugitifs de nos colonies barbares; des protecteurs et des protégés de toutes les nations; des gens de cour, de robe, de lettres, de guerre, de commerce, de finance : tous infortunés tourmentés des maladies des opinions européennes, africaines et asiatiques, tous pour la plupart cherchant à s'opprimer mutuellement et réagissant les uns sur les autres par la violence ou la ruse, l'impiété ou la superstition. Ils abjuraient les préjugés nationaux qui les avaient rendus, dès la naissance, les ennemis des autres hommes; et surtout celui qui est la source de toutes les haines du genre humain et que l'Europe inspire dès la mamelle à chacun de ses enfants, le désir d'être le premier. Ils adoptaient, sous la protection immédiate de l'Auteur de la nature, des principes de tolérance universelle; et, par cet acte de justice générale, ils rentraient sans obstacles dans l'exercice libre de leur caractère particulier. Le Hollandais y portait l'agriculture et le commerce jusqu'au sein des marais, le Suisse jusqu'au sommet des rochers, et le Russe, habile à manier la hache, jusqu'au centre des plus épaisses forêts; l'Anglais s'y livrait à la navigation et aux arts utiles qui font la force des sociétés; l'Italien, aux arts libéraux qui les font fleurir; le **Prussien,** aux exercices militaires; le **Polonais,** à ceux de l'équitation; l'**Espagnol** solitaire, aux talents qui demandent de la constance; le **Français,** à ceux qui rendent la vie agréable et à l'instinct sociable qui le rend propre à être le lien de toutes les nations. Tous ces hommes d'opinions si différentes se communiquaient par la tolérance ce que leur caractère a de meilleur, et tempéraient les défauts des uns par les excès des autres. Il en résultait pour l'éducation, les lois et les habitudes un ensemble d'arts, de talents, de vertus et de principes religieux qui n'en formait qu'un seul peuple, propre à exister au dedans dans une harmonie parfaite, à résister au dehors aux conquérants et à s'amalgamer avec tout le reste du genre humain.

Je jetai donc sur le papier toutes les études que j'avais faites à ce sujet; mais lorsque je voulus les rassembler, pour me donner à moi-même et aux autres une idée d'une république dirigée suivant les lois de la nature, je vis qu'avec tout mon travail je ne ferais jamais illusion à aucun esprit raisonnable.

A la vérité, Platon dans son *Atlantide,* Xénophon dans sa *Cyropédie,* Fénelon dans son *Télémaque,* ont peint le bonheur de plusieurs sociétés politiques qui n'ont peut-être jamais existé; mais en liant leurs fictions à des traditions historiques et les reléguant dans des siècles reculés, ils leur ont donné assez de vraisemblance pour qu'un lecteur indulgent croie véritables des récits qu'il n'est plus à portée de vérifier. Il n'en était pas de même de mon ouvrage. J'y supposais, de nos jours et dans une partie du monde connu, l'existence d'un peuple considérable formé presque en entier des débris malheureux des nations européennes, parvenu tout à coup au plus haut degré de félicité; et ce rare phénomène, si digne au moins de la curiosité de l'Europe, cessait de faire illusion dès qu'il était certain qu'il n'existait pas. D'ailleurs, le peu de théorie que je m'étais procuré sur un pays si différent du nôtre, et si superficiellement décrit par nos voyageurs, n'aurait fourni à mes tableaux qu'un coloris faux et des traits indécis.

J'abandonnai donc mon vaisseau politique, quoique j'y eusse travaillé plusieurs années avec constance. Semblable au canot de Robinson, je le laissai dans la forêt où je l'avais dégrossi, faute de pouvoir le remuer et le faire voguer sur la mer des opinions humaines.

En vain mon imagination fit le tour du globe. Au milieu de tant de sites offerts au bonheur des hommes par la nature, je n'y trouvai pas seulement de quoi asseoir l'illusion d'un peuple heureux suivant ses lois; car ni la république de Saint-Paul près du Brésil, formée de brigands qui faisaient la guerre à tout le monde, ni l'évangélique société de Guillaume Penn, dans l'Amérique septentrionale, qui ne se défend seulement pas contre ses ennemis, ni les conventuelles rédemptions des jésuites dans le Paraguay, ni les voluptueux insulaires de la mer du Sud, qui au milieu de leurs plaisirs sacrifient des hommes, ne me paraissaient propres à représenter un peuple usant, dans l'état de nature, de toutes ses facultés physiques et morales.

D'ailleurs, quoique ces peuplades m'offrissent des images de république, la première n'était qu'une anarchie; la seconde une simple société protégée par l'État où elle était renfermée, et les deux autres ne formaient que des aristocraties héréditaires où une classe particulière de citoyens, s'étant réservé jusqu'au pouvoir de disposer de la subsistance nationale, tenait le peuple dans un état constant de tutelle, sans qu'il pût jamais sortir de la classe des néophytes ou des toutous [1].

Mon âme, mécontente des siècles présents, prit son vol vers les siècles anciens et se reposa d'abord sur les peuples de l'Arcadie.

Cette portion heureuse de la Grèce m'offrit des climats et des sites semblables à ceux qui sont épars dans le reste de l'Europe. J'en pouvais faire au moins des tableaux variés et vraisemblables. Elle était remplie de montagnes fort élevées, dont quelques-unes, comme celle de Phoé, couvertes de neiges toute l'année, la rendaient semblable à la Suisse; d'un autre côté, ses marais, tels que celui de Stymphale, la faisaient ressembler, dans cette partie de son territoire, à la Hollande. Ses végétaux et ses animaux étaient les mêmes que ceux qui sont répandus sur le sol de l'Italie, de la France et du nord de l'Europe. Il y avait des oliviers, des vignes, des pommiers, des blés, des pâturages, des forêts de chênes, de pins et de sapins, des bœufs, des chevaux, des moutons, des chèvres, des loups... Les occupations des Arcadiens étaient les mêmes que celles de nos paysans. Il y avait parmi eux

---

[1]. Nom des hommes du peuple de l'île de Taïti et dans les îles de cet archipel. Il ne leur est pas permis de manger de chair de porc, qui y est excellente, quoique cet animal y soit fort commun. Elle est réservée pour les E-Arrés, qui sont les chefs. Les toutous élèvent les porcs, et les E-Arrés les mangent. (Voyez les *Voyages du capitaine Cook*.)

des laboureurs, des bergers, des vignerons, des chasseurs. Mais, ce qui ne ressemble pas aux nôtres, ils étaient fort belliqueux au dehors et fort paisibles au dedans. Dès que leur État était menacé de la guerre, ils se présentaient d'eux-mêmes pour le défendre, chacun à ses dépens. Il y avait un grand nombre d'Arcadiens parmi les dix mille Grecs qui firent, sous Xénophon, cette retraite fameuse de la Perse. Ils étaient fort religieux, car la plupart des dieux de la Grèce étaient nés dans leur pays : Mercure au mont Cyllène, Jupiter au mont Lycée, Pān au mont Ménale, ou, selon d'autres, dans les forêts du mont Lycée, où il était particulièrement honoré. C'était dans l'Arcadie qu'Hercule avait exercé ses plus grands travaux.

Les poëtes anciens et modernes ont représenté les Arcadiens comme un peuple de bergers amoureux qui excellaient dans la poésie et la musique, lesquelles sont par tout pays les principaux langages de l'amour. Virgile surtout parle fréquemment de leurs talents et de leur félicité. Dans sa dixième églogue, qui respire la plus douce mélancolie, il introduit ainsi Gallus, fils de Pollion, qui invite les peuples d'Arcadie à déplorer avec lui la perte de sa chère Lycoris.

Gallus, fils d'un consul romain dans le siècle d'Auguste, trouve le sort des peuples de l'Arcadie si doux qu'il n'ose désirer d'être parmi eux un berger maître d'un troupeau ou un habitant propriétaire d'une vigne, mais seulement un simple gardien de troupeaux, *custos gregis*, ou un de ces hommes qu'on loue en passant pour fouler la grappe lorsqu'elle est mûre, *maturæ vinitor uvæ*.

Virgile est plein de ces nuances délicates de sentiment qui disparaissent dans les traductions, et surtout dans les miennes.

Quoique les Arcadiens passassent une bonne partie de leur vie à chanter et à aimer, Virgile ne les représente pas comme des hommes efféminés. Au contraire, il leur assigne des mœurs simples et un caractère particulier de force, de piété et de vertu, confirmé par tous les historiens qui ont parlé d'eux. Il leur fait même jouer un rôle fort important dans l'origine de l'empire romain : car lorsque Énée remonta le Tibre pour chercher des alliés parmi les peuples qui habitaient les rivages de ce fleuve, il trouva, à l'endroit où il débarqua, une petite ville appelée Pallantée, du nom de Pallas, fils d'Évandre, roi des Arcadiens, qui l'avait bâtie. Cette ville fut depuis renfermée dans l'enceinte de la ville de Rome, à laquelle elle servit de première forteresse. C'est pourquoi Virgile appelle le roi Évandre fondateur de la forteresse romaine [1].

D'après Virgile, qui à maintes reprises s'occupe d'eux, de leurs lois, de leurs mœurs, les Arcadiens ont influé de toute manière sur les monuments historiques, les traditions religieuses, les premières guerres et l'origine de l'empire romain.

On voit que le siècle où je parle des Arcadiens n'est point un siècle fabuleux. Je recueillis donc sur eux et leur pays les douces images que nous en ont laissées les poètes, avec les traditions les plus authentiques des historiens, que je trouvai en bon nombre dans le

---

1. Voyez, dans la même collection que le présent volume, *Grands Voyages de découvertes des anciens*, l'analyse de *l'Énéide*.

Voyage de la Grèce de Pausanias, les *Œuvres* de Plutarque et la *Retraite des dix mille* de Xénophon; en sorte que je rassemblai sur l'Arcadie tout ce que la nature a de plus aimable dans nos climats, et l'histoire de plus vraisemblable dans l'antiquité.

Pendant que je m'occupais de ces agréables recherches, je me trouvai lié personnellement avec J.-J. Rousseau. Nous allions assez souvent nous promener, pendant l'été, aux environs de Paris. Sa société me plaisait beaucoup. Il n'avait point la vanité de la plupart des gens de lettres, qui veulent toujours occuper les autres de leurs idées, et encore moins celle des gens du monde, qui croient qu'un homme de lettres est fait pour les tirer de leur ennui par son babil. Il partageait les bénéfices et les charges de la conversation, parlant et laissant parler chacun à son tour. Il laissait même aux autres le choix de l'entretien, se réglant à leur mesure avec si peu de prétention que, parmi ceux qui ne le connaissaient pas, les gens simples le prenaient pour un homme ordinaire, et les gens du bon ton le regardaient comme bien inférieur à eux : car avec ceux-ci il parlait peu, ou de peu de chose. Il a été quelquefois accusé d'orgueil à cette occasion par les gens du monde, qui taxent de leurs propres vices les hommes libres et sans fortune qui refusent de courber la tête sous leur joug. Mais, entre plusieurs traits que je pourrais citer à l'appui de ce que j'ai dit précédemment, que les gens simples le prenaient pour un homme ordinaire, en voici un qui convaincra le lecteur de sa modestie habituelle.

Le jour même que nous fûmes dîner chez les ermites du mont Valérien, ainsi que je l'ai rapporté dans une note du tome cinquième de mes *Etudes*, en revenant l'après-midi à Paris, nous fûmes surpris de la pluie près du bois de Boulogne, vis-à-vis la porte Maillot. Nous y entrâmes pour nous mettre à l'abri sous des marronniers qui commençaient à avoir des feuilles; car c'était dans les fêtes de Pâques. Nous trouvâmes sous ces arbres beaucoup de monde qui, comme nous, y cherchait du couvert. Un des garçons du suisse, ayant aperçu Jean-Jacques, s'en vint à lui plein de joie et lui dit : « Hé bien! bonhomme, d'où venez-vous donc? Il y a un temps infini que nous ne vous avons vu! » Rousseau lui répondit tranquillement : « C'est que ma femme a été longtemps malade et moi-même j'ai été incommodé. — Oh! mon pauvre bonhomme, reprit ce garçon, vous n'êtes pas bien ici ; venez, venez; je vais vous trouver une place dans la maison. »

En effet, il s'empressa de nous mener dans une chambre haute, où, malgré la foule, il nous procura des chaises, une table, du pain et du vin. Pendant qu'il nous y conduisait, je dis à Jean-Jacques : « Ce garçon me paraît bien familier avec vous; il ne vous connaît donc point? — Oh! si, me répondit-il, nous nous connaissons depuis plusieurs années. Nous venions de temps en temps ici, dans la belle saison, ma femme et moi, manger le soir une côtelette. »

Ce mot de *bonhomme*, dit de si bonne foi par ce garçon d'auberge, qui sans doute prenait depuis longtemps Jean-Jacques pour un homme de quelque état mécanique, sa joie en le revoyant et son empressement à le servir me firent connaître combien le sublime auteur d'*Emile* mettait en effet de bonhomie jusque dans ses moindres actions.

Loin de chercher à briller aux yeux de qui que ce fût, il convenait lui-même, avec un sentiment d'humilité bien rare et selon moi bien injuste, qu'il n'était pas propre aux grandes conversations : « Il ne faut, me disait-il un jour, que le plus petit argument pour me renverser. Je n'ai d'esprit qu'une demi-heure après les autres. Je sais ce qu'il faut répondre précisément quand il n'en est plus temps. »

Cette lenteur de réflexion ne venait pas « d'une pesanteur maxillaire », comme le dit, dans le prospectus d'une édition nouvelle des œuvres de Jean-Jacques, un écrivain d'ailleurs très estimable, mais de son équité naturelle, qui ne lui permettait pas de prononcer sur le moindre sujet sans l'avoir examiné, de son génie, qui le considérait sur toutes ses faces pour le connaître à fond, et enfin de sa modestie, qui lui interdisait le ton théâtral et les sentences d'oracles de nos conversations. Il était au milieu de nos beaux esprits avec sa simplicité, comme une jeune fille avec ses couleurs naturelles parmi des femmes mettant du blanc et du rouge. Encore moins aurait-il cherché à se donner en spectacle chez les grands ; mais dans le tête-à-tête, dans la liberté de l'intimité et sur les objets qui lui étaient familiers, surtout ceux qui intéressaient le bonheur des hommes, son âme prenait l'essor, ses sentiments devenaient touchants, ses idées profondes, ses images sublimes, et ses discours aussi véhéments que ses écrits.

Mais ce que je trouvais de bien supérieur à son génie, c'était sa probité. Il était du petit nombre d'hommes de lettres éprouvés par l'infortune, auxquels on peut sans risque communiquer ses pensées les plus intimes. On n'avait rien à craindre de sa malignité, s'il les trouvait mauvaises, ni de son infidélité, si elles lui semblaient bonnes.

Une après-midi donc que nous étions à nous reposer au bois de Boulogne, j'amenai la conversation sur un sujet qui me tenait au cœur depuis que j'avais l'usage de ma raison. Nous venions de parler des *Hommes illustres* de Plutarque, de la traduction d'Amyot, ouvrage dont il faisait un cas infini, et où on lui avait appris à lire dans l'enfance, et qui, à mon avis, a été le germe de son éloquence et de ses vertus antiques, tant la première éducation a d'influence sur le reste de la vie! Je lui dis donc:

« J'aurais bien voulu voir une histoire de votre façon.

— J'ai eu bien envie, me répondit-il, d'écrire celle de Côme de Médicis. C'était un simple particulier, qui est devenu le souverain de ses concitoyens en les rendant plus heureux. Il ne s'est élevé et maintenu que par des bienfaits. J'avais fait quelques brouillons à ce sujet-là; j'y ai renoncé: je n'avais pas de talent pour écrire l'histoire.

— Pourquoi vous-même, avec tant d'amour pour le bonheur des hommes, n'avez-vous pas tenté de former une république heureuse? J'ai connu bien des hommes de tous pays et de toutes conditions qui vous auraient suivi.

— Oh! j'ai trop connu les hommes! » Puis, me regardant, après un moment de silence, il ajouta d'un ton demi-fâché: « Je vous ai prié plusieurs fois de ne me jamais parler de cela.

— Mais pourquoi n'auriez-vous pas fait, avec quelques Européens sans patrie et sans fortune, dans quelque île inhabitée de la mer du Sud, un établissement semblable à celui que Guillaume Penn a formé dans l'Amérique septentrionale, au milieu des sauvages?

— Quelle différence de siècle! On croyait du temps de Penn; aujourd'hui on ne croit plus à rien. » Puis, se radoucissant : « J'aurais bien aimé à vivre dans une société telle que je me la figure, comme un de ses simples membres; mais pour rien au monde je n'aurais voulu y avoir quelque charge, encore moins en être le chef. Je me suis rendu justice il y a longtemps; j'étais incapable du plus petit emploi.

— Vous auriez trouvé assez de personnes qui auraient exécuté vos idées.

— Oh! je vous en prie, parlons d'autre chose.

— Je me suis avisé d'écrire l'histoire des peuples d'Arcadie. Ce ne sont pas des bergers oisifs comme ceux du Lignon. »

Il se mit à sourire : « A propos des bergers du Lignon, me dit-il, j'ai fait une fois le voyage du Forez, tout exprès pour voir le pays de Céladon et d'Astrée, dont d'Urfé nous a fait de si charmants tableaux. Au lieu de bergers amoureux je ne vis sur les bords du Lignon que des maréchaux, des forgerons et des taillandiers[1].

— Comment! dans un pays si agréable?

— Ce n'est qu'un pays de forges. Ce fut ce voyage

---

[1]. Le Lignon, petite rivière du Forez, sur les rives de laquelle d'Urfé avait placé la scène de son célèbre roman pastoral l'*Astrée*. J.-J. Rousseau, dans ses *Confessions*, rapporte la même anecdote, mais il ne dit pas qu'il soit allé au bord du Lignon. Arrivé à Lyon, une femme, à qui il parla de son désir d'aller dans le Forez, pour voir le pays de l'*Astrée*, lui dit qu'il n'y trouverait que des forgerons. Et Rousseau ne donna pas suite à son projet, en quoi il eut tort : car la femme faisait allusion aux industries déjà florissantes à Saint-Étienne, ville distante d'au moins dix lieues des rives du Lignon, dont le cours se déroule dans les plus ravissants paysages.

du Forez qui m'ôta mon illusion. Jusqu'à ce temps-là il ne se passait point d'année que je ne relusse l'*Astrée* d'un bout à l'autre; j'étais familiarisé avec tous ses personnages. Ainsi la science nous ôte nos plaisirs.

— Oh! mes Arcadiens ne ressemblent point à vos forgerons ni aux bergers imaginaires de d'Urfé, qui passent les jours et les nuits uniquement occupés de leur tendresse, exposés au dedans à toutes les suites de l'oisiveté, et au dehors aux invasions des peuples voisins. Les miens exercent tous les arts de la vie champêtre. Il y a parmi eux des bergers, des laboureurs, des pêcheurs, des vignerons. Ils ont tiré parti de tous les sites de leur pays, diversifié de montagnes, de plaines, de lacs et de rochers. Leurs mœurs sont patriarcales, comme aux premiers temps du monde. Il n'y a dans leur république ni prêtres, ni soldats, ni esclaves : car ils sont si religieux que chaque père de famille en est le pontife; si belliqueux que chaque habitant est toujours prêt à défendre sa patrie sans en tirer de solde; et si égaux qu'il n'y a pas seulement parmi eux de domestiques. Les enfants y sont élevés à servir leurs parents. On se garde bien de leur inspirer, sous le nom d'émulation, le poison de l'ambition et de leur apprendre à se surpasser les uns les autres; mais, au contraire, on les exerce à se prévenir par toutes sortes de bons offices, à obéir à leurs parents, à préférer son père, sa mère, son ami, à soi-même, et la patrie à tout. Là, il n'y a point de querelle entre les jeunes gens, si ce n'est quelques débats, comme ceux du *Devin du village*[1]; mais là vertu y appelle sou-

---

1. *Le Devin du village*, opéra pastoral dont J.-J. Rousseau avait fait le poëme et la musique et qui obtint un succès retentissant.

vent les citoyens dans les assemblées du peuple pour délibérer entre eux de ce qu'il est utile de faire pour le bien public. Ils élisent, à la pluralité des voix, leurs magistrats, qui gouvernent l'État comme une famille, étant chargés à la fois des fonctions de la paix, de la guerre et de la religion. Il résulte une si grande force de leur union qu'ils ont toujours repoussé toutes les puissances qui ont entrepris sur leur liberté.

« On ne voit dans leur pays aucun monument inutile, fastueux, dégoûtant ou épouvantable ; point de colonnades, d'arcs de triomphe, d'hôpitaux ni de prisons ; point d'affreux gibets sur les collines, à l'entrée de leurs bourgs ; mais un pont sur un torrent, un puits au milieu d'une plaine aride, un bocage d'arbres fruitiers sur une montagne inculte, autour d'un petit temple dont le péristyle sert d'abri aux voyageurs, annoncent, dans les lieux les plus déserts, l'humanité des habitants. Des inscriptions simples sur l'écorce d'un hêtre ou sur un rocher brut conservent à la postérité la mémoire des grands citoyens et le souvenir des bonnes actions. Au milieu de ces mœurs bienfaisantes, la religion parle à tous les cœurs un langage inaltérable. Il n'y a pas une montagne ni un fleuve qui ne soit consacré à un dieu et qui n'en porte le nom ; pas une fontaine qui n'ait sa naïade ; pas une fleur ni un oiseau qui ne soit le résultat de quelque ancienne et touchante métamorphose. Toute la physique y est en sentiments religieux, et toute la religion en monuments de la nature. La mort même, qui empoisonne tant de plaisirs, n'y offre que des perspectives consolantes. Les tombeaux des ancêtres sont au milieu des bocages de myrtes, de cyprès et de sapins. Leurs descendants, dont ils se sont fait chérir pendant leur vie, viennent, dans leurs plaisirs ou leurs peines, les décorer de fleurs et invoquer leurs mânes, persuadés qu'ils président toujours à leurs destins. Le passé, le présent, l'avenir, lient tous les membres de cette société des chaînons de la loi naturelle, en sorte qu'il est également doux d'y vivre et d'y mourir. »

Telle fut l'idée vague que je donnai du dessein de mon ouvrage à Jean-Jacques. Il en fut enchanté. Nous en fîmes plus d'une fois, dans nos promenades, le sujet de nos plus douces conversations. Il imaginait quelquefois des incidents d'une simplicité piquante, dont je tirais parti. Un jour même, il m'engagea à en changer tout le plan. « Il faut, me dit-il, supposer une action principale dans votre histoire, telle que celle d'un homme qui voyage pour connaître les hommes. Il en naîtra des événements variés et agréables. De plus, il faut opposer à l'état de nature des peuples d'Arcadie l'état de corruption d'un autre peuple, afin de faire sortir vos tableaux par des contrastes. »

Ce conseil fut pour moi un rayon de lumière qui en produisit un autre ; ce fut, avant tout, d'opposer à ces deux tableaux celui de barbarie d'un troisième peuple, afin de représenter les trois états successifs par où passent la plupart des nations : celui de barbarie, de nature et de corruption. J'eus ainsi une harmonie complète des trois périodes ordinaires aux sociétés humaines.

Pour représenter un état de barbarie je choisis la Gaule, comme un pays dont les commencements en tout genre devaient le plus nous intéresser, parce que le premier état d'un peuple influe sur toutes les périodes de sa durée et se fait sentir jusque dans sa décadence, comme l'éducation que reçoit un homme dès la mamelle influe jusque dans sa décrépitude. Il semble même qu'à cette dernière époque les habitudes de l'enfance reparaissent avec plus de force que celles du reste de la vie, ainsi que je l'ai observé dans les études précédentes. Les premières impressions effacent les dernières. Le caractère des nations se forme dès le berceau, ainsi que celui de l'homme. Rome, dans sa décadence, conserva l'esprit de domination universelle qu'elle avait eu dès son origine.

Je trouvai les principaux caractères des mœurs et de la religion des Gaulois tout tracés dans les *Commentaires* de César, dans Plutarque, dans les *Mœurs des Germains* de Tacite, et dans divers traités modernes de la mythologie des peuples du Nord.

Je reculai plusieurs siècles avant Jules César l'état des Gaules, afin d'avoir à peindre un caractère plus marqué de barbarie et approchant de celui que nous avons trouvé aux peuples sauvages de l'Amérique septentrionale. Je fixai le commencement de la civilisation de nos ancêtres à la destruction de Troie, qui fut aussi l'époque et sans doute la cause de plusieurs grandes révolutions par toute la terre. Les nations qui composent le genre humain, quelque divisées qu'elles paraissent en langages, religions, coutumes et climats, sont en équilibre entre elles, comme les différentes mers qui composent l'Océan sous diverses latitudes. Il ne peut arrriver quelque grand mouvement dans une de ces mers qu'il ne se communique plus ou moins à chacune des autres ; elles tendent toutes à se mettre de niveau. Une nation est encore, par rapport au genre humain, ce qu'un homme est par rapport à sa nation.

Si cet homme y meurt, un autre y renaît dans le même temps. De même, si un État se détruit sur la terre, un autre s'y reforme à la même époque. C'est ce que nous avons vu de nos jours, quand, la plus grande partie de la république de Pologne ayant été démembrée dans le nord de l'Europe, pour être confondue dans les trois États voisins, la Russie, la Prusse et l'Autriche, peu de temps après la plus grande partie des colonies anglaises du nord de l'Amérique s'est détachée des trois États d'Angleterre, d'Irlande et d'Écosse, pour former une république ; et comme il y a eu en Europe une portion de la Pologne qui n'a pas été démembrée, il y a eu de même en Amérique une portion des colonies anglaises qui ne s'est pas séparée de l'Angleterre.

On trouve les mêmes réactions politiques dans tous les pays et dans tous les siècles. Lorsque l'empire des Grecs fut renversé sur les bords du Pont-Euxin, en 1453, celui des Turcs le remplaça aussitôt; et lorsque celui de Troie fut détruit en Asie, sous Priam, celui de Rome prit naissance en Italie, sous Énée.

Mais il s'ensuivit de cette ruine totale de Troie beaucoup de petites révolutions dans le reste du genre humain, et surtout en Europe.

J'opposai à l'état de barbarie des Gaules celui de corruption de l'Égypte, qui était alors à son plus haut degré de civilisation. C'est à l'époque du siège de Troie que plusieurs savants assignent le règne brillant de Sésostris. D'ailleurs cette opinion, adoptée par Fénelon dans son *Télémaque*, était une autorité suffisante pour mon ouvrage. Je choisis aussi mon voyageur en Égypte, par le conseil de Jean-Jacques, d'autant que, dans l'antiquité, beaucoup d'établissements politiques et religieux ont reflué de l'Égypte dans la Grèce, dans l'Italie, et même directement dans les Gaules, ainsi que l'histoire et plusieurs de nos anciens usages en font foi. C'est encore une suite des réactions politiques. Lorsqu'un État est à son dernier degré d'élévation, il est à son premier degré de décadence, parce que les choses humaines commencent à déchoir dès qu'elles ont atteint le faîte de leur grandeur. C'est alors que les arts, les sciences, les mœurs, les langues, commencent à refluer des États civilisés dans les États barbares, ainsi que le démontrent les siècles d'Alexandre chez les Grecs, d'Auguste chez les Romains et de Louis XIV parmi nous.

Ainsi j'eus des oppositions de caractères entre les Gaulois, les Arcadiens et les Égyptiens. Mais l'Arcadie seule m'offrit un grand nombre de contrastes avec le reste de la Grèce encore à demi barbare; entre les mœurs paisibles de ses cultivateurs et les caractères discordants des héros de Pylos, de Mycènes et d'Argos; entre les douces aventures de ses bergères simples et naïves et les épouvantables catastrophes d'Iphigénie, d'Électre et de Clytemnestre.

Je renfermai les matériaux de mon ouvrage en douze livres et j'en fis une espèce de poème épique, non suivant les lois d'Aristote et celles de nos modernes, qui prétendent, d'après lui, qu'un poème épique ne doit contenir qu'une action principale de la vie d'un héros, mais suivant les lois de la nature et à la manière des Chinois, qui y mettent souvent la vie entière d'un héros; ce qui, à mon gré, satisfait davantage. D'ailleurs, je ne m'éloignai pas pour cela de l'exemple d'Homère : car si je m'écartai du plan de son *Iliade*, je me rapprochai de celui de son *Odyssée*.

Mais pendant que je m'occupais du bonheur du genre humain, le mien fut troublé par de nouvelles infortunes.

Ma santé et mon expérience ne me permettaient plus de solliciter dans ma patrie les faibles ressources que j'étais au moment d'y perdre, ni d'en aller chercher au dehors. D'ailleurs le genre de mes travaux ne pouvait intéresser en ma faveur aucun ministre. Je songeai à en mettre au jour de plus propres à me mériter les bienfaits du gouvernement. Je publiai mes *Études de la Nature*. J'ose croire y avoir détruit de dangereuses erreurs et démontré d'importantes vérités. Leur succès m'a valu, sans sollicitations, beaucoup de compliments du public, et quelques grâces annuelles de la cour, mais si peu solides qu'une simple révolution dans un ministère me les a enlevées la plupart, et avec elles, ce qu'il y a de plus fâcheux, d'autres plus considérables dont je jouissais depuis quatorze ans. La faveur a fait semblant de me faire du bien. La bienveillance publique a accueilli mon ouvrage avec plus de constance. Je lui dois un peu de calme et de repos. C'est sous son ombre que je fais paraître ce premier livre, intitulé *les Gaules*, qui devait servir d'Introduction à l'*Arcadie*. Je n'ai pas eu la satisfaction d'en parler à Jean-Jacques. Ce sujet était trop rude pour nos entretiens. Mais tout âpre et tout sauvage qu'il est, c'est une gorge de rochers d'où l'on entrevoit le vallon où il s'est quelquefois reposé. Lorsqu'il partit même, sans me dire adieu, pour Ermenonville, où il a fini ses jours, je cherchai à me rappeler à lui par l'image de l'Arcadie et le souvenir de nos anciennes conversations.

LIVRE PREMIER

LES GAULES

Un peu avant l'équinoxe d'automne, Tirtée, berger d'Arcadie, faisait paître son troupeau sur une croupe du mont Lycée, qui s'avance le long du golfe de Messénie. Il était assis sous des pins, au pied d'une roche, d'où il considérait au loin la mer agitée par les vents du midi. Ses flots, couleur d'olive, étaient blanchis d'écume qui jaillissait en gerbes sur toutes ses grèves. Des bateaux de pêcheurs, paraissant et disparaissant tour à tour entre les lames, hasardaient, en s'échouant sur le rivage, d'y chercher leur salut, tandis que de gros vaisseaux à la voile, tout penchés par la violence du vent, s'en éloignaient dans la crainte du naufrage. Au fond du golfe, des troupes de femmes et d'enfants levaient les mains au ciel et jetaient de grands cris à la vue du danger que couraient ces pauvres mariniers, et des longues vagues qui venaient du large se briser en mugissant sur les rochers de Sténiclaros. Les échos du mont Lycée répétaient de toutes parts leurs bruits rauques et confus, avec tant de vérité que Tirtée parfois tournait la tête, croyant que la tempête était derrière lui et que la mer brisait au haut de la montagne. Mais les cris des foulques et des mouettes qui venaient, en battant des ailes, s'y réfugier, et les éclairs qui sillonnaient l'horizon, lui faisaient bien voir que la tourmente était encore plus grande au loin qu'elle ne paraissait à sa vue. Tirtée plaignait le sort des matelots et bénissait celui des bergers, semblable en quelque sorte à celui des dieux, puisqu'il mettait le calme dans son cœur et la tempête sous ses pieds. Pendant qu'il se livrait à sa reconnaissance envers le Ciel, deux hommes d'une belle figure parurent sur le grand chemin qui passait au-dessous de lui, vers le bas de la montagne. L'un était dans la force de l'âge, et l'autre encore dans sa fleur. Ils marchaient à la hâte, comme des voyageurs qui se pressent d'arriver. Dès qu'ils furent à la portée de la voix, le plus âgé demanda à Tirtée s'ils n'étaient pas sur la route d'Argos. Mais le bruit du vent dans les pins l'empêchant de se faire entendre, le plus jeune monta vers ce berger et lui cria : « Mon père, ne sommes-nous pas sur la route d'Argos ?

— Mon fils, lui répondit Tirtée, je ne sais point où est Argos. Vous êtes en Arcadie, sur le chemin de Tégée ; et ces tours que vous voyez là-bas sont celles de Bellémine. » Pendant qu'ils parlaient, un barbet jeune et folâtre, qui accompagnait cet étranger, ayant aperçu dans le troupeau une chèvre toute blanche, s'en approcha pour jouer avec elle ; mais la chèvre, effrayée à la vue de cet animal dont les yeux étaient tout couverts de poils, s'enfuit vers le haut de la montagne, où le barbet la poursuivit. Ce jeune homme rappela son chien, qui revint aussitôt à ses pieds, baissant la tête et remuant la queue; il lui passa une laisse autour du cou, et, priant le berger de l'arrêter, il courut lui-même après la chèvre qui s'enfuyait toujours; mais son chien, le voyant partir, donna une si rude secousse à Tirtée qu'il lui échappa avec la laisse, et se mit à courir si vite sur les pas de son maître que bientôt on ne vit plus ni la chèvre, ni le voyageur, ni son chien.

L'étranger resté sur le grand chemin se disposait à aller vers son compagnon, lorsque le berger lui dit : « Seigneur, le temps est rude, la nuit s'approche, la forêt et la montagne sont pleines de fondrières où vous pourriez vous égarer. Venez prendre un peu de repos dans ma cabane, qui n'est pas loin d'ici. Je suis bien sûr que ma chèvre, qui est fort privée, y reviendra d'elle-même et y ramènera votre ami, s'il ne la perd point de vue. » En même temps il joua de son chalumeau, et le troupeau se mit à défiler, par un sentier, vers le haut de la montagne. Un grand bélier marchait à la tête de ce troupeau; il était suivi de six chèvres dont les mamelles pendaient jusqu'à terre; douze brebis, accompagnées de leurs agneaux déjà grands, venaient après; une ânesse avec son ânon fermaient la marche.

L'étranger suivit Tirtée sans rien dire. Ils montèrent environ six cents pas, par une pelouse découverte, parsemée çà et là de genêts et de romarins; et comme ils entraient dans la forêt de chênes qui couvre le haut du mont Lycée, ils entendirent les aboiements d'un chien; bientôt après ils virent venir au-devant d'eux le barbet, suivi de son maître qui portait la chèvre blanche sur ses épaules. Tirtée dit à ce jeune homme : « Mon fils, quoique cette chèvre soit la plus chérie de mon troupeau, j'aimerais mieux l'avoir perdue que de vous avoir donné la fatigue de la reprendre à la course ; mais vous vous reposerez, s'il vous plaît, cette nuit, chez moi ; et demain, si vous voulez vous mettre en route, je vous montrerai le chemin de Tégée, d'où on vous enseignera celui d'Argos. Cependant, seigneurs, si vous m'en croyez l'un et l'autre, vous ne partirez point demain d'ici. C'est demain la fête de Jupiter, au mont Lycée. On s'y rassemble de toute l'Arcadie et d'une grande partie de la Grèce. Si vous y venez avec moi, vous me rendrez plus agréable à Jupiter quand je me présenterai à son autel, pour l'adorer, avec des hôtes. »

Le jeune étranger répondit :

« O bon berger ! nous acceptons volontiers votre hospitalité pour cette nuit ; mais demain, dès l'aurore, nous continuerons notre route pour Argos. Depuis longtemps nous luttons contre la mer pour arriver à cette ville fameuse dans toute la terre par ses temples, par ses palais et par la demeure du grand Agamemnon. »

Après avoir ainsi parlé, ils traversèrent une partie de la forêt du mont Lycée vers l'orient et ils descendirent dans un petit vallon abrité des vents. Une herbe molle et fraîche couvrait les flancs de ses collines. Au fond coulait un ruisseau appelé Achéloüs, qui allait se jeter dans le fleuve Alphée, dont on apercevait au loin, dans les plaines, les îles couvertes d'aunes et de tilleuls. Le tronc d'un vieux saule renversé par le temps servait de pont à l'Achéloüs, et ce pont n'avait pour garde-fous que de grands roseaux qui s'élevaient à sa droite et à sa gauche ; mais le ruisseau, dont le lit était semé de rochers, était si facile à passer à gué, et on faisait si peu d'usage de son pont, que des convolvulus le couvraient presque en entier de leurs festons de feuilles en cœur et de fleurs en cloches blanches.

A quelque distance de ce pont était l'habitation de Tirtée. C'était une petite maison couverte de chaume, bâtie au milieu d'une pelouse. Deux peupliers l'ombrageaient du côté du couchant. Du côté du midi, une vigne en entourait la porte et les fenêtres de ses grappes pourprées et de ses pampres déjà colorés de feu. Un vieux lierre la tapissait au nord et couvrait de son feuillage toujours vert une partie de l'escalier qui conduisait par dehors à l'étage supérieur.

Dès que le troupeau s'approcha de la maison, il se mit à bêler, suivant sa coutume. Aussitôt on vit descendre par l'escalier une jeune fille, qui portait sous son bras un vase à traire le lait. Sa robe était de laine blanche, ses cheveux châtains étaient retroussés sous un chapeau d'écorce de tilleul; elle avait les bras et les pieds nus, et pour chaussure, des soques, suivant l'usage des filles d'Arcadie. A sa taille, on l'eût prise pour une nymphe de Diane; à son vase, pour la naïade du ruisseau; mais à sa timidité on voyait bien que c'était une bergère. Dès qu'elle aperçut des étrangers, elle baissa les yeux et se mit à rougir.

Tirtée lui dit : « Cyanée, ma fille, hâtez-vous de traire vos chèvres et de nous préparer à manger, tandis que je ferai chauffer de l'eau pour laver les pieds de ces voyageurs que Jupiter nous envoie. »

En attendant, il pria ces étrangers de se reposer au pied de la vigne, sur un banc de gazon. Cyanée, s'étant mise à genoux sur la pelouse, tirait le lait des chèvres, qui s'étaient rassemblées autour d'elle; et quand elle eut fini, elle conduisit le troupeau dans la bergerie, qui était à un bout de la maison. Cependant Tirtée fit chauffer de l'eau, vint laver les pieds de ses hôtes; après quoi il les invita d'entrer.

Il faisait déjà nuit; mais une lampe suspendue au plancher et la flamme du foyer, placé, suivant l'usage des Grecs, au milieu de l'habitation, en éclairaient suffisamment l'intérieur. On y voyait accrochées aux murs des flûtes, des panetières, des houlettes, des formes à faire des fromages, et sur des planches attachées aux solives, des corbeilles de fruits et des terrines pleines de lait. Au-dessus de la porte d'entrée était une petite statue de terre de la bonne Cérès, et sur celle de la bergerie la figure du dieu Pan, faite d'une racine d'olivier.

Dès que les voyageurs furent introduits, Cyanée mit la table et servit des choux verts, des pains de froment, un pot rempli de vin, un fromage à la crème, des œufs frais et des secondes figues de l'année, blanches et violettes. Elle approcha de la table quatre sièges de bois de chêne. Elle couvrit celui de son père d'une peau de loup, qu'il avait tué lui-même à la chasse. Ensuite, étant montée à l'étage supérieur, elle en descendit avec deux toisons de brebis; mais pendant qu'elle les étendait sur les sièges des voyageurs, elle se mit à pleurer.

Son père lui dit: « Ma chère fille, serez-vous toujours inconsolable de la perte de votre mère? et ne pourrez-vous jamais rien toucher de tout ce qui a été à son usage sans verser des larmes? » Cyanée ne répondit rien; mais se tournant vers la muraille, elle s'essuya les yeux. Tirtée fit une prière et une libation à Jupiter hospitalier, et, faisant asseoir ses hôtes, ils se mirent tous à manger en gardant un profond silence.

Quand les mets furent desservis, Tirtée dit aux voyageurs : « Mes chers hôtes, si vous fussiez descendus chez quelque autre habitant de l'Arcadie ou si vous fussiez passés ici il y a quelques années, vous eussiez été beaucoup mieux reçus. Mais la main de Jupiter m'a frappé. J'ai eu, sur le coteau voisin, un jardin qui me fournissait, dans toutes les saisons, des légumes et d'excellents fruits : il est maintenant confondu dans la forêt. Ce vallon solitaire retentissait du mugissement de mes bœufs. Vous n'eussiez entendu, du matin au soir, dans ma maison, que des chants d'allégresse et des cris de joie. J'ai vu, autour de cette table, trois garçons et quatre filles. Le plus jeune de mes fils était en état de conduire un troupeau de brebis. Ma fille Cyanée habillait ses petites sœurs et leur tenait déjà lieu de mère. Ma femme, laborieuse et encore jeune, entretenait toute l'année autour de moi la gaieté, la paix et l'abondance. Mais la perte de mon fils aîné a entraîné celle de presque toute ma famille. Il aimait, comme un jeune homme, à faire preuve de sa légèreté en montant au haut des plus grands arbres. Sa mère, à qui de pareils exercices causaient une frayeur extrême, l'avait prié plusieurs fois de s'en abstenir. Je lui avais prédit qu'il lui en arriverait quelque malheur. Hélas ! les dieux m'ont puni de mes prédictions indiscrètes en les accomplissant. Un jour d'été que mon fils était dans la forêt à garder les troupeaux avec ses frères, le plus jeune d'entre eux eut envie de manger des fruits d'un merisier sauvage. Aussitôt l'aîné monta dans l'arbre pour en cueillir; et quand il fut au sommet, qui était très élevé, il aperçut sa mère aux environs, qui, le voyant à son tour, jeta un cri d'effroi et se trouva mal. A cette vue, la peur ou le repentir saisit mon malheureux fils; il tomba. Sa mère, revenue à elle aux cris de ses enfants, accourut vers lui; en vain elle essaya de le ranimer dans ses bras; l'infortuné tourna les yeux vers elle, prononça son nom et le mien et expira. La douleur dont mon épouse fut saisie la mena en peu de jours au tombeau. La plus tendre union régnait entre mes enfants et égalait leur affection pour leur mère. Ils moururent tous du regret de sa perte et de celle les uns des autres. Avec combien de peine n'ai-je pas conservé celle-ci!... » Ainsi parla Tirtée, et, malgré ses efforts, des pleurs inondèrent ses yeux. Cyanée se jeta au cou de son père, et, mêlant ses larmes aux siennes, elle le pressait dans ses bras sans pouvoir parler. Tirtée lui dit : « Cyanée, ma chère fille, mon unique consolation, cesse de t'affliger. Nous les reverrons un jour : ils sont avec les dieux. » Et la sérénité reparut sur son visage et sur celui de sa fille. Elle versa, d'un air tranquille, du vin dans toutes les coupes; puis, prenant un fuseau avec une quenouille chargée de laine, elle vint s'asseoir auprès de son père et se mit à filer en le regardant et en s'appuyant sur ses genoux.

Cependant les deux voyageurs fondaient en larmes. Enfin, le plus jeune prenant la parole dit à Tirtée : « Quand nous aurions été reçus dans le palais et à la table d'Agamemnon, au moment où, couvert de gloire, il reverra sa fille Iphigénie et son épouse Clytemnestre, qui soupirent depuis si longtemps après son retour, nous n'aurions pu ni voir ni entendre des choses aussi touchantes que celles dont nous sommes spectateurs. O bon berger! il faut l'avouer, vous avez éprouvé de grands maux; mais si Céphas, que vous voyez, qui a beaucoup voyagé, voulait vous entretenir de ceux qui accablent les hommes par toute la terre, vous passeriez la nuit à l'entendre et à bénir votre sort. Que d'inquiétudes vous sont inconnues au milieu de ces retraites paisibles! Vous y vivez libre; la nature fournit à tous vos besoins; l'amour paternel vous rend heureux, et une religion douce vous console de toutes vos peines. »

Céphas, prenant la parole, dit à son jeune ami :

« Mon fils, racontez-nous vos propres malheurs; Tirtée vous écoutera avec plus d'intérêt qu'il ne m'écouterait moi-même. Dans l'âge viril la vertu est souvent le fruit de la raison; mais dans la jeunesse elle est toujours celui du sentiment. »

Tirtée, s'adressant au jeune étranger, lui dit : « A mon âge on dort peu. Si vous n'êtes pas trop pressé du sommeil, j'aurai bien du plaisir à vous entendre. Je ne suis jamais sorti de mon pays, mais j'aime et j'honore les voyageurs. Ils sont sous la protection de Mercure et de Jupiter. On apprend toujours quelque chose d'utile avec eux. Pour vous, il faut que vous ayez éprouvé de grands chagrins dans votre patrie pour avoir quitté si jeune vos parents, avec lesquels il est si doux de vivre et de mourir.

— Quoiqu'il soit difficile, lui répondit ce jeune homme, de parler toujours de soi avec sincérité, vous nous avez fait un si bon accueil que je vous raconterai volontiers toutes mes aventures, bonnes et mauvaises.

« Je m'appelle Amasis. Je suis né à Thèbes en

Égypte, d'un père riche. Il me fit élever par les prêtres du temple d'Osiris. Ils m'enseignèrent toutes les sciences dont l'Égypte s'honore : la langue sacrée, par laquelle on communique avec les siècles passés, et la langue grecque, qui nous sert à entretenir des relations avec les peuples de l'Europe. Mais, ce qui est au-dessus des sciences et des langues, ils m'apprirent à être juste, à dire la vérité, à ne craindre que les dieux et à préférer à tout la gloire qui s'acquiert par la vertu.

« Ce dernier sentiment crût en moi avec l'âge. On ne parlait depuis longtemps en Égypte que de la guerre de Troie. Les noms d'Achille, d'Hector et des autres héros m'empêchaient de dormir. J'aurais acheté un seul jour de leur renommée par le sacrifice de toute ma vie. Je trouvais heureux mon compatriote Memnon, qui avait péri sur les murs de Troie, et pour lequel on construisit à Thèbes un superbe tombeau. Que dis-je ? j'aurais donné volontiers mon corps pour être changé en la statue d'un héros, pourvu qu'on m'eût exposé sur une colonne à la vénération des peuples.

« Je résolus donc de m'arracher aux délices de l'Égypte et aux douceurs de la maison paternelle pour acquérir une grande réputation. Toutes les fois que je me présentais devant mon père : « Envoyez-
« moi au siège de Troie, lui disais-je, afin que je me
« fasse un nom illustre parmi les hommes. Vous avez
« mon frère aîné, qui vous suffit pour assurer votre
« postérité. Si vous vous opposez toujours à mes désirs
« dans la crainte de me perdre, sachez que si j'échappe
« à la guerre je n'échapperai pas au chagrin. » En effet, je dépérissais à vue d'œil, je fuyais toute société, et j'aimais tant la solitude qu'on m'avait donné le sur-

nom de Monérès (solitaire). Mon père voulut en vain combattre un sentiment qui était le fruit de l'éducation qu'il m'avait donnée.

« Un jour il me présenta à Céphas, en m'exhortant à suivre ses conseils. Quoique je n'eusse jamais vu Céphas, une sympathie secrète m'attacha d'abord à lui. Ce respectable ami ne chercha point à combattre ma passion favorite ; mais pour l'affaiblir il lui fit changer d'objet. « Vous aimez la gloire, me dit-il ; c'est ce qu'il
« y a de plus doux dans le monde, puisque les dieux
« en ont fait leur partage. Mais comment comptez-vous
« l'acquérir au siège de Troie ? Quel parti prendrez-
« vous, des Grecs ou des Troyens [1] ? La justice est pour
« la Grèce ; la pitié et le devoir pour Troie. Combat-
« trez-vous en faveur de l'Europe contre l'Asie ? Por-
« terez-vous les armes contre Priam, ce père et ce roi
« infortuné, près de succomber avec sa famille et son
« empire sous le fer des Grecs ? D'un autre côté, pren-
« drez-vous la défense du ravisseur Pâris et de l'adul-
« tère Hélène, contre Ménélas son époux ? Il n'y a point
« de véritable gloire sans justice. Mais quand un
« homme libre pourrait démêler dans les querelles
« des rois le parti le plus juste, croyez-vous que ce
« serait à le suivre que consiste la plus grande gloire
« qu'on puisse acquérir ? Quels que soient les applau-
« dissements que les victorieux reçoivent de leurs
« compatriotes, croyez-moi, le genre humain sait bien
« les mettre un jour à leur place. Il n'a placé qu'au

---

1. On sait que la fameuse guerre de Troie, qui fait le sujet de l'*Iliade* d'Homère, eut pour cause l'enlèvement d'Hélène, femme du roi grec Ménélas, par le pasteur Pâris, fils de Priam, roi de Troie. Les Grecs, ayant pour chef Agamemnon, roi d'Argos, assiégèrent Troie pendant dix ans et enfin la ruinèrent.

« rang des héros et des demi-dieux ceux qui n'ont
« exercé que la justice, comme Thésée, Hercule, Piri-
« thoüs, etc.... Mais il a élevé au rang des dieux ceux
« qui ont été bienfaisants : tels sont Isis, qui donna
« des lois aux hommes; Osiris, qui leur apprit les arts
« et la navigation ; Apollon, la musique; Mercure, le
« commerce; Pan, à conduire des troupeaux; Bacchus,
« à planter la vigne; Cérès, à faire croître le blé. Je
« suis né dans les Gaules, continua Céphas; c'est un
« pays naturellement bon et fertile, mais qui, faute de
« civilisation, manque de la plupart des choses néces-
« saires au bonheur. Allons y porter les arts et les
« plantes utiles de l'Égypte, une religion humaine et
« des lois sociales : nous en rapporterons peut-être des
« choses utiles à votre patrie. Il n'y a point de peuple
« sauvage qui n'ait quelque industrie dont un peuple
« policé ne puisse tirer parti, quelque tradition an-
« cienne, quelque production rare et particulière à son
« climat. C'est ainsi que Jupiter, le père des hommes,
« a voulu lier, par un commerce réciproque de bien-
« faits, tous les peuples de la terre, pauvres ou riches,
« barbares ou civilisés. Si nous ne trouvons dans les
« Gaules rien d'utile à l'Égypte, ou si nous perdons,
« par quelque accident, les fruits de notre voyage, il
« nous en restera un que ni la mort ni les tempêtes ne
« sauraient nous enlever : ce sera le plaisir d'avoir fait
« du bien. »

« Ce discours éclaira tout à coup mon esprit d'une
lumière divine. J'embrassai Céphas, les larmes aux
yeux. « Partons, lui dis-je : allons faire du bien aux
« hommes; allons imiter les dieux! »

« Mon père approuva notre projet, et comme je prenais congé de lui, il me dit, en me serrant dans ses bras : « Mon fils, vous allez entreprendre la chose la « plus difficile qu'il y ait au monde, puisque vous allez « travailler au bonheur des hommes. Mais si vous « pouvez y trouver le vôtre, soyez bien sûr que vous « ferez le mien. »

« Après avoir fait nos adieux, Céphas et moi, nous nous embarquâmes à Canope sur un vaisseau phénicien qui allait chercher des pelleteries dans les Gaules et de l'étain dans les îles Britanniques. Nous emportâmes avec nous des toiles de lin, des modèles de chariots, de charrues et de divers métiers ; des cruches de vin, des instruments de musique, des graines de toute espèce, entre autres celles du chanvre et du lin. Nous fîmes attacher dans des caisses autour de la poupe du vaisseau, sur son pont et jusque dans ses cordages, des ceps de vigne qui étaient en fleur et des arbres fruitiers de plusieurs sortes. On aurait pris notre vaisseau, couvert de pampres et de feuillages, pour celui de Bacchus allant à la conquête des Indes.

« Nous mouillâmes d'abord sur les côtes de l'île de Crète pour y prendre des plantes convenables au climat des Gaules. Cette île nourrit une plus grande quantité de végétaux que l'Égypte, dont elle est voisine, par la variété de ses températures, qui s'étendent depuis les sables chauds de ses rivages jusqu'au pied des neiges qui couvrent le mont Ida, dont le sommet se perd dans les nues. Mais, ce qui doit être encore bien plus cher à ses habitants, elle est gouvernée par les sages lois de Minos.

« Un vent favorable nous repoussa ensuite de la Crète à la hauteur de Mélite (Malte). C'est une petite île dont les collines de pierre blanche paraissent de loin sur la mer comme des toiles tendues au soleil. Nous y jetâmes l'ancre pour y faire de l'eau, que l'on y conserve très pure dans des citernes. Nous y aurions vainement cherché d'autres secours : cette île manque de tout, quoique, par sa situation entre la Sicile et l'Afrique et par la vaste étendue de son port qui se partage en plusieurs bras, elle dût être le centre du commerce entre les peuples de l'Europe, de l'Afrique et même de l'Asie. Ses habitants ne vivent que de brigandages. Nous leur fîmes présent de graines de melon et de celles du xylon (le coton). C'est une herbe qui se plaît dans les lieux les plus arides et dont la bourre sert à faire des toiles très blanches et très légères. Quoique Mélite, qui n'est qu'un rocher, ne produise presque rien pour la subsistance des hommes et des animaux, on y prend chaque année, vers l'équinoxe d'automne, une quantité prodigieuse de cailles, qui s'y reposent en passant d'Europe en Afrique. C'est un spectacle curieux de les voir, toutes pesantes qu'elles sont, traverser la mer en nombre presque infini. Elles attendent que le vent du nord souffle ; et dressant en l'air une de leurs ailes comme une voile et battant de l'autre comme d'une rame, elles rasent les flots de leurs croupions chargés de graisse. Quand elles arrivent dans l'île elles sont si fatiguées qu'on les prend à la main. Un homme en peut ramasser dans un jour plus qu'il n'en peut manger dans une année [1].

« De Mélite, les vents nous poussèrent jusqu'aux îles

---

1. Les cailles passent à Malte à jour nommé, marqué sur l'almanach du pays.

d'Énosis[1], qui sont à l'extrémité méridionale de la Sardaigne. Là ils devinrent contraires et nous obligèrent de mouiller. Ces îles sont des écueils sablonneux qui ne produisent rien; mais, par une merveille de la providence des dieux, qui dans les lieux les plus stériles sait nourrir les hommes de mille manières différentes, elle a donné des thons à ces sables, comme elle a donné des cailles au rocher de Mélite. Au printemps, les thons qui entrent de l'Océan dans la Méditerranée passent en si grande quantité entre la Sardaigne et les îles d'Énosis, que leurs habitants sont occupés nuit et jour à les pêcher, à les saler et à en tirer de l'huile. J'ai vu sur leurs rivages des monceaux d'os brûlés de ces poissons, plus hauts que cette maison. Mais ce présent de la nature ne rend pas les insulaires plus riches. Ils pêchent pour le profit des habitants de la Sardaigne. Ainsi nous ne vîmes que des esclaves aux îles d'Énosis et des tyrans à Mélite.

« Les vents étant devenus favorables, nous partîmes après avoir fait présent aux habitants d'Énosis de quelques ceps de vigne et en avoir reçu de jeunes plants de châtaigniers, qu'ils tirent de la Sardaigne, où les fruits de ces arbres viennent d'une grosseur considérable.

« Pendant le voyage, Céphas me faisait remarquer les aspects variés des terres, dont la nature n'a fait aucune semblable en qualité et en forme, afin que diverses plantes et divers animaux pussent trouver, dans le même climat, des températures différentes. Quand nous n'apercevions que le ciel et l'eau, il me faisait

---

1. Iles de Saint-Pierre et Saint-Antioche.

observer les hommes. Il me disait : « Voyez ces gens
« de mer, comme ils sont robustes ! Vous les pren-
« driez pour des tritons. L'exercice du corps est l'ali-
« ment de la santé. Il dissipe une infinité de maladies
« et de passions qui naissent dans le repos des villes.
« Les dieux ont planté la vie humaine comme les chênes
« de mon pays. Plus ils sont battus des vents, plus ils
« sont vigoureux. La mer, me disait-il encore, est une
« école de toutes les vertus. On y vit dans des privations
« et dans des dangers de toute espèce. On est forcé
« d'y être courageux, sobre, chaste, prudent, patient,
« vigilant, religieux. — Mais, lui répondis-je, pourquoi
« la plupart de nos compagnons de voyage n'ont-ils au-
« cune de ces qualités-là ? Ils sont presque tous intem-
« pérants, violents, impies, louant ou blâmant sans
« discernement tout ce qu'ils voient faire.

« — Ce n'est point la mer qui les a corrompus, reprit
« Céphas. Ils y ont apporté leurs passions de la terre.
« C'est l'amour des richesses, la paresse, le désir de se
« livrer à toutes sortes de désordres quand ils sont à
« terre qui déterminent un grand nombre d'hommes
« à voyager sur la mer pour s'enrichir ; et comme ils
« ne trouvent qu'avec beaucoup de peine les moyens
« de se satisfaire sur cet élément, vous les voyez tou-
« jours inquiets, sombres et impatients, parce qu'il n'y
« a rien de si mauvaise humeur que le vice quand il se
« trouve dans le chemin de la vertu. Un vaisseau est le
« creuset où s'éprouvent les qualités morales. Le mé-
« chant y empire, et le bon y devient meilleur. Mais
« la vertu tire parti de tout. Profitez de leurs défauts.
« Vous apprendrez ici à mépriser également l'injure et
« les vains applaudissements, à mettre votre contente-

« ment en vous-même et à ne prendre que les dieux
« pour témoins de vos actions. Celui qui veut faire du
« bien aux hommes doit s'exercer de bonne heure à
« en recevoir du mal. C'est par les travaux du corps
« et par l'injustice des hommes que vous fortifierez à
« la fois votre corps et votre âme. C'est ainsi qu'Hercule
« a acquis le courage et la force prodigieuse qui ont
« porté sa gloire jusqu'aux astres. »

« Je suivais donc, autant que je le pouvais, les conseils de mon ami, malgré mon extrême jeunesse. Je travaillais à lever les lourdes antennes et à manœuvrer les voiles; mais à la moindre raillerie de mes compagnons, qui se moquaient de mon inexpérience, j'étais tout déconcerté. Il m'était plus facile de m'exercer contre les tempêtes que contre les mépris des hommes, tant mon éducation m'avait déjà rendu sensible à l'opinion d'autrui !

« Nous passâmes le détroit qui sépare l'Afrique de l'Europe (Gibraltar), et nous vîmes, à droite et à gauche, les deux montagnes Calpé et Abila qui en fortifient l'entrée. Nos matelots phéniciens ne manquèrent pas de nous faire observer que leur nation était la première de toutes celles de la terre qui avait osé pénétrer dans le vaste Océan, et côtoyer ses rivages jusque sous l'Ourse glacée. Ils mirent sa gloire fort au-dessus de celle d'Hercule, qui avait planté, disaient-ils, deux colonnes à ce passage, avec l'inscription : *On ne va point au delà*; comme si le terme de ses travaux devait être celui des courses du genre humain. Céphas, qui ne négligeait aucune occasion de rappeler les hommes à la justice et de rendre hommage à la mémoire des héros, leur disait : « J'ai toujours ouï dire qu'il fal-

« lait respecter les anciens. Les inventeurs en chaque
« science sont les plus dignes de louange, parce qu'ils
« en ouvrent la carrière aux autres hommes. Il est peu
« difficile ensuite à ceux qui viennent après eux d'aller
« plus avant. Un enfant monté sur les épaules d'un
« grand homme voit plus loin que celui qui le porte. »
Mais Céphas leur parlait en vain : ils ne daignèrent pas
rendre le moindre honneur à la mémoire du fils d'Alcmène. Pour nous, nous vénérâmes les rivages de l'Espagne, où il avait tué Géryon à trois corps; nous couronnâmes nos têtes de branches de peuplier et nous versâmes, en son honneur, du vin de Thasos dans les flots.

« Bientôt nous découvrîmes les profondes et verdoyantes forêts qui couvrent la Gaule celtique. C'est un fils d'Hercule, appelé Galatès, qui donna à ses habitants le surnom de Galates ou de Gaulois. Sa mère, fille d'un roi des Celtes, était d'une grandeur prodigieuse. Elle dédaignait de prendre un mari parmi les sujets de son père; mais quand Hercule passa dans les Gaules, après la défaite de Géryon, elle ne put refuser son cœur et sa main au vainqueur d'un tyran. Nous entrâmes ensuite dans le canal qui sépare la Gaule des îles Britanniques; et en peu de jours nous parvînmes à l'embouchure de la Seine, dont les eaux vertes se distinguent en tout temps des flots azurés de la mer.

« J'étais au comble de la joie. Nous étions près d'arriver. Nos arbres étaient frais et couverts de feuilles. Plusieurs d'entre eux, entre autres les ceps de vigne, avaient des fruits mûrs. Je pensais au bon accueil qu'allaient nous faire des peuples dénués des principaux biens de la nature, lorsqu'ils nous verraient débarquer sur leur rivage avec les plus douces productions de l'Égypte et de la Crète. Les seuls travaux de l'agriculture suffisent pour fixer les peuples errants et vagabonds, et leur ôter le désir de soutenir par la violence la vie humaine que la nature entretient par tant de bienfaits. Il ne faut qu'un grain de blé, me disais-je, pour policer tous les Gaulois par les arts que l'agriculture fait naître. Cette seule graine de lin suffit pour le vêtir un jour. Ce cep de vigne est suffisant pour répandre à perpétuité la gaieté et la joie dans leurs festins. Je sentais alors combien les ouvrages de la nature sont supérieurs à ceux des hommes. Ceux-ci dépérissent dès qu'ils commencent à paraître; les autres, au contraire, portent en eux l'esprit de vie qui les propage. Le temps, qui détruit les monuments des arts, ne fait que multiplier ceux de la nature. Je voyais dans une seule semence plus de vrais biens renfermés qu'il n'y en a en Égypte dans les trésors du roi.

« Je me livrais à ces divines et humaines spéculations; et, dans les transports de ma joie, j'embrassai Céphas, qui m'avait donné une si juste idée des biens des peuples et de la véritable gloire. Cependant mon ami remarqua que le pilote se préparait à remonter la Seine, à l'embouchure de laquelle nous étions alors. La nuit s'approchait; le vent soufflait de l'occident, et l'horizon était fort chargé. Céphas dit au pilote : « Je
« vous conseille de ne point entrer dans le fleuve,
« mais plutôt de jeter l'ancre dans ce port aimé d'Am-
« phitrite que vous voyez sur la gauche. Voici ce que
« j'ai ouï raconter à ce sujet à nos anciens :

« La Seine, fille de Bacchus et nymphe de Cérès,

« avait suivi dans les Gaules la déesse des blés, lors-
« qu'elle cherchait sa fille Proserpine par toute la terre.
« Quand Cérès eut mis fin à ses courses, la Seine la
« pria de lui donner, en récompense de ses services, ces
« prairies que vous voyez là-bas. La déesse y consen-
« tit et accorda de plus à la fille de Bacchus de faire
« croître des blés partout où elle porterait ses pas. Elle
« laissa donc la Seine sur ces rivages et lui donna
« pour compagne et pour suivante la nymphe Héva,
« qui devait veiller près d'elle, de peur qu'elle ne fût
« enlevée par quelque dieu de la mer, comme sa fille
« Proserpine l'avait été par celui des enfers. Un jour
« que la Seine s'amusait à courir sur ces sables en
« cherchant des coquilles, et qu'elle fuyait, en jetant
« de grands cris, devant les flots de la mer, qui quelque-
« fois lui mouillaient la plante des pieds et quelque-
« fois l'atteignaient jusqu'aux genoux, Héva, sa com-
« pagne, aperçut sous les ondes les chevaux blancs, le
« visage empourpré et la robe bleue de Neptune. Ce
« dieu venait des Orcades après un grand tremblement
« de terre, et il parcourait les rivages de l'Océan, exa-
« minant avec son trident si leurs fondements n'avaient
« point été ébranlés. A sa vue, Héva jeta un grand cri
« et avertit la Seine, qui s'enfuit aussitôt vers les
« prairies. Mais le dieu des mers avait aperçu la
« nymphe de Cérès, et, touché de sa bonne grâce et de
« sa légèreté, il poussa sur le rivage ses chevaux ma-
« rins après elle. Déjà il était près de l'atteindre, lors-
« qu'elle invoqua Bacchus, son père, et Cérès, sa maî-
« tresse. L'un et l'autre l'exaucèrent : dans le temps
« que Neptune tendait les bras pour la saisir, tout le
« corps de la Seine se fondit en eau ; son voile et ses

« vêtements verts, que les vents poussaient devant elle,
« devinrent des flots couleur d'émeraude ; elle fut chan-
« gée en un fleuve de cette couleur, qui se plaît encore
« à parcourir les lieux qu'elle a aimés étant nymphe.
« Héva mourut de regret de la perte de sa maîtresse.
« Mais les néréides, pour la récompenser de sa fidélité,
« lui élevèrent sur le rivage un tombeau de pierres
« blanches et noires, qu'on aperçoit de fort loin. Par
« un art céleste, elles y enfermèrent même un écho,
« afin qu'Héva, après sa mort, prévînt par l'ouïe et par
« la vue les marins des dangers de la terre, comme,
« pendant sa vie, elle avait averti la nymphe de Cérès
« des dangers de la mer. Vous voyez d'ici son tombeau.
« C'est cette montagne escarpée, formée de couches
« funèbres de pierres blanches et noires. Elle porte
« toujours le nom de Héva [1]. Vous voyez, à ces amas
« de cailloux dont sa base est couverte, les efforts de
« Neptune irrité pour en ronger les fondements ; et
« vous pouvez entendre d'ici les mugissements de la
« montagne qui avertit les gens de prendre garde à
« eux. Pour Amphitrite, touchée du malheur de la
« Seine, elle pria les néréides de creuser cette petite
« baie que vous voyez sur votre gauche, à l'embou-
« chure du fleuve ; et elle voulut qu'elle fût en tout
« temps un havre assuré contre les fureurs de son époux.
« Entrez-y donc maintenant, si vous m'en croyez, pen-
« dant qu'il fait jour. Je puis vous certifier que j'ai vu
« souvent le dieu de la mer poursuivre la Seine bien
« avant dans les campagnes et renverser tout ce qui se
« rencontrait sur son passage.

1. Cap de la Hève, formé de couches de pierres noires et blanches.

« — Il faut, répondit le pilote à Céphas, que vous me
« preniez pour un homme bien stupide de me faire
« de pareils contes à mon âge. Il y a quarante ans que
« je navigue. J'ai mouillé de nuit et de jour dans la
« Tamise pleine d'écueils, et dans le Tage, qui est si
« rapide; j'ai vu les cataractes du Nil, qui font un bruit
« affreux; et jamais je n'ai vu ni ouï dire rien de sem-
« blable à ce que vous venez de me raconter. Je ne se-
« rai pas assez fou de m'arrêter ici à l'ancre tandis que
« le vent est favorable pour remonter le fleuve. Je
« passerai la nuit dans son canal et j'y dormirai bien
« profondément. »

« Il dit, et, de concert avec les matelots, il fit une huée, comme les hommes présomptueux et ignorants ont coutume de faire quand on leur donne des avis dont ils ne comprennent pas le sens.

« Céphas alors s'approcha de moi et me demanda si je savais nager. « Non, lui répondis-je. J'ai appris en
« Égypte tout ce qui pouvait me faire honneur parmi
« les hommes et presque rien de ce qui pouvait m'être
« utile à moi-même. » Il me dit : « Ne nous quittons
« pas : tenons-nous près de ce banc de rameurs et
« mettons toute notre confiance dans les dieux. »

« Cependant le vaisseau, poussé par le vent et sans doute aussi par la vengeance d'Hercule, entra dans le fleuve à pleines voiles. Nous évitâmes d'abord trois bancs de sable qui sont à son embouchure; ensuite, nous étant engagés dans son canal, nous ne vîmes plus autour de nous qu'une vaste forêt qui s'étendait jusque sur ses rivages. Nous n'apercevions dans ce pays d'au-tres marques d'habitation que quelques fumées qui s'élevaient çà et là au-dessus des arbres. Nous voguâmes ainsi jusqu'à ce que, la nuit nous empêchant de rien distinguer, le pilote laissa tomber l'ancre.

« Le vaisseau, chassé d'un côté par un vent frais et de l'autre par le cours du fleuve, vint en travers dans le canal. Mais, malgré cette position dangereuse, nos matelots se mirent à boire et à se réjouir, se croyant à l'abri de tout danger, parce qu'ils se voyaient entourés de la terre de toutes parts. Ils allèrent ensuite se coucher, sans qu'il en restât un seul pour veiller à la manœuvre.

« Nous étions restés sur le pont, Céphas et moi, assis sur un banc de rameurs. Nous bannissions le sommeil de nos yeux, en nous entretenant du spectacle majestueux des astres qui roulaient sur nos têtes. Déjà la constellation de l'Ourse était au milieu de son cours, lorsque nous entendîmes au loin un bruit sourd, mugissant, semblable à celui d'une cataracte. Je me levai imprudemment, pour voir ce que ce pouvait être. J'aperçus[1], à la blancheur de son écume, une montagne d'eau qui venait à nous du côté de la mer en se roulant sur elle-même. Elle occupait toute la largeur du fleuve, et, surmontant ses rivages à droite et à gauche, elle se brisait avec un fracas horrible parmi les troncs des arbres de la forêt. Dans l'instant elle fut sur notre vaisseau, et, le rencontrant en travers, elle le coucha sur le côté : ce mouvement me fit tomber dans l'eau. Un moment après, une seconde vague, encore plus élevée que la première, fit tourner le vaisseau tout à fait. Je me souviens qu'alors j'entendis sortir une multitude de cris étouffés de cette carène

---

1. Il s'agit ici du phénomène dit *la barre*, produit par le flot se heurtant au courant du fleuve.

renversée; mais voulant appeler moi-même mon ami à mon secours, ma bouche se remplit d'eau salée, mes oreilles bourdonnèrent, je me sentis emporter avec une extrême rapidité; et bientôt après je perdis toute connaissance.

« Je ne sais combien de temps je restai dans l'eau; mais quand je revins à moi j'aperçus vers l'occident l'arc d'Iris dans les cieux, et du côté de l'orient les premiers feux de l'aurore, qui coloraient les nuages d'argent et de vermillon. Une troupe de jeunes filles fort blanches, demi-vêtues de peaux, m'entouraient. Les unes me présentaient des liqueurs dans des coquilles, d'autres m'essuyaient avec des mousses, d'autres me soutenaient la tête avec leurs mains. Leurs cheveux blonds, leurs joues vermeilles, leurs yeux bleus, et je ne sais quoi de céleste que la pitié met sur le visage des femmes, me firent croire que j'étais dans les cieux et que j'étais servi par les Heures, qui en ouvrent chaque jour les portes aux malheureux mortels. Le premier mouvement de mon cœur fut de vous chercher, et le second fut de vous demander, ô Céphas! Je ne me serais pas cru heureux, même dans l'Olympe, si vous eussiez manqué à mon bonheur. Mais mon illusion se dissipa lorsque j'entendis ces jeunes filles prononcer de leurs bouches de rose un langage inconnu et barbare. Je me rappelai alors les circonstances de mon naufrage. Je me levai. Je voulus vous chercher, mais je ne savais où vous retrouver. J'errais aux environs au milieu des bois. J'ignorais si le fleuve où nous avions fait naufrage était près ou loin, à ma droite où à ma gauche, et, pour surcroît d'embarras, je ne pouvais interroger personne sur sa position.

« Après y avoir un peu réfléchi, je remarquai que les herbes étaient humides et le feuillage des arbres d'un vert brillant; d'où je conclus qu'il avait plu abondamment la nuit précédente. Je me confirmai dans cette idée à la vue de l'eau qui coulait encore en torrents jaunes le long des chemins. Je pensai que ces eaux devaient se jeter dans quelque ruisseau, et le ruisseau dans le fleuve. J'allais suivre ces indications, lorsque des hommes sortis d'une cabane voisine me forcèrent d'y entrer d'un ton menaçant. Je m'aperçus alors que je n'étais plus libre, et que j'étais esclave chez des peuples où je m'étais flatté d'être honoré comme un dieu.

« J'en atteste Jupiter, ô Céphas! le déplaisir d'avoir fait naufrage au port, de me voir réduit en servitude par ceux que j'étais venu servir de si loin, d'être relégué dans une terre barbare, où je ne pouvais me faire entendre de personne, loin du doux pays de l'Égypte et de mes parents, n'égala pas le chagrin de vous avoir perdu. Je me rappelais la sagesse de vos conseils, votre confiance dans les dieux, dont vous me faisiez sentir la providence au milieu même des plus grands maux, vos observations sur les ouvrages de la nature, qui la remplissaient pour moi de vie et de bienveillance, le calme où vous saviez tenir toutes mes passions; et je sentais, par les nuages qui s'élevaient dans mon cœur, que j'avais perdu en vous le premier des biens et qu'un ami sage est le plus grand présent que la bonté des dieux puisse accorder à un homme.

« Je ne pensais donc qu'au moyen de vous retrouver, et je me flattais d'y réussir, en m'enfuyant au milieu de la nuit, si je pouvais seulement me rendre au bord de la mer. Je savais bien que je ne pouvais pas en être fort éloigné; mais j'ignorais de quel côté elle était. Il n'y avait point aux environs de hauteur d'où je pusse la découvrir. Quelquefois je montais au sommet des plus grands arbres, mais je n'apercevais que la surface de la forêt qui s'étendait jusqu'à l'horizon. Souvent j'étais attentif au vol des oiseaux, pour voir si je n'apercevrais pas quelque oiseau de mer venant à terre faire son nid dans la forêt, ou quelque pigeon sauvage allant picorer le sel sur les bords de la mer. J'aurais préféré mille fois d'entendre les cris perçants des mouettes, lorsqu'elles viennent dans les tempêtes se réfugier sur les rochers, au doux chant des rouges-gorges qui annonçaient déjà, dans les feuilles jaunies des bois, la fin des beaux jours.

« Une nuit que j'étais couché, je crus entendre au loin le bruit que font les flots de la mer lorsqu'ils se brisent sur ses rivages; il me sembla même que je distinguais le tumulte des eaux de la Seine poursuivie par Neptune. Leurs mugissements, qui m'avaient transi d'horreur, me comblèrent alors de joie. Je me levai: je sortis de la cabane et je prêtai une oreille attentive; mais bientôt des rumeurs qui venaient des diverses parties de l'horizon confondirent tous mes jugements, et je reconnus que c'étaient les murmures des vents qui agitaient au loin les feuillages des chênes et des hêtres.

« Quelquefois j'essayais de faire entendre aux sauvages de ma cabane que j'avais perdu un ami. Je mettais la main sur mes yeux, sur ma bouche et sur mon cœur; je leur montrais l'horizon; je levais au ciel mes mains jointes et je versais des larmes. Ils comprenaient ce langage muet de ma douleur, car ils pleuraient avec moi ; mais, par une contradiction dont je ne pouvais me rendre raison, ils redoublaient de précautions pour m'empêcher de m'éloigner d'eux.

« Je m'appliquai donc à apprendre leur langue, afin de les instruire de mon sort et de les y rendre sensibles. Ils s'empressaient eux-mêmes de m'enseigner les noms des objets que je leur montrais. L'esclavage est fort doux chez ces peuples. Ma vie, à la liberté près, ne différait en rien de celle de mes maîtres. Tout était commun entre nous, les vivres, le toit et la terre, sur laquelle nous couchions enveloppés de peaux. Ils avaient même des égards pour ma jeunesse, et ils ne me donnaient à supporter que la moindre partie de leurs travaux. En peu de temps je parvins à converser avec eux. Voici ce que j'ai connu de leur gouvernement et de leur caractère.

« Les Gaules sont peuplées d'un grand nombre de petites nations, dont les unes sont gouvernées par des rois, d'autres par des chefs appelés iarles ; mais soumises toutes au pouvoir des druides, qui les réunissent sous une même religion et les gouvernent avec d'autant plus de facilité que mille coutumes différentes les divisent. Les druides ont persuadé à ces nations qu'elles descendaient de Pluton, dieu des enfers, qu'ils appellent Hoder, ou l'Aveugle. C'est pourquoi les Gaulois comptent par nuits et non point par jours, et ils comptent les heures du jour du milieu de la nuit, contre la coutume de tous les peuples. Ils adorent plusieurs autres dieux aussi terribles que Hoder, tels que Niorder, le maître des vents, qui brise les vaisseaux sur leurs côtes, afin, disent-ils, de leur en procurer le pillage. Ainsi ils croient que tout vaisseau qui périt sur leurs rivages leur est envoyé par Niorder. Ils ont, de plus, Thor ou Theutatès, le dieu de la guerre, armé d'une massue qu'il lance du haut des airs: ils lui donnent des gants de fer et un baudrier qui redouble sa fureur quand il est ceint; Tir, aussi cruel; le taciturne Vidar, qui porte des souliers fort épais, avec lesquels il peut marcher dans l'air et sur l'eau sans faire de bruit; Heimdall à la dent d'or, qui voit le jour et la nuit : il entend le bruit le plus léger, même celui que fait l'herbe ou la laine quand elle croit; Ullér, le dieu de la glace, chaussé de patins; Loke, qui eut trois enfants de la géante Angherbode, la messagère de douleur, savoir : le loup Fenris, le serpent Midgard et l'impitoyable Héla. Héla est la mort. Ils disent que son palais est la misère, sa table la famine, sa porte le précipice, son vestibule la langueur, son lit la consomption. Ils ont encore plusieurs autres dieux, dont les exploits sont aussi féroces que les noms: Hérian, Rillindi, Svidrer, Salsk, qui veulent dire le guerrier, l'exterminateur, l'incendiaire, le père du carnage. Les druides honorent ces divinités avec des cérémonies lugubres, des chants lamentables et des sacrifices humains. Ce culte affreux leur donne tant de pouvoir sur les esprits effrayés des Gaulois qu'ils président à tous leurs conseils et décident de toutes les affaires. Si quelqu'un s'oppose à leurs jugements, ils le privent de la communion de leurs mystères ; et dès ce moment il est abandonné de tout le monde, même de sa femme et de ses enfants. Mais il est rare qu'on ose leur résister : car ils se chargent seuls de l'éducation de la jeunesse, afin de lui imprimer de bonne heure et d'une manière inaltérable ces opinions horribles.

« Quant aux iarles ou nobles, ils ont droit de vie et de mort sur leurs vassaux. Ceux qui vivent sous des rois leur payent la moitié du tribut qu'ils lèvent sur les peuples. D'autres les gouvernent entièrement à leur profit. Les plus riches donnent des festins aux plus pauvres de leur classe, qui les accompagnent à la guerre et font vœu de mourir avec eux. Ils sont très braves. S'ils rencontrent à la chasse un ours, le principal d'entre eux met bas ses flèches, attaque seul l'animal et le tue d'un coup de couteau. Si le feu prend à leur maison, ils ne la quittent point qu'ils ne voient tomber sur eux les solives enflammées. D'autres, sur le bord de la mer, s'opposent, la lance ou l'épée à la main, aux vagues qui brisent sur le rivage. Ils mettent la valeur à résister non seulement aux bêtes féroces, mais même aux éléments. La valeur leur tient lieu de justice. Ils ne décident leurs différends que par les armes et regardent la raison comme la ressource de ceux qui n'ont point de courage. Ces deux classes de citoyens, dont l'une emploie la ruse et l'autre la force pour se faire craindre, se balancent entre elles; mais elles se réunissent pour tyranniser le peuple, qu'elles traitent avec un souverain mépris. Jamais un homme du peuple ne peut parvenir, chez les Gaulois, à remplir aucune charge publique. Il semble que cette nation n'est faite que pour ses prêtres et pour ses grands. Au lieu d'être consolée par les uns et protégée par les autres, comme la justice le requiert, les druides ne l'effrayent que pour que les iarles l'oppriment.

« On ne trouverait cependant nulle part des hommes qui aient de meilleures qualités que les Gaulois. Ils sont fort ingénieux, et ils excellent dans plusieurs genres d'industrie qu'on ne trouve point ailleurs. Ils couvrent d'étain des plaques de fer avec tant d'art qu'on les prendrait pour des plaques d'argent. Ils assemblent des pièces de bois avec une si grande justesse qu'ils en forment des vases capables de contenir toutes sortes de liqueurs. Ce qu'il y a de plus étrange, c'est qu'ils savent y faire bouillir de l'eau sans les brûler : ils font rougir des cailloux au feu et les jettent dans l'eau contenue dans le vase de bois, jusqu'à ce qu'elle prenne le degré de chaleur qu'ils veulent lui donner. Ils savent encore allumer du feu sans se servir d'acier ni de caillou, en frottant ensemble du bois de lierre et de laurier. Les qualités de leur cœur surpassent encore celles de leur esprit. Ils sont très hospitaliers. Celui qui a peu le partage de bon cœur avec celui qui n'a rien. Ils aiment leurs enfants avec tant de passion que jamais ils ne les maltraitent. Ils se contentent de les ramener à leur devoir par des remontrances. Il résulte de cette conduite qu'en tout temps la plus tendre affection unit tous les membres de leurs familles, et que les jeunes gens y écoutent avec le plus grand respect les conseils des vieillards.

« Cependant ce peuple serait bientôt détruit par la tyrannie de ses chefs, s'il ne leur opposait leurs propres passions. Quand il arrive des querelles parmi les nobles, il est si persadé que c'est aux armes à les décider et que la raison n'y peut rien, qu'il les force, pour mériter son estime, de se battre jusqu'à la mort. Ce préjugé populaire détruit beaucoup d'iarles. D'un autre côté, il est si convaincu des choses terribles que les druides racontent de leurs dieux, et la peur, comme c'est l'ordinaire, lui fait ajouter à leurs traditions des circonstances si effrayantes, que ses prêtres bien souvent tremblent plus que lui devant des idoles qu'ils ont eux-mêmes fabriquées. J'ai bien reconnu parmi eux la vérité de cette maxime de nos livres sacrés, qui dit que Jupiter a voulu que le mal que l'on fait aux hommes rejaillît sept fois sur son auteur, afin que personne ne pût trouver son bonheur dans le malheur d'autrui.

« Il y a çà et là, parmi quelques peuples des Gaules, des rois qui fortifient leur autorité en prenant la défense des plus faibles ; mais ce qui préserve la nation de sa ruine totale ce sont les femmes. Également opprimées par les lois des druides et par les mœurs féroces des iarles, elles sont réduites au plus dur esclavage. Elles sont chargées des offices les plus pénibles, comme de labourer la terre, d'aller dans les bois chercher le gibier des chasseurs, de porter les bagages des hommes dans les voyages. Elles sont, de plus, assujetties toute leur vie à obéir à leurs propres enfants. Chaque mari a droit de vie et de mort sur la sienne ; et lorsqu'il meurt, si on soupçonne sa mort de n'être pas naturelle, on donne la question à sa femme : si elle s'avoue coupable, par la violence des tourments, on la condamne au feu [1].

« Ce sexe malheureux triomphe de ses tyrans par leurs propres opinions. Comme c'est la vanité qui les domine, les femmes les tournent en ridicule. Une simple chanson leur suffit pour détruire le résultat des assemblées les plus graves. Le peuple, et surtout les jeunes gens, toujours prêts à les servir, font courir cette chanson par les bourgs et les hameaux. On la

---

[1]. Faits cités par César dans ses *Commentaires sur la guerre des Gaules*.

chante le jour et la nuit. Celui qui en est le sujet, quel qu'il soit, n'ose plus se montrer. De là il arrive que les femmes, si faibles en particulier, jouissent en général du plus grand pouvoir. Soit crainte du ridicule, soit expérience des lumières des femmes, les chefs n'entreprennent rien sans les consulter. Elles décident de la paix et de la guerre. Comme elles sont forcées par les maux de la société de renoncer à ses opinions et de se réfugier entre les bras de la nature, elles ne sont ni aveuglées ni endurcies par les préjugés des hommes. De là vient qu'elles voient plus sainement qu'eux dans les affaires publiques, et prévoient avec beaucoup de justesse les événements futurs. Le peuple, dont elles soulagent les maux, frappé de leur trouver souvent plus de discernement qu'à ses chefs, sans en pénétrer les causes, se plaît à leur attribuer quelque chose de divin [1].

« Ainsi les Gaulois passent successivement et rapidement de la tristesse à la crainte et de la crainte à la joie. Les druides les épouvantent; les iarles les maltraitent; les femmes les font rire, chanter et danser. Leur religion, leurs lois et leurs mœurs étant sans cesse en contradiction, ils vivent dans une inconstance perpétuelle, qui fait leur caractère principal. Voilà encore pourquoi ils sont très curieux de nouvelles et de savoir ce qui se passe chez les étrangers. C'est par cette raison qu'on en trouve beaucoup hors de leur patrie, dont ils aiment à sortir, comme tous les hommes qui y sont malheureux.

« Ils méprisent les laboureurs et ils négligent par

---

1. Tacite, *Mœurs des Germains.*

conséquent l'agriculture, qui est la base de la félicité publique. Quand nous arrivâmes dans leur pays, ils ne cultivaient que les grains qui peuvent croître dans le cours d'un été, comme les fèves, les lentilles, l'avoine, le petit mil, le seigle et l'orge. On n'y trouvait que bien peu de froment. Cependant la terre y est très féconde en productions naturelles. Il y a beaucoup de pâturages excellents le long des rivières. Les forêts y sont élevées et remplies de toutes sortes d'arbres fruitiers sauvages. Comme ils manquent souvent de vivres, ils m'employaient à en chercher dans les champs et dans les bois. Je trouvais dans les prairies des gousses d'ail, des racines de daucus et de filipendule. Je revenais quelquefois tout chargé de baies de myrtilles, de faînes de hêtres, de prunes, de poires, de pommes, que j'avais cueillies dans la forêt. Ils faisaient cuire ces fruits, dont la plupart ne peuvent se manger crus, tant ils sont âpres. Mais il s'y trouve des arbres qui en produisent d'un goût excellent. J'y ai souvent admiré des pommiers chargés de fruits d'une couleur si éclatante qu'on les eût pris pour les plus belles fleurs.

« Voici ce qu'ils racontent au sujet de ces pommiers, qui y croissent en abondance et de la plus grande beauté. Ils disent que la belle Thétis, qu'ils appellent Friga, jalouse de ce qu'à ses propres noces Vénus, qu'ils appellent Siofne, avait remporté la pomme qui était le prix de la beauté, sans qu'on l'eût mise seulement de la concurrence des trois déesses, résolut de s'en venger. Un jour donc que Vénus, descendue sur cette partie du rivage des Gaules, y cherchait des perles pour sa parure et des coquillages appelés manches de couteau pour son fils Siflonne, un triton lui déroba sa pomme, qu'elle avait mise sur un rocher, et la porta à la déesse des mers. Aussitôt Thétis en sema les pépins dans les campagnes voisines, pour y perpétuer le souvenir de sa vengeance et de son triomphe. Voilà, disent les Gaulois celtiques, la cause du grand nombre de pommiers qui croissent dans leur pays et de la beauté singulière de leurs filles [1].

« L'hiver vint, et je ne saurais vous exprimer quel fut mon étonnement lorsque je vis pour la première fois de ma vie le ciel se dissoudre en plumes blanches [2] comme celles des oiseaux, l'eau des fontaines se changer en pierres, et les arbres se dépouiller entièrement de leurs feuillages. Je n'avais jamais rien vu de semblable en Égypte. Je crus que les Gaulois ne tarderaient pas à mourir, comme les plantes et les éléments de leur pays; et sans doute la rigueur de l'air n'aurait pas manqué de me faire mourir moi-même, s'ils n'avaient pris le plus grand soin de me vêtir de

---

1. Et peut-être des procès si communs en Normandie, puisque cette pomme fut, dans son origine, un présent de la Discorde. On pourrait trouver une cause moins éloignée de ces procès dans le nombre prodigieux de petites juridictions dont cette province est remplie, dans ses coutumes litigieuses et surtout dans l'éducation européenne, qui dit à chaque homme, dès l'enfance : *Sois le premier.*

Il ne serait pas si aisé de trouver les causes morales ou physiques de la beauté singulièrement remarquable du sexe dans le pays de Caux, surtout parmi les filles de la campagne. Ce sont des yeux bleus, une délicatesse de traits, une fraîcheur de teint, et des tailles qui feraient honneur aux plus jolies femmes de la cour. Je ne connais qu'un autre canton dans tout le royaume où les femmes du peuple soient aussi belles : c'est à Avignon. La beauté y a cependant un autre caractère. Ce sont de grands yeux noirs et doux, des nez aquilins, des têtes d'Angelica Kauffmann. En attendant que la philosophie moderne s'en occupe, on doit permettre à la mythologie des Gaulois de rendre raison de la beauté de leurs filles par une fable que les Grecs n'auraient peut-être pas rejetée. (*Note de l'auteur.*)

2. La neige.

fourrures. Mais qu'il est aisé à un homme sans expérience de se tromper! Je ne connaissais pas les ressources de la nature pour chaque saison comme pour chaque climat. L'hiver est pour ces peuples septentrionaux le temps des festins et de l'abondance. Les oiseaux de rivière, les élans, les taureaux sauvages, les lièvres, les cerfs, les sangliers, abondent alors dans leurs forêts et s'approchent de leurs cabanes. On en tue des quantités prodigieuses. Je ne fus pas moins surpris quand je vis le printemps revenir et étaler dans ces lieux désolés une magnificence que je ne lui avais jamais vue sur les bords même du Nil. Les rubus, les framboisiers, les églantiers, les fraisiers, les primevères, les violettes, et beaucoup d'autres fleurs inconnues à l'Égypte, bordaient les lisières verdoyantes des forêts. Quelques-unes, comme les chèvrefeuilles, grimpaient sur les troncs des chênes et suspendaient à leurs rameaux leurs guirlandes parfumées. Les rivages, les rochers, les montagnes, les bois, tout était revêtu d'une pompe à la fois magnifique et sauvage. Un si touchant spectacle redoubla ma mélancolie. « Heureux, me disais-je, si parmi tant de
« plantes j'en voyais s'élever une seule de celles que
« j'ai apportées de l'Égypte! Ne fût-ce que l'humble
« plante du lin, elle me rappellerait ma patrie pendant
« ma vie; en mourant je choisirais près d'elle mon
« tombeau; elle apprendrait un jour à Céphas où reposent les os de son ami, et aux Gaulois le nom et
« les voyages d'Amasis. »

« Un jour, pendant que je cherchais à dissiper ma mélancolie en voyant danser de jeunes filles sur l'herbe nouvelle, une d'entre elles quitta la troupe des danseuses et s'en vint pleurer sur moi : puis, tout à coup elle se joignit à ses compagnes et continua de danser en jouant et folâtrant avec elles. Je pris ce passage subit de la joie à la douleur et de la douleur à la joie dans cette jeune fille pour un effet de l'inconstance naturelle à ce peuple; et je ne m'en mettais pas beaucoup en peine, lorsque je vis sortir de la forêt un vieillard à barbe rousse, revêtu d'une robe de peaux de belette. Il portait à sa main une branche de gui et à sa ceinture un couteau de caillou. Il était suivi d'une troupe de jeunes gens à la fleur de l'âge, vêtus de baudriers faits des mêmes peaux et tenant dans leurs mains des courges vides, des chalumeaux de fer, des cornes de bœufs et d'autres instruments de leur musique barbare.

« Dès que ce vieillard parut, toutes les danses cessèrent, tous les visages s'attristèrent, et tout le monde s'éloigna de moi. Mon maître même et sa famille se retirèrent dans leur cabane. Ce méchant vieillard alors s'approcha de moi, me passa une corde de cuir autour du cou, et, ses satellites me forçant de le suivre, ils m'entraînèrent tout éperdu, comme des loups qui emportent un mouton. Ils me conduisirent à travers la forêt jusqu'aux bords de la Seine : là, leur chef m'arrosa de l'eau du fleuve; ensuite il me fit entrer dans un grand bateau d'écorce de bouleau, où il s'embarqua lui-même avec toute sa troupe.

« Nous remontâmes la Seine pendant huit jours, en gardant un profond silence. Le neuvième, nous arrivâmes dans une petite ville bâtie au milieu d'une île. Ils me débarquèrent vis-à-vis, sur la rive droite du fleuve, et ils me conduisirent dans une grande cabane sans fenêtres, qui était éclairée par des torches de sapin. Ils m'attachèrent au milieu de la cabane à un poteau; et ces jeunes gens, qui me gardaient jour et nuit, armés de haches de caillou, ne cessaient de sauter autour de moi, en soufflant de toutes leurs forces dans leurs cornes de bœufs et leurs fifres de fer. Ils accompagnaient leur affreuse musique de ces horribles paroles, qu'ils chantaient en chœur:

« O Niorder! ô Riflindi! ô Svidrer! ô Héla! ô Héla!
« Dieux du carnage et des tempêtes, nous vous appor-
« tons de la chair. Recevez le sang de cette victime, de
« cet enfant de la mort. O Niorder! ô Riflindi! ô
« Svidrer! ô Héla! ô Héla! »

« En prononçant ces mots épouvantables, ils avaient les yeux tournés dans la tête et la bouche écumante. Enfin ces fanatiques, accablés de lassitude, s'endormirent, à l'exception de l'un d'entre eux, appelé Omfi. Ce nom, dans la langue celtique, veut dire bienfaisant. Omfi, touché de pitié, s'approcha de moi : « Jeune in-
« fortuné, me dit-il, une guerre cruelle s'est élevée
« entre les peuples de la Grande-Bretagne et ceux
« des Gaules. Les Bretons prétendent être les maîtres
« de la mer qui nous sépare de leur île. Nous avons
« déjà perdu contre eux deux batailles navales. Le
« collège des druides de Chartres a décidé qu'il fal-
« lait des victimes pour se rendre favorable Mars,
« dont le temple est près d'ici. Le chef des druides,
« qui a des espions par toutes les Gaules, a appris
« que la tempête t'avait jeté sur nos côtes : il a été
« te chercher lui-même. Il est vieux et sans pitié. Il
« porte les noms de deux de nos dieux les plus re-
« doutables. Il s'appelle Tor-Tir. Mets donc ta con-

« fiance dans les dieux de ton pays, car ceux des
« Gaules demandent ton sang. »

« Il me fut impossible de répondre à Omfi, tant j'étais saisi de frayeur ! Je le remerciai seulement en inclinant la tête ; et aussitôt il s'éloigna de moi de peur d'être aperçu de ses compagnons.

« Je me rappelai dans ce moment la raison qui avait obligé les Gaulois qui m'avaient fait esclave de m'empêcher de m'écarter de leurs demeures : ils craignaient que je ne tombasse entre les mains des druides ; mais je n'avais pu vaincre ma fatale destinée. Ma perte maintenant me paraissait si certaine que je ne croyais pas que Jupiter même pût me délivrer de la gueule de ces tigres affamés de mon sang. Je ne me rappelais plus, ô Céphas, ce que vous m'aviez dit tant de fois, que les dieux n'abandonnent jamais l'innocence. Je ne me ressouvenais plus même qu'ils m'avaient sauvé du naufrage. Le danger présent fait oublier les délivrances passées. Quelquefois je pensais qu'ils ne m'avaient préservé des flots que pour me livrer à une mort mille fois plus cruelle.

« Cependant j'adressais mes prières à Jupiter et je goûtais une sorte de repos à m'abandonner à cette Providence infinie qui gouverne l'univers, lorsque les portes de ma cabane s'ouvrirent tout à coup, et une troupe nombreuse de prêtres entra, ayant Tor-Tir à leur tête, tenant toujours à sa main une branche de gui de chêne. Aussitôt la jeunesse barbare se réveilla et recommença ses chansons et ses danses funèbres. Tor-Tir vint à moi ; il me posa sur la tête une couronne d'if et une poignée de farine de fèves ; ensuite il me mit un bâillon dans la bouche, et, m'ayant délié de mon poteau, il m'attacha les mains derrière le dos. Alors tout son cortège se mit en marche au bruit de ses lugubres instruments, et deux druides, me soutenant par les bras, me conduisirent au lieu du sacrifice. »

Ici Tirtée, s'apercevant que le fuseau de Cyanée lui échappait des mains et qu'elle pâlissait, lui dit : « Ma fille, il est temps de vous aller reposer. Songez que vous devez vous lever demain avant l'aurore, pour aller à la fête du mont Lycée, où vous devez offrir, avec vos compagnes, les dons des bergers sur les autels de Jupiter. » Cyanée, toute tremblante, lui répondit : « Mon père, j'ai tout préparé pour la fête de demain. Les couronnes de fleurs, les gâteaux de froment, les vases de lait, tout est prêt. Mais il n'est pas tard : la lune n'éclaire pas le fond du vallon; les coqs n'ont pas encore chanté; il n'est pas minuit. Permettez-moi, je vous en supplie, de rester jusqu'à la fin de cette histoire. Mon père, je suis auprès de vous; je n'aurai pas peur. »

Tirtée regarda sa fille en souriant; et, s'excusant à Amasis de l'avoir interrompu, il le pria de continuer.

« Nous sortîmes de la cabane, reprit Amasis, au milieu d'une nuit obscure, à la lueur enfumée des torches de sapin. Nous traversâmes d'abord un vaste champ de pierres, où l'on voyait çà et là des squelettes de chevaux et de chiens fichés sur des pieux. De là nous arrivâmes à l'entrée d'une grande caverne, creusée dans le flanc d'un rocher tout blanc[1]. Des caillots d'un sang noir, répandu aux environs, exhalaient une

---

1. Montmartre, selon les uns *Mons Martis* (mont de Mars), selon les autres *Mons Martyrum* (mont des Martyrs).

odeur infecte et annonçaient que c'était le temple de Mars. Dans l'intérieur de cet affreux repaire étaient rangés, le long des murs, des têtes et des ossements humains; et au milieu, sur une pièce de roc, s'élevait jusqu'à la voûte une statue de fer représentant le dieu Mars. Elle était si difforme qu'elle ressemblait plutôt à un bloc de fer rouillé qu'au dieu de la guerre. On y distinguait cependant sa massue hérissée de pointes, ses gants garnis de têtes de clou, et son horrible baudrier où était figurée la mort. A ses pieds était assis le roi du pays, ayant autour de lui les principaux de l'État. Une foule immense de peuple répandu au dedans et au dehors de la caverne gardait un morne silence, saisi de respect, de religion et d'effroi.

« Tor-Tir, leur adressant la parole à tous, leur dit :
« O roi, et vous, iarles, rassemblés pour la défense des
« Gaules, ne croyez pas triompher de vos ennemis sans
« le secours du dieu des batailles. Vos pertes vous
« ont fait voir ce qu'il en coûte de négliger son culte
« redoutable. Le sang donné aux dieux épargne celui
« que versent les mortels. Les dieux ne font naître les
« hommes que pour les faire mourir! Oh! que vous êtes
« heureux que le choix de la victime ne soit pas tombé
« sur l'un d'entre vous! Lorsque je cherchais en moi-
« même quelle tête parmi nous leur serait agréable,
« prêt à leur offrir la mienne pour le bien de la patrie,
« Niörder, le dieu des mers, m'apparut dans les som-
« bres forêts de Chartres; il était tout dégouttant de
« l'onde marine. Il me dit d'une voix bruyante comme
« celle des tempêtes : « J'envoie, pour le salut des
« Gaules, un étranger sans parents et amis. Je l'ai jeté
« moi-même sur les rivages de l'occident. Son sang

« plaira aux dieux infernaux. » Ainsi parla Niorder.
« Niorder vous aime, ô enfants de Pluton ! »

« A peine Tor-Tir avait achevé ces mots effroyables,
qu'un Gaulois assis auprès du roi s'élança jusqu'à moi ;
c'était Céphas. « O Amasis ! ô mon cher Amasis !
« s'écria-t-il. O cruels compatriotes ! vous allez immo-
« ler un homme venu des bords du Nil pour vous ap-
« porter les biens les plus précieux de la Grèce et de
« l'Égypte ! Vous commencerez donc par moi, qui lui en
« donnai le premier désir et qui le touchai de pitié pour
« vous, si cruels envers lui. » En disant ces mots il me
serrait dans ses bras et me baignait de ses larmes.
Pour moi, je pleurais et je sanglotais, sans pouvoir lui
exprimer autrement les témoignages de ma joie.
Aussitôt la caverne retentit de murmures et de gé-
missements. Les jeunes druides pleurèrent et laissèrent tomber de leurs mains les instruments de mon
sacrifice : car la religion se tut dès que la nature parla.
Cependant personne de l'assemblée n'osait encore me
délivrer des mains des sacrificateurs, lorsque les
femmes, se jetant au milieu d'eux, arrachèrent mes
liens, mon bâillon et ma couronne funèbre. Ainsi ce
fut pour la seconde fois que je dus la vie aux femmes
dans les Gaules.

« Le roi, me prenant dans ses bras, me dit : « Quoi !
« c'est vous, malheureux étranger, que Céphas regret-
« tait sans cesse ! O dieux ennemis de ma patrie, ne
« nous envoyez-vous des bienfaiteurs que pour les im-
« moler ! » Alors il s'adressa aux chefs des nations
et leur parla avec tant de force des droits de l'humanité, que d'un commun accord ils jurèrent de ne plus
réduire à l'esclavage ceux que les tempêtes jetteraient

sur leurs côtes, de ne sacrifier à l'avenir aucun homme innocent, et de n'offrir à Mars que le sang des coupables. Tor-Tir irrité voulut en vain s'opposer à cette loi : il se retira en menaçant le roi et tous les Gaulois de la vengeance prochaine des dieux.

« Cependant le roi, accompagné de mon ami, me conduisit, au milieu des acclamations du peuple, dans sa ville, située dans l'île voisine. Jusqu'au moment de notre arrivée dans l'île, j'avais été si troublé que je n'avais été capable d'aucune réflexion. Chaque espèce de circonstance nouvelle de mon malheur resserrait mon cœur et obscurcissait mon esprit. Mais dès que j'eus repris l'usage de mes sens et que je vins à envisager le péril extrême auquel je venais d'échapper, je m'évanouis. Oh! que l'homme est faible dans la joie! il n'est fort qu'à la douleur. Céphas me fit revenir, à la manière des Gaulois, en m'agitant la tête et en soufflant sur mon visage.

« Dès qu'il vit que j'avais recouvré l'usage de mes sens, il me prit les mains dans les siennes et me dit : « O mon ami, que vous m'avez coûté de larmes! Dès « que les flots de l'Océan, qui renversèrent notre vais- « seau, nous eurent séparés, je me trouvai jeté, je ne « sais comment, sur la rive droite de la Seine. Mon « premier soin fut de vous chercher. J'allumai des « feux sur le rivage; je vous appelai; j'engageai plu- « sieurs de mes compatriotes, accourus à mes cris, de « visiter dans leurs barques les bords du fleuve, « pour voir s'ils ne vous trouveraient pas : tous nos « soins furent inutiles. Le jour vint et me montra notre « vaisseau renversé, la carène en haut, tout près du ri- « vage où j'étais. Jamais il ne me vint dans la pensée

« que vous eussiez pu aborder sur le rivage opposé,
« dans le Belgium, ma patrie. Ce ne fut que le troi-
« sième jour que, vous croyant péri, je me déterminai
« à y passer pour y voir mes parents. La plupart étaient
« morts depuis mon absence : ceux qui restaient me
« comblèrent d'amitiés; mais un frère même ne dé-
« dommage pas de la perte d'un ami. Je retournai
« presque aussitôt de l'autre côté du fleuve. On y dé-
« chargeait notre malheureux vaisseau, où rien n'avait
« péri que les hommes. Je cherchais votre corps sur
« le rivage de la mer et je le redemandais le soir, le
« matin et au milieu de la nuit aux nymphes de
« l'Océan, afin de vous élever un tombeau près de ce-
« lui d'Héva. J'aurais passé, je crois, ma vie dans ces
« vaines recherches, si le roi qui règne sur les bords
« de ce fleuve, informé qu'un vaisseau phénicien avait
« péri dans ses domaines, n'en avait réclamé les effets,
« qui lui appartenaient suivant les lois des Gaules. Je
« fis donc rassembler tout ce que nous avions apporté
« de l'Égypte, jusqu'aux arbres mêmes, qui n'avaient
« pas été endommagés par l'eau, et je me rendis avec
« ces débris auprès de ce prince. Bénissons donc la
« providence des dieux, qui nous a réunis et qui a
« rendu vos maux encore plus utiles à ma patrie que
« vos présents. Si vous n'eussiez pas fait naufrage sur
« nos côtes on n'y eût pas aboli la coutume barbare
« de condamner à l'esclavage ceux qui y périssent; et
« si vous n'eussiez pas été condamné à être sacrifié, je
« ne vous aurais peut-être jamais revu, et le sang des
« innocents fumerait encore sur les autels du dieu
« Mars. »

« Ainsi parla Céphas. Pour le roi, il n'oublia rien de

ce qui pouvait me faire oublier le souvenir de mes malheurs. Il s'appelait Bardus. Il était déjà avancé en âge et il portait, comme son peuple, la barbe et les cheveux longs. Son palais était bâti de troncs de sapins couchés les uns sur les autres. Il n'y avait pour portes que de grands cuirs de bœuf qui en fermaient les ouvertures. Personne n'y faisait la garde, car il n'avait rien à craindre de ses sujets; mais il avait employé toute son industrie pour fortifier sa ville contre les ennemis du dehors. Il l'avait entourée de murs faits de troncs d'arbres, entremêlés de mottes de gazon, avec des tours de pierre aux angles et aux portes. Il y avait au haut de ces tours des sentinelles qui veillaient jour et nuit. Le roi Bardus avait eu cette île[1] de la nymphe Lutétia, sa mère, dont elle portait le nom. Elle n'était d'abord couverte que d'arbres, et Bardus n'avait pas un seul sujet. Il s'occupait à tordre, sur le bord de son île, des câbles d'écorce de tilleul et à creuser des aunes pour en faire des bateaux. Il vendait les ouvrages de ses mains aux mariniers qui descendaient ou remontaient la Seine. Pendant qu'il travaillait, il chantait les avantages de l'industrie et du commerce, qui lient tous les hommes. Les bateliers s'arrêtaient souvent pour écouter ses chansons. Ils les répétaient et les répandaient dans toutes les Gaules, où elles étaient connues sous le nom de *vers bardes*. Bientôt il vint des gens s'établir dans son île pour l'entendre chanter et pour y vivre avec plus de sûreté. Ses richesses s'accrurent avec ses sujets. L'île se couvrit de maisons, les forêts voisines se défrichèrent, et des

---

1. Île dite de la Cité, où furent élevés, dit-on, les premiers édifices de Lutèce.

troupeaux nombreux peuplèrent bientôt les deux rivages voisins. C'est ainsi que ce bon roi s'était formé un empire sans violence. Mais lorsque son île n'était pas encore entourée de murs et qu'il songeait déjà à en faire le centre du commerce dans toutes les Gaules, la guerre pensa en exterminer les habitants.

« Un jour, un grand nombre de guerriers, qui remontaient la Seine en canots d'écorce d'orme, débarquèrent sur son rivage septentrional, tout vis-à-vis de Lutétia. Ils avaient à leur tête le iarle Carnut, troisième fils de Tendal, prince du Nord. Carnut venait de ravager toutes les côtes de la mer Hyperborée, où il avait jeté l'épouvante et la désolation. Il était favorisé en secret, dans les Gaules, par les druides, qui, comme tous les hommes faibles, inclinent toujours pour ceux qui se rendent redoutables. Dès que Carnut eut mis pied à terre, il vint trouver le roi Bardus et lui dit :
« Combattons, toi et moi, à la tête de nos guerriers : le
« plus faible obéira au plus fort ; car la première loi
« de la nature est que tout cède à la force. » Le roi
Bardus lui répondit : « O Carnut ! s'il ne s'agissait que
« d'exposer ma vie pour défendre mon peuple, je le
« ferais très volontiers ; mais je n'exposerais pas la
« vie de mon peuple quand il s'agirait de sauver la
« mienne. C'est la bonté et non la force qui doit choi-
« sir les rois. La bonté seule gouverne le monde, et
« elle emploie, pour le gouverner, l'intelligence et la
« force, qui lui sont subordonnées, comme toutes les
« puissances de l'univers. Vaillant fils de Tendal, puis-
« que tu veux gouverner les hommes, voyons qui de
« toi ou de moi est le plus capable de leur faire du
« bien. Voilà de pauvres Gaulois tout nus. Sans re-

« proche, je les ai plusieurs fois vêtus et nourris, en
« me refusant à moi-même des habits et des aliments.
« Voyons si tu sauras pourvoir à leurs besoins. »

« Carnut accepta le défi. C'était en automne. Il fut à la chasse avec ses guerriers; il tua beaucoup de chevreuils, de cerfs, de sangliers et d'élans. Il donna ensuite, avec la chair de ses animaux, un grand festin à tout le peuple de Lutétia, et vêtit de leurs peaux ceux des habitants qui étaient nus. Le roi Bardus lui dit :
« Fils de Tendal, tu es un grand chasseur : tu nour-
« riras le peuple dans la saison de la chasse; mais
« au printemps et en été il mourra de faim. Pour
« moi, avec mes blés, la laine de mes brebis et le
« lait de mes troupeaux je puis l'entretenir toute
« l'année. »

« Carnut ne répondit rien; mais il resta campé avec ses guerriers sur le bord du fleuve, sans vouloir se retirer.

« Bardus, voyant son obstination, fut le trouver à son tour et lui proposa un autre défi. « La valeur, lui
« dit-il, convient à un chef de guerre, mais la patience
« est encore plus nécessaire aux rois. Puisque tu veux
« régner, voyons qui de nous deux portera le plus
« longtemps cette longue solive. » C'était le tronc d'un chêne de trente ans. Carnut le prit sur son dos; mais, impatient, il le jeta promptement par terre. Bardus le chargea sur ses épaules et le porta, sans remuer, jusqu'après le coucher du soleil et bien avant dans la nuit.

« Cependant Carnut et ses guerriers ne s'en allaient point. Ils passèrent ainsi tout l'hiver, occupés de la chasse. Le printemps venu, ils menaçaient de détruire une ville naissante qui refusait de leur obéir; et ils étaient d'autant plus à craindre qu'ils manquaient alors de nourriture. Bardus ne savait comment s'en défaire, car ils étaient les plus forts. En vain il consultait les plus anciens de son peuple; personne ne pouvait lui donner de conseils. Enfin, il exposa son embarras à sa mère Lutétia, qui était fort âgée, mais qui avait un grand sens.

« Lutétia lui dit : « Mon fils, vous savez quantité « d'histoires anciennes et curieuses que je vous ai ap-« prises dès votre enfance; vous excellez à les chanter : « défiez le fils de Tendal aux chansons. »

« Bardus fut trouver Carnut et lui dit : «Fils de Ten-« dal, il ne suffit pas à un roi de nourrir ses sujets et « d'être ferme et constant dans les travaux; il doit sa-« voir bannir de leur pensée les opinions qui les ren-« dent malheureux : car ce sont les opinions qui font « agir les hommes et les rendent bons ou méchants. « Voyons qui de toi ou de moi régnera sur leurs esprits. « Ce ne fut point par des combats qu'Hercule se fit suivre « dans les Gaules, mais par des chants divins qui sor-« taient de sa bouche comme des chaînes d'or, enchaî-« naient les oreilles de ceux qui l'écoutaient et les for-« çaient à le suivre. »

« Carnut accepta avec joie ce troisième défi. Il chanta les combats des dieux du Nord sur les glaces, les tempêtes de Niorder sur les mers, les ruses de Vidar dans les airs, les ravages de Thor sur la terre et l'empire de Hoder dans les enfers. Il y joignit le récit de ses propres victoires, et ses chants firent passer une grande fureur dans le cœur de ses guerriers, qui paraissaient prêts à tout détruire.

« Pour le roi Bardus, voici ce qu'il chanta :

« Je chante l'aube du matin, les premiers rayons
« de l'aurore qui ont lui sur les Gaules, empire de Plu-
« ton, les bienfaits de Cérès et le malheur de l'enfant
« Loïs. Écoutez mes chants, esprits des fleuves, et ré-
« pétez-les aux esprits des montagnes bleues.

« Cérès venait de chercher par toute la terre sa fille
« Proserpine. Elle retournait dans la Sicile où elle
« était adorée. Elle traversait les Gaules sauvages, leurs
« montagnes sans chemins, leurs vallées désertes et
« leurs sombres forêts, lorsqu'elle se trouva arrêtée
« par les eaux de la Seine, sa nymphe, changée en
« fleuve.

« Sur la rive opposée de la Seine se baignait alors
« un bel enfant aux cheveux blonds, appelé Loïs. Il
« aimait à nager dans ses eaux transparentes et à
« courir tout nu sur ses pelouses solitaires. Dès qu'il
« aperçut une femme, il alla se cacher sous une touffe
« de roseaux.

« Mon bel enfant, lui cria Cérès en soupirant, venez
« à moi, mon bel enfant ! » A la voix d'une femme
« affligée, Loïs sort des roseaux. Il met en rougissant
« sa peau d'agneau suspendue à un saule. Il traverse
« la Seine sur un banc de sable, et, présentant la
« main à Cérès, il lui montre un chemin au milieu des
« eaux.

« Cérès, ayant passé le fleuve, donne à l'enfant Loïs
« un gâteau, une gerbe d'épis et un baiser, puis lui
« apprend comment le pain se fait avec du blé et com-
« ment le blé vient dans les champs. « Grand merci,
« belle étrangère, lui dit Loïs ; je vais porter à ma mère
« vos leçons et vos deux présents. »

« La mère de Loïs partage avec son enfant et son
« époux le gâteau et le baiser. Le père ravi cultive un
« champ, sème le blé. Bientôt la terre se couvre d'une
« moisson dorée, et le bruit se répand dans les Gaules
« qu'une déesse a apporté aux Gaulois une plante cé-
« leste.

« Près de là vivait un druide. Il avait l'inspection
« des forêts. Il distribuait aux Gaulois pour leur nour-
« riture les faînes des hêtres et les glands des chênes.
« Quand il vit une terre labourée et une moisson :
« Que deviendra ma puissance, dit-il, si les hommes
« vivent de froment? »

« Il appelle Loïs : « Mon bel ami, lui dit-il, où étiez-
« vous quand vous vîtes l'étrangère aux beaux épis ? »
« Loïs, sans malice, le conduit sur les bords de la Seine.
« J'étais, dit-il, sous ce saule argenté; je courais sur
« ces blanches marguerites; je fus me cacher sous ces
« roseaux, car j'étais nu. » Le traître druide sourit :
« il saisit Loïs et le noie au fond des eaux.

« La mère de Loïs ne revoit plus son fils. Elle s'en
« va dans les bois et s'écrie : « Où êtes-vous, Loïs,
« Loïs, mon cher enfant? » Les seuls échos répètent :
« Loïs, Loïs, mon cher enfant ! » Elle court tout éper-
« due le long de la Seine. Elle aperçoit sur son rivage
« une blancheur : « Il n'est pas loin, dit-elle ; voilà ses
« fleurs chéries, voilà ses blanches marguerites. » Hé-
« las ! c'était Loïs, Loïs, son cher enfant !

« Elle pleure, elle soupire; elle prend dans ses bras
« tremblants le corps glacé de Loïs; elle veut le rani-
« mer contre son cœur ; mais le cœur de la mère ne
« peut plus réchauffer le corps du fils, et le corps du
« fils glace déjà le cœur de la mère : elle est près de

« de mourir. Le druide, monté sur un roc voisin, s'ap-
« plaudit de sa vengeance.

« Les dieux ne viennent pas toujours à la voix des
« malheureux ; mais aux cris d'une mère affligée Cé-
« rès apparut. « Loïs, dit-elle, sois la plus belle fleur
« des Gaules. » Aussitôt, les joues pâles de Loïs se
« développent en calice plus blanc que la neige, ses
« cheveux blonds en filets d'or. Une odeur suave s'en
« exhale. Sa taille légère s'élève vers le ciel ; mais sa
« tête se penche encore sur les bords du fleuve qu'il a
« chéri. Loïs devient *lis*.

« Le prêtre de Pluton voit ce prodige et n'en est
« point touché. Il lève vers les dieux supérieurs un
« visage et des yeux irrités. Il blasphème, il menace
« Cérès ; il allait porter sur elle une main impie, lors-
« qu'elle lui cria : « Tyran cruel et dur, demeure. »

« A la voix de la déesse il reste immobile. Mais le
« roc ému s'entr'ouvre ; les jambes du druide s'y en-
« foncent ; son visage barbu et enflammé de colère se
« dresse vers le ciel en pinceaux de pourpre ; et les vê-
« tements qui couvraient ses bras meurtriers se héris-
« sent d'épines. Le druide devient chardon.

« Toi, dit la déesse des blés, qui voulais nourrir les
« hommes comme les bêtes, deviens toi-même la pâ-
« ture des animaux. Sois l'ennemi des moissons après
« ta mort, comme tu le fus pendant ta vie. Pour toi,
« belle fleur de Loïs, sois l'ornement de la Seine ; et
« que dans la main de ses rois ta fleur victorieuse l'em-
« porte un jour sur le gui des druides. »

« Braves suivants de Carnut, venez habiter ma ville.
« La fleur de Loïs parfume mes jardins ; des jeunes
« filles chantent jour et nuit son aventure dans mes

« champs. Chacun s'y livre à un travail facile et gai, et
« mes greniers, aimés de Cérès, rompent sous l'abon-
« dance des blés. »

« A peine Bardus avait fini de chanter que les guerriers du Nord, qui mouraient de faim, abandonnèrent
le fils de Tendal et se firent habitants de Lutétia. « Oh !
« me disait souvent ce bon roi, que n'ai-je ici quelque
« fameux chantre de la Grèce ou de l'Égypte pour po-
« licer l'esprit de mes sujets ! Rien n'adoucit le cœur
« de l'homme comme de beaux chants. Quand on sait
« faire des vers et de belles fictions, on n'a pas besoin
« de sceptre pour régner. »

« Il me mena voir, avec Céphas, le lieu où il avait
fait planter les arbres et les graines réchappés de notre
naufrage. C'était sur les flancs d'une colline exposée
au midi. Je fus pénétré de joie quand je vis les arbres
que nous avions apportés pleins de suc et de vigueur.
Je reconnus d'abord l'arbre aux coins de Crète, à ses
fruits cotonneux et odorants; le noyer de Jupiter, d'un
vert lustré; l'avelinier, le figuier, le peuplier, le poi-
rier du mont Ida, avec ses fruits en pyramide : tous
ces arbres venaient de l'île de Crète. Il y avait encore
des vignes de Thasos et de jeunes châtaigners de l'île de
Sardaigne. Je voyais un grand pays dans un petit jardin. Il y avait, parmi ces végétaux, quelques plantes
qui étaient mes compatriotes, entre autres le chanvre
et le lin. C'étaient celles qui plaisaient le plus au roi,
à cause de leur utilité. Il avait admiré les toiles qu'on
en faisait en Égypte, plus durables et plus souples que
les peaux dont s'habillaient la plupart des Gaulois. Le
roi prenait plaisir à arroser lui-même ces plantes et
en ôter les mauvaises herbes. Déjà le chanvre, d'un

beau vert, portait toutes ses têtes égales à la hauteur d'un homme, et le lin en fleur couvrait la terre d'un nuage d'azur.

« Pendant que nous nous livrions, Céphas et moi, au plaisir d'avoir fait du bien, nous apprîmes que les Bretons, fiers de leurs derniers succès, non contents de disputer aux Gaulois l'empire de la mer qui les sépare, se préparaient à les attaquer par terre et à remonter la Seine, afin de porter le fer et le feu jusqu'au milieu de leur pays. Ils étaient partis, dans un nombre prodigieux de barques, d'un promontoire de leur île, qui n'est séparé du continent que par un petit détroit. Ils côtoyaient le rivage des Gaules et ils étaient près d'entrer dans la Seine, dont ils savent franchir les dangers en se mettant dans des anses à l'abri des fureurs de Neptune. L'invasion des Bretons fut sue dans toutes les Gaules, au moment où ils commencèrent à l'exécuter; car les Gaulois allument des feux sur les montagnes, et par le nombre de ces feux et l'épaisseur de leur fumée ils donnent des avis qui volent plus promptement que les oiseaux.

« A la nouvelle du départ des Bretons, les troupes confédérées des Gaules se mirent en route pour défendre l'embouchure de la Seine. Elles marchaient sous les enseignes de leurs chefs : c'étaient des peaux de loup, d'ours, de vautour, d'aigle, ou de quelque autre animal malfaisant, suspendues au bout d'une gaule. Celle du roi Bardus et de son île était la figure d'un vaisseau, symbole du commerce. Céphas et moi nous accompagnâmes le roi dans cette expédition. En peu de jours toutes les troupes gauloises se rassemblèrent sur le bord de la mer.

« Trois avis furent ouverts pour la défense de son rivage. Le premier fut d'y enfoncer des pieux pour empêcher les Bretons de débarquer, ce qui était d'une facile exécution, attendu que nous étions en grand nombre et que la forêt était voisine. Le deuxième fut de les combattre au moment où ils débarqueraient. Le troisième, de ne pas exposer les troupes à découvert à la descente des ennemis, mais de les attaquer lorsque, ayant mis pied à terre, ils s'engageraient dans les bois et les vallées. Aucun de ces avis ne fut suivi; car la discorde était parmi les chefs des Gaulois. Tous voulaient commander, et aucun d'eux n'était disposé à obéir. Pendant qu'ils délibéraient l'ennemi parut, et il débarqua au moment où ils se mettaient en ordre.

« Nous étions perdus sans Céphas. Avant l'arrivée des Bretons, il avait conseillé au roi Bardus de diviser en deux sa troupe, composée des habitants de Lutétia, et de se mettre en embuscade avec la meilleure partie dans les bois qui couvraient le revers de la montagne d'Héva, tandis que lui Céphas combattrait les ennemis avec l'autre partie, jointe au reste des Gaulois. Je priai Céphas de détacher de sa division les jeunes gens qui brûlaient, comme moi, d'en venir aux mains et de m'en donner le commandement. « Je ne crains point les « dangers, lui disais-je. J'ai passé par toutes les épreu- « ves que les prêtres de Thèbes font subir aux initiés « et je n'ai point eu peur. » Céphas balança quelques moments. Enfin il me confia les jeunes gens de sa troupe, en leur recommandant, ainsi qu'à moi, de ne pas s'écarter de sa division.

« L'ennemi cependant mit pied à terre. A sa vue beaucoup de Gaulois s'avancèrent vers lui en jetant de grands cris; mais, comme ils l'attaquaient par petites troupes, ils en furent aisément repoussés, et il aurait été impossible d'en rallier un seul s'ils n'étaient venus se remettre en ordre derrière nous. Nous aperçûmes bientôt les Bretons qui marchaient pour nous attaquer. Les jeunes gens que je commandais s'ébranlèrent alors, et nous marchâmes aux Bretons sans nous embarrasser si le reste des Gaulois nous suivait. Quand nous fûmes à la portée du trait, nous vîmes que les ennemis ne formaient qu'une seule colonne, longue, grosse et épaisse, qui s'avançait vers nous à petits pas, tandis que leurs barques se hâtaient d'entrer dans le fleuve pour nous prendre à revers. Je l'avoue, je fus ébranlé à la vue de cette multitude de barbares demi-nus, peints de rouge et de bleu, qui marchaient en silence dans le plus grand ordre. Mais lorsqu'il sortit tout à coup de cette colonne silencieuse des nuées de dards, de flèches, de cailloux et de balles de plomb, qui renversèrent plusieurs d'entre nous en les perçant de part en part, alors mes compagnons prirent la fuite. J'allais oublier moi-même que j'avais l'exemple à leur donner, lorsque je vis Céphas à mes côtés; il était suivi de toute l'armée. « Invoquons Hercule, me dit-il, et chargeons! » La présence de mon ami me rendit tout mon courage. Je restai à mon poste, et nous chargeâmes, les piques baissées. Le premier ennemi que je rencontrai fut un habitant des îles Hébrides. Il était d'une taille gigantesque; ses épaules et sa tête étaient couvertes d'une peau de raie épineuse; il portait au cou un collier de mâchoires d'hommes, et il avait pour lance le tronc d'un jeune sapin, armé d'une dent de baleine. « Que « demandes-tu à Hercule? me dit-il. Le voici qui vient

« à toi. » En même temps il me porta un coup de son énorme lance, avec tant de furie que, si elle m'eût atteint, elle m'eût cloué à terre, où elle entra bien avant. Pendant qu'il s'efforçait de la ramener à lui, je lui perçai la gorge de l'épieu dont j'étais armé : il en sortit aussitôt un jet de sang noir et épais, et ce Breton tomba en mordant la terre et en blasphémant les dieux.

« Cependant nos troupes, réunies en un seul corps, étaient aux prises avec la colonne des ennemis. Les massues frappaient les massues, les boucliers poussaient les boucliers, les lances se croisaient avec les lances. Ainsi deux fiers taureaux se disputent l'empire des prairies : leurs cornes sont entrelacées; leurs fronts se heurtent; ils se poussent en mugissant; et, soit qu'ils reculent ou qu'ils avancent, ces deux rivaux ne se séparent point. Ainsi nous combattions corps à corps. Cependant cette colonne, qui nous surpassait en nombre, nous accablait de son poids, lorsque le roi Bardus la vint charger en queue, à la tête de ses soldats qui jetaient de grands cris. Aussitôt une terreur panique saisit ces barbares, qui avaient cru nous envelopper et qui étaient enveloppés eux-mêmes. Ils abandonnèrent leurs rangs et s'enfuirent vers les bords de la mer pour regagner leurs barques, qui étaient loin de là. On en fit alors un grand massacre et on prit beaucoup de prisonniers.

« Après la bataille je dis à Céphas : « Les Gaulois
« doivent la victoire au conseil que vous avez donné au
« roi; pour moi, je vous dois l'honneur. J'avais de-
« mandé un poste que je ne connaissais pas. Il fallait
« y donner l'exemple, et j'en étais incapable, lorsque

« votre présence m'a rassuré. Je croyais que les initia-
« tions de l'Égypte m'avaient fortifié contre tous les
« dangers ; mais il est aisé d'être brave dans un péril
« dont on est sûr de sortir. » Céphas me répondit :
« O Amasis ! il y a plus de force à avouer ses fautes
« qu'il n'y a de faiblesse à les commettre. C'est Her-
« cule qui nous a donné la victoire ; mais, après lui,
« c'est la surprise qui a ôté le courage à nos ennemis
« et qui avait ébranlé le vôtre. La valeur militaire s'ap-
« prend par l'exercice, comme toutes les autres vertus.
« Nous devons, en tout temps, nous méfier de nous-
« mêmes. En vain nous nous appuyons sur notre ex-
« périence ; nous ne devons compter que sur le secours
« des dieux. Pendant que nous nous cuirassons d'un
« côté, la fortune nous frappe de l'autre. La seule con-
« fiance dans les dieux couvre un homme tout en-
« tier. »

« On consacra à Hercule une partie des dépouilles
des Bretons. Les druides voulaient qu'on brûlât des ennemis prisonniers, parce que ceux-ci en usent de même
à l'égard des Gaulois qu'ils ont pris dans les batailles.
Mais je me présentai dans l'assemblée des Gaulois et
je leur dis : « O peuples ! vous voyez par mon exemple
« si les dieux approuvent les sacrifices humains. Ils ont
« remis la victoire dans vos mains généreuses ; les
« souillerez-vous dans le sang des malheureux ? N'y
« a-t-il pas eu assez de sang versé dans la fureur du
« combat ? En répandrez-vous maintenant sans colère
« et dans la joie du triomphe ? Vos ennemis immolent
« leurs prisonniers : surpassez-les en générosité,
« comme vous les surpassez en courage. » Les iarles et
tous les guerriers applaudirent à mes paroles. Ils déci-

dèrent que les prisonniers de guerre seraient désormais réduits à l'esclavage.

« Je fus donc cause qu'on abolit la loi qui les condamnait au feu. C'était aussi à mon occasion qu'on avait abrogé la coutume de sacrifier des innocents à Mars et de réduire les naufragés en servitude. Ainsi, je fus trois fois utile aux hommes dans les Gaules : une fois par mes succès et deux fois par mes malheurs ; tant il est vrai que les dieux tirent le bien du mal quand il leur plaît.

« Nous revînmes à Lutétia, comblés par les peuples d'honneurs et d'applaudissements. Le premier soin du roi, à son arrivée, fut de nous mener voir son jardin. La plupart de nos arbres étaient en rapport. Il admira d'abord comment la nature avait préservé leurs fruits de l'attaque des oiseaux. La châtaigne, encore en lait, était couverte de cuir et d'une coque épineuse. La noix tendre était protégée par une dure coquille et par un brou amer. Les fruits mous étaient défendus avant leur maturité par leur âpreté, leur acidité ou leur verdeur. Ceux qui étaient mûrs invitaient à les cueillir. Les abricots dorés, les pêches veloutées et les coins cotonneux exhalaient les plus doux parfums. Les rameaux du prunier étaient couverts de fruits violets, saupoudrés de poudre blanche. Les grappes, déjà vermeilles, pendaient à la vigne ; et sur les larges feuilles du figuier la figue entr'ouverte laissait couler son suc en gouttes de miel et de cristal. « On voit bien, dit le
« roi, que ces fruits sont des présents des dieux. Ils ne
« sont pas, comme les semences des arbres de nos fo-
« rêts, à une hauteur où on ne puisse atteindre. Ils
« sont à la portée de la main. Leurs riantes couleurs

« appellent les yeux, leurs doux parfums l'odorat, et ils
« semblent formés pour la bouche, par leur forme et
« leur rondeur. » Mais quand ce bon roi en eut sa-
vouré le goût : « O vrai présent de Jupiter ! dit-il ; au-
« cun mets préparé par l'homme ne leur est compa-
« rable : ils surpassent en douceur le miel et la crème.
« O mes chers amis, mes respectables hôtes ! vous
« m'avez donné plus que mon royaume : vous avez
« apporté dans les Gaules sauvages une portion de la
« délicieuse Égypte. Je préfère un seul de ces arbres à
« toutes les mines d'étain qui rendent les Bretons si
« riches et si fiers. »

« Il fit appeler les principaux habitants de la cité et
il voulut que chacun d'eux goûtât de ces fruits merveilleux. Il leur recommanda d'en conserver précieuse-
ment les semences et de les mettre en terre dans leur
saison. A la joie de ce bon roi et de son peuple, je
sentis que le plus grand plaisir de l'homme était de
faire du bien à ses semblables.

« Céphas me dit : « Il est temps de montrer à mes
« compatriotes l'usage des arts de l'Égypte. J'ai sauvé du
« vaisseau naufragé la plupart de nos machines ; mais
« jusqu'ici elles sont restées inutiles, sans que j'osasse
« même les regarder : car elles me rappelaient trop vi-
« vement le souvenir de votre perte. Voici le moment
« de nous en servir. Ces froments sont mûrs ; cette
« chènevière et ces lins ne tarderont pas à l'être. »

« Quand on eut recueilli ces plantes, nous apprîmes
au roi et à son peuple l'usage des moulins pour réduire
le blé en farine, et les divers apprêts qu'on donne à la
pâte pour en faire du pain. Avant notre arrivée, les
Gaulois mondaient le blé, l'avoine et l'orge de leurs

écorces en les battant avec des pilons de bois dans des troncs d'arbres creusés, et ils se contentaient de faire bouillir ces grains pour leur nourriture. Nous leur montrâmes ensuite à faire rouir le chanvre dans l'eau pour le séparer de son chaume, à le sécher, à le briser, à le teiller, à le peigner, à le filer, et à tordre ensemble plusieurs de ces fils pour en faire des cordes. Nous fîmes voir comme ces cordes, par leur force et leur souplesse, deviennent propres à être les nerfs de toutes les machines. Nous leur enseignâmes à tendre les fils du lin sur des métiers pour en faire de la toile au moyen de la navette, et comment ces doux travaux font passer aux jeunes filles les longues nuits de l'hiver dans l'innocence et dans la joie.

« Nous leur apprîmes l'usage de la tarière, de l'herminette, du rabot et de la scie inventée par l'ingénieux Dédale ; comment ces outils donnent à l'homme de nouvelles mains et façonnent à son usage une multitude d'arbres dont les bois se perdent dans les forêts. Nous leur enseignâmes à tirer de leurs troncs noueux de grosses vis et de lourds pressoirs, propres à exprimer le jus d'une infinité de fruits et à extraire des huiles des plus durs noyaux. Ils ne recueillirent pas beaucoup de raisin de nos vignes ; mais nous leur donnâmes un grand désir d'en multiplier les ceps, non seulement par l'excellence de leurs fruits, mais en leur faisant goûter des vins de Crète et de l'île de Thasos, que nous avions sauvés dans des urnes.

« Après leur avoir montré l'usage d'une infinité de biens que la nature a placés sur la terre à la vue de l'homme, nous leur apprîmes à découvrir ceux qu'elle a mis sous ses pieds : comment on peut trouver de l'eau dans les lieux les plus éloignés des fleuves, au moyen des puits inventés par Danaüs; de quelle manière on découvre les métaux ensevelis dans le sein de la terre; comment, après les avoir fait fondre en lingots, on les forge sur l'enclume pour les diviser en tables et en lames; comment, par des travaux plus faciles, l'argile se façonne, sur la roue du potier, en figures et en vases de toutes les formes. Nous les surprimes bien davantage en leur montrant des bouteilles de verre, faites avec du sable et des cailloux. Ils étaient ravis d'étonnement de voir la liqueur qu'elles renfermaient se manifester à la vue et échapper à la main.

« Mais quand nous leur lûmes les livres de Mercure Trismégiste, qui traitent des arts libéraux et des sciences naturelles, ce fut alors que leur admiration n'eut plus de bornes. D'abord, ils ne pouvaient comprendre que la parole pût sortir d'un livre muet et que les pensées des premiers Égyptiens eussent pu se transmettre jusqu'à eux sur des feuilles fragiles de papyrus. Quand ils entendirent ensuite le récit de nos découvertes, qu'ils virent les prodiges de la mécanique qui remue avec de petits leviers les plus lourds fardeaux, et ceux de la géométrie qui mesure des distances inaccessibles, ils étaient hors d'eux-mêmes. Les merveilles de la chimie et de la magie, les divers phénomènes de la physique, les faisaient passer de ravissement en ravissement. Mais lorsque nous leur eûmes prédit une éclipse de lune, qu'ils regardaient avant notre arrivée comme une défaillance accidentelle de cette planète, et qu'ils virent, au moment que nous leur indiquâmes, l'astre de la nuit s'obscurcir dans un ciel serein, ils tombèrent à nos pieds en disant : « Certainement, vous êtes des

« dieux! » Omfi, ce jeune druide qui avait paru si sensible à mes malheurs, assistait à toutes nos instructions. Il nous dit : « A vos lumières et à vos bienfaits, je suis
« tenté de vous prendre pour quelques-uns des dieux
« supérieurs ; mais aux maux que vous avez soufferts
« je vois que vous êtes des hommes comme nous. Sans
« doute vous avez trouvé quelque moyen de monter
« dans le ciel, ou les habitants du ciel sont descendus
« dans l'heureuse Égypte pour vous communiquer tant
« de biens et tant de lumières. Vos sciences et vos arts
« surpassent notre intelligence et ne peuvent être que
« les effets d'un pouvoir divin. Vous êtes les enfants
« chéris des dieux supérieurs : pour nous, Jupiter
« nous a abandonnés aux dieux infernaux. Notre pays
« est couvert de stériles forêts habitées par des génies
« malfaisants, qui sèment notre vie de discordes, de
« guerres civiles, de terreurs, d'ignorances et d'opi-
« nions malheureuses. Notre sort est mille fois plus
« déplorable que celui des bêtes qui, vêtues, logées et
« nourries par la nature, suivent leur instinct sans
« s'égarer et ne craignent point les enfers.

« — Les dieux, lui répondit Céphas, n'ont été in-
« justes envers aucun pays ni à l'égard d'aucun homme.
« Chaque pays a des biens qui lui sont particuliers et
« qui servent à entretenir la communication entre tous
« les peuples par des échanges réciproques. La Gaule
« a des métaux que l'Égypte n'a pas ; ses forêts sont
« plus belles ; ses troupeaux ont plus de lait, et ses bre-
« bis plus de toison. Mais, dans quelque lieu que
« l'homme habite, son partage est toujours fort supé-
« rieur à celui des bêtes, parce qu'il a une raison qui
« se développe à proportion des obstacles qu'elle sur-

« monte; qu'il peut, seul des animaux, appliquer à so
« usage des moyens auxquels rien ne peut résister
« tels que le feu. Ainsi, Jupiter lui a donné l'empire su
« la terre en éclairant sa raison de l'intelligence mêm
« de la nature, et en ne confiant qu'à lui l'élément qu
« en est le premier moteur. »

« Céphas parla ensuite à Omfi et aux Gaulois des ré
compenses réservées dans un autre monde à la vert
et à la bienfaisance et des punitions destinées au vic
et à la tyrannie, de la métempsycose et des autres
mystères de la religion de l'Égypte, autant qu'il es
permis à un étranger de les connaître. Les Gaulois
consolés par ses discours et par nos présents, nous ap
pelaient leurs bienfaiteurs, leurs pères, les vrais interprètes des dieux. Le roi Bardus nous dit : « Je ne
« veux adorer que Jupiter. Puisque Jupiter aime les
« hommes, il doit protéger particulièrement les rois,
« qui sont chargés du bonheur des nations. Je veux
« aussi honorer Isis, qui a apporté ses bienfaits sur la
« terre, afin qu'elle présente au roi des dieux les vœux
« de mon peuple. » En même temps il ordonna qu'on
élevât un temple [1] à Isis, à quelque distance de la ville,
au milieu de la forêt; qu'on y plaçât sa statue avec
l'enfant Orus dans ses bras, telle que nous l'avions
apportée dans le vaisseau; qu'elle fût servie avec toutes
les cérémonies de l'Égypte; que ses prêtresses, vêtues
de lin, l'honorassent nuit et jour par des chants et
par une vie pure qui approche l'homme des dieux.

« Ensuite il voulut apprendre à connaître et à tracer

---

1. On prétend que c'est l'ancienne église de Sainte-Geneviève, élevée
à Isis avant l'établissement du christianisme dans les Gaules. (*Note de
l'auteur.*)

les caractères ioniques. Il fut si frappé de l'utilité de l'écriture, que dans un transport de sa joie il chanta ces vers :

« Voici des caractères magiques, qui peuvent évo-
« quer les morts du sein des tombeaux. Ils nous ap-
« prendront ce que nos pères ont pensé il y a mille ans ;
« et dans mille ans ils instruiront nos enfants de ce
« que nous pensons aujourd'hui. Il n'y a point de flèche
« qui aille aussi loin ni de lance aussi forte. Ils at-
« teindraient un homme retranché au haut d'une mon-
« tagne ; ils pénètrent dans la tête malgré le casque,
« et traversent le cœur malgré la cuirasse. Ils calment
« les séditions, ils donnent de sages conseils, ils font
« aimer, ils consolent, ils fortifient ; mais si quelque
« homme méchant en fait usage, ils produisent un effet
« contraire. »

« Mon fils, me dit un jour ce bon roi, les lunes de
« ton pays sont-elles plus belles que les nôtres ? Te
« reste-t-il quelque chose à regretter en Égypte ? Tu nous
« en as apporté ce qu'il y a de meilleur : les plantes,
« les arts et les sciences. L'Égypte tout entière doit
« être ici pour toi. Reste avec nous : tu régneras après
« moi sur les Gaulois. Je n'ai d'autre enfant qu'une fille
« unique, qui s'appelle Gotha ; je te la donnerai en ma-
« riage. Crois-moi, un peuple vaut mieux qu'une fa-
« mille, et une bonne femme qu'une patrie. Gotha
« demeure dans cette île là-bas dont on aperçoit d'ici
« les arbres : car il convient qu'une jeune fille soit éle-
« vée loin des hommes, et surtout loin de la cour des
« rois. »

« Le désir de faire le bonheur d'un peuple suspen-
dit en moi l'amour de la patrie. Je consultai Céphas,

qui approuva les vues du roi. Je priai donc ce prince de me faire conduire au lieu qu'habitait sa fille, afin que, suivant la coutume des Égyptiens, je pusse me rendre agréable à celle qui devait être un jour la compagne de mes peines et de mes plaisirs. Le roi chargea une vieille femme, qui venait chaque jour au palais chercher des vivres pour Gotha, de me conduire chez elle. Cette vieille me fit embarquer avec elle dans un bateau chargé de provisions; et, nous laissant aller au cours du fleuve, nous abordâmes en peu de temps dans l'île où demeurait la fille du roi Bardus. On appelait cette île l'Ile-aux-Cygnes, parce que ces oiseaux venaient au printemps faire leurs nids dans les roseaux qui bordaient ses rivages, et qu'en tout temps ils paissaient l'*anserina potentilla* [1], qui y croît abondamment. Nous mîmes pied à terre et nous aperçûmes la princesse assise sous des aunes, au milieu d'une pelouse toute jaune des fleurs de l'anserina. Elle était entourée de cygnes, qu'elle appelait à elle en leur jetant des grains d'avoine. Quoiqu'elle fût à l'ombre des arbres, elle surpassait ces oiseaux en blancheur par l'éclat de son teint et de sa robe, qui était d'hermine. Ses cheveux étaient du plus beau noir; ils étaient ceints, ainsi que sa robe, d'un ruban rouge. Deux femmes qui l'ac-

---

[1] L'*anserina potentilla* se trouve fréquemment sur les rivages de la Seine, aux environs de Paris. Elle les rend quelquefois tout jaunes à la fin de l'été, par la couleur de sa fleur. Cette fleur est en rose, de la largeur d'une pièce de vingt-quatre sous, sans tige élevée. Elle tapisse la terre, ainsi que son feuillage, qui s'étend fort loin en forme de réseau. Les oies aiment beaucoup cette plante. Ses feuilles en forme de pattes d'oie, qui sont collées contre la terre, permettent aux oiseaux aquatiques de s'y promener comme sur un tapis; et la couleur jaune de ses fleurs forme un contraste très agréable avec l'azur de la rivière et la verdure des arbres, mais surtout avec la couleur marbrée des oies qu'on y aperçoit de fort loin. (*Note de l'auteur.*)

compagnaient à quelque distance vinrent au-devant de nous. L'une attacha notre bateau aux branches d'un saule; et l'autre, me prenant par la main, me conduisit vers sa maîtresse. La jeune princesse me fit asseoir sur l'herbe auprès d'elle; après quoi elle me présenta de la farine de millet bouillie, un canard rôti sur des écorces de bouleau, avec du lait de chèvre dans une corne d'élan. Elle attendit ensuite, sans me rien dire, que je m'expliquasse sur le sujet de ma visite.

« Quand j'eus goûté, suivant l'usage, aux mets qu'elle m'avait offerts, je lui dis : « O belle Gotha, je désire
« devenir le gendre du roi votre père; et je viens, de
« son consentement, savoir si ma recherche vous sera
« agréable. »

« La fille du roi Bardus baissa les yeux, et répondit :
« O étranger ! je suis demandée en mariage par plu-
« sieurs iarles, qui font tous les jours à mon père de
« grands présents pour m'obtenir; mais je n'en aime
« aucun. Ils ne savent que se battre. Pour toi, je crois,
« si tu deviens mon époux, que tu feras mon bonheur,
« puisque tu fais déjà celui de mon peuple. Tu m'ap-
« prendras les arts de l'Égypte, et je deviendrai sem-
« blable à la bonne Isis de ton pays, dont on dit tant
« de bien dans les Gaules. »

« Après avoir ainsi parlé, elle regarda mes habits, admira la finesse de leur tissu et les fit examiner à ses femmes, qui levaient les mains au ciel de surprise. Elle ajouta ensuite, en me regardant : « Quoique tu
« viennes d'un pays rempli de toute sorte de richesses
« et d'industrie, il ne faut pas croire que je manque
« de rien, et que je sois moi-même dépourvue d'in-
« telligence. Mon père m'a élevée dans l'amour du

« travail, et il me fait vivre dans l'abondance de toutes
« choses. »

« En même temps elle me fit entrer dans son palais, où vingt de ses femmes étaient occupées à lui plumer des oiseaux de rivière et à lui faire des parures et des robes de leur plumage. Elle me montra des corbeilles et des nattes de jonc très fin, qu'elle avait elle-même tissues, des vases d'étain en quantité, cent peaux de loup, de martre et de renard, avec vingt peaux d'ours.
« Tous ces biens, me dit-elle, t'appartiendront si tu
« m'épouses; mais ce sera à condition que tu n'auras
« d'autre femme que moi, que tu ne m'obligeras point
« de travailler à la terre ni d'aller chercher les peaux
« des cerfs et des bœufs sauvages que tu auras tués dans
« les forêts : car ce sont des usages auxquels les maris
« assujettissent leurs femmes dans ce pays, et qui ne
« me plaisent point du tout; que si tu t'ennuies un jour
« de moi, tu me remettras dans cette île où tu es venu
« me chercher, et où mon plaisir est de nourrir des
« cygnes et de chanter les louanges de la Seine, nymphe
« de Cérès. »

« Je souris en moi-même de la naïveté de la fille du roi Bardus, et à la vue de tout ce qu'elle appelait des biens; mais comme la véritable richesse d'une femme est l'amour du travail, la simplicité, la franchise, la douceur, et qu'il n'y a aucune dot qui soit comparable à ces vertus, je lui répondis : « O belle Gotha! le ma-
« riage chez les Égyptiens est une union égale, un par-
« tage commun de biens et de maux. Vous me serez
« chère comme la moitié de moi-même. » Je lui fis présent alors d'un écheveau de lin, crû et préparé dans les jardins du roi son père. Elle le prit avec joie et

me dit : « Mon ami, je filerai ce lin, et j'en ferai une
« robe pour le jour de mes noces. » Elle me présenta à
son tour ce chien que vous voyez, si couvert de poils
qu'à peine on lui voit les yeux. Elle me dit : « Ce chien
« s'appelle Gallus ; il descend d'une race très fidèle. Il
« te suivra partout, sur la terre, sur la neige et dans
« l'eau. Il t'accompagnera à la chasse, et même dans
« les combats. Il te sera en tout temps un fidèle compa-
« gnon et un symbole de mon attachement. » Comme
la fin du jour approchait, elle m'avertit de me retirer,
de ne point descendre à l'avenir par le fleuve, mais
d'aller par terre le long du rivage, jusque vis-à-vis de
son île, où ses femmes viendraient me chercher, afin
de cacher notre bonheur aux jaloux. Je pris congé
d'elle et je m'en revins chez moi en formant dans mon
esprit mille projets agréables.

« Un jour que j'allais la voir par un des sentiers de
la forêt, suivant son conseil, je rencontrai un des principaux iarles, accompagné de quantité de ses vassaux.
Ils étaient armés comme s'ils eussent été en guerre.
Pour moi, j'étais sans armes, comme un homme qui
est en paix avec tout le monde. Cet iarle s'avança vers
moi d'un air fier et me dit : « Que viens-tu faire
« dans ce pays de guerriers avec tes arts de femme ?
« Prétends-tu nous apprendre à filer le lin et obtenir
« pour ta récompense la belle Gotha ? Je m'appelle
« Torstan. J'étais un des compagnons de Carnut. Je me
« suis trouvé à vingt-deux combats de mer et à trente
« duels. J'ai combattu trois fois contre Witikind, ce roi
« fameux du Nord. Je veux porter ta chevelure aux
« pieds du dieu Mars, auquel tu as échappé, et boire
« dans ton crâne le lait de mes troupeaux. »

« Après un discours si brutal, je crus que ce barbare allait m'assassiner; mais joignant la loyauté à la férocité, il ôta son casque et sa cuirasse, qui étaient de peau de bœuf, et me présenta deux épées nues en m'en donnant le choix.

« Il était inutile de parler raison à un jaloux et à un furieux. J'invoquai en moi-même Jupiter, le protecteur des étrangers; et choisissant l'épée la plus courte, mais la plus légère, quoique à peine je pusse la manier, nous commençâmes un combat terrible, tandis que ses vassaux nous environnaient comme témoins, en attendant que la terre rougît du sang de leur chef ou de celui de leur hôte.

« Je songeai d'abord à désarmer mon ennemi pour épargner sa vie; mais il ne m'en laissa pas le maître; la colère le mettait hors de lui. Le premier coup qu'il voulut me porter fit sauter un grand éclat d'un chêne voisin. J'esquivai l'atteinte de son épée en baissant la tête. Ce mouvement redoubla son insolence. « Quand « tu t'inclinerais, me dit-il, jusqu'aux enfers, tu ne « saurais m'échapper. » Alors, prenant son épée à deux mains, il se précipita sur moi avec fureur; mais, Jupiter donnant le calme à mes sens, je parai du fort de mon épée le coup dont il voulait m'accabler, et lui en présentant la pointe, il s'en perça lui-même bien avant dans la poitrine. Deux ruisseaux de sang sortirent à la fois de sa blessure et de sa bouche; il tomba sur le dos; ses mains lâchèrent son épée, ses yeux se tournèrent vers le ciel, et il expira. Aussitôt ses vassaux environnèrent son corps en jetant de grands cris. Mais ils me laissèrent aller sans me faire aucun mal : car il règne beaucoup de générosité parmi ces barbares. Je me retirai à la cité en déplorant ma victoire.

« Je rendis compte à Céphas et au roi de ce qui venait de m'arriver. « Ces iarles, dit le roi, me donnent
« bien du souci. Ils tyrannisent mon peuple. S'il y a
« quelque mauvais sujet dans le pays, ils ne manquent
« pas de l'attirer à eux, pour fortifier leur parti. Ils se
« rendent quelquefois redoutables à moi-même. Mais les
« druides le sont encore davantage. Personne ici n'ose
« rien faire sans leur aveu. Comment m'y prendre pour
« affaiblir ces deux puissances ? J'ai cru qu'en augmen-
« tant celle des iarles j'opposerais une digue à celle des
« druides, mais le contraire est arrivé. La puissance des
« druides est augmentée. Il semble que l'une et l'autre
« s'accordent pour étendre leur oppression sur mon
« peuple et jusque sur mes hôtes. O étranger, me dit-il,
« vous ne l'avez que trop éprouvé! » Puis, se tournant
vers Céphas: « O mon ami, ajouta-t-il, vous qui avez
« acquis dans vos voyages l'expérience nécessaire au
« gouvernement des hommes, donnez quelques conseils
« à un roi qui n'est jamais sorti de son pays. Oh! je
« sens que les rois devraient voyager.

« — O roi, répondit Céphas, je vous dévoilerai une
« partie de la politique et de la philosophie de l'Égypte.
« Une des lois fondamentales de la nature est que tout
« soit gouverné par des contraires. C'est des contraires
« que résulte l'harmonie du monde : il en est de même
« de celle des nations. La puissance des armes et celle
« de la religion se combattent chez tous les peuples.
« Ces deux puissances sont nécessaires pour la conser-
« vation de l'État. Lorsque le peuple est opprimé par
« ses chefs, il se réfugie vers ses prêtres; et lorsqu'il

« est opprimé par ses prêtres, il se réfugie vers ses chefs.
« La puissance des druides a donc augmenté chez vous
« par celle même des iarles ; car ces deux puissances
« se balancent partout. Si vous voulez diminuer l'une
« des deux, loin d'augmenter celle qui lui est opposée,
« ainsi que vous l'avez fait, il faut, au contraire, l'affai-
« blir.

« Il y a un moyen encore plus simple et plus sûr de
« diminuer à la fois les deux puissances qui vous font
« ombrage : c'est de rendre votre peuple heureux ; car
« il n'ira plus chercher de protection hors de vous, et
« ces deux puissances se détruiront bientôt, puisqu'elles
« ne doivent leur influence qu'à l'opinion de ce même
« peuple. Vous en viendrez à bout en donnant aux Gau-
« lois des moyens abondants de subsistance, par l'éta-
« blissement des arts qui adoucissent la vie, et surtout
« en honorant et favorisant l'agriculture, qui en est le
« soutien. Votre peuple vivant dans l'abondance, les
« iarles et les druides s'y trouveront aussi. Lorsque ces
« deux corps seront contents de leur sort, ils ne cher-
« cheront point à troubler celui des autres ; ils n'auront
« plus à leur disposition cette foule d'hommes miséra-
« bles, demi-nus et à moitié morts de faim, qui, pour
« avoir de quoi vivre, sont toujours prêts à servir la
« violence des uns ou la superstition des autres. Il ré-
« sultera de cette politique humaine que votre propre
« puissance, fortifiée de celle d'un peuple que vous ren-
« drez heureux par vos soins, anéantira celle des iarles
« et des druides. Dans toute monarchie bien réglée le
« pouvoir du roi est dans le peuple et celui du peuple
« dans le roi. Vous ramènerez alors vos nobles et vos
« prêtres à leurs fonctions naturelles. Les iarles défen-

« dront la nation au dehors et ne l'opprimeront plus
« au dedans, et les druides ne gouverneront plus les
« Gaulois par la terreur, mais ils les consoleront et
« les aideront, par leurs lumières et leurs conseils, à
« supporter les maux de la vie, ainsi que doivent faire
« les ministres de toute religion.

« C'est par cette politique que l'Égypte est parvenue
« à un degré de puissance et de félicité qui en a fait le
« centre des nations, et que la sagesse de ses prêtres
« s'est rendue recommandable par toute la terre. Sou-
« venez-vous donc de cette maxime, que tout excès
« dans le pouvoir d'un corps religieux ou militaire
« vient du malheur du peuple, parce que toute puis-
« sance vient de lui. Vous ne détruirez cet excès qu'en
« rendant le peuple heureux.

« Lorsque votre autorité sera suffisamment établie,
« conférez-en une partie à des magistrats choisis parmi
« les gens de bien. Veillez surtout sur l'éducation des
« enfants de votre peuple ; mais gardez-vous de la confier
« au premier venu qui voudra s'en charger, et encore
« moins à aucun corps particulier, tel que celui des
« druides, dont les intérêts sont toujours différents de
« ceux de l'État. Considérez l'éducation des enfants de
« votre peuple comme la partie la plus précieuse de
« votre administration. C'est elle seule qui forme les
« citoyens : les meilleures lois ne sont rien sans elle.

« En attendant que vous puissiez jeter d'une manière
« solide les fondements du bonheur des Gaulois, oppo-
« sez quelques digues à leurs maux. Instituez beaucoup
« de fêtes, qui les dissipent par des chants et par des
« danses. Balancez l'influence réunie des iarles et des
« druides par celle des femmes. Aidez celles-ci à sor-

« tir de leur esclavage domestique. Qu'elles assistent
« aux fêtes religieuses. Leur douceur naturelle affai-
« blira peu à peu la férocité des mœurs et de la reli-
« gion. »

« Le roi répondit à Céphas: « Vos observations sont
« pleines de vérité et vos maximes de sagesse. J'en pro-
« fiterai. Je veux rendre cette ville fameuse par son in-
« dustrie. En attendant, mon peuple ne demande pas
« mieux que de se réjouir et de chanter; je lui ferai moi-
« même des chansons. Quant aux femmes, je crois vé-
« ritablement qu'elles peuvent m'aider beaucoup; c'est
« par elles que je commencerai à rendre mon peuple
« heureux, au moins par les mœurs, si je ne le puis par
« les lois. »

« Pendant que ce bon roi parlait, nous aperçûmes
sur le bord opposé de la Seine le corps de Torstan.
Il était tout nu et paraissait sur l'herbe comme un
monceau de neige. Ses amis et ses vassaux l'entouraient et jetaient de temps en temps des cris affreux.
Un de ses amis traversa le fleuve dans une barque et
vint dire au roi : « Le sang se paye par le sang; que
« l'Égyptien périsse! » Le roi ne répondit rien à cet
homme; mais quand il fut parti il me dit: « Votre dé-
« fense a été légitime; mais ce serait ma propre injure,
« que je serais obligé de m'éloigner. Si vous restez,
« vous serez, par les lois, obligé de vous battre succes-
« sivement avec tous les parents de Torstan, qui sont
« nombreux, et vous succomberez tôt ou tard. D'un
« autre côté, si je vous défends contre eux, ainsi que je
« le ferai, vous entraînerez cette ville naissante dans
« votre perte; car les parents de Torstan ne manque-
« ront pas de l'assiéger, et il se joindra à eux beau-

« coup de Gaulois, que les druides, irrités contre vous,
« excitent à la vengeance. Cependant soyez sûr que vous
« trouverez ici des hommes qui ne vous abandonneront
« pas dans le plus grand danger. »

« Aussitôt il donna des ordres pour la sûreté de la ville, et on vit accourir sur ses remparts tous les habitants, disposés à soutenir un siège en ma faveur. Ici ils faisaient des amas de cailloux, là ils plaçaient de grandes arbalètes et de longues poutres armées de pointes de fer. Cependant nous voyions arriver le long de la Seine une grande foule de peuple. C'étaient les amis, les parents, les vassaux de Torstan, avec leurs esclaves, les partisans des druides, ceux qui étaient jaloux de l'établissement du roi et ceux qui, par inconstance, aiment la nouveauté. Les uns descendaient le fleuve en barques, d'autres traversaient la forêt en longues colonnes. Tous venaient s'établir sur les rivages voisins de Lutétia, et ils étaient en nombre infini. Il m'était impossible désormais de m'échapper. Il ne fallait pas compter d'y réussir à la faveur des ténèbres : car dès que la nuit fut venue, les mécontents allumèrent une multitude de feux, dont le fleuve était éclairé jusqu'au fond de son canal.

« Dans cette perplexité je formai en moi-même une résolution qui fut agréable à Jupiter. Comme je n'attendais plus rien des hommes, je résolus de me jeter entre les bras de la vertu et de sauver cette ville naissante en allant me livrer seul aux ennemis. A peine eus-je mis ma confiance dans les dieux qu'ils vinrent à mon secours.

« Omfi se présenta devant nous, tenant à la main une branche de chêne, sur laquelle avait crû une

branche de gui. A la vue de cet arbrisseau qui avait pensé m'être si fatal, je frissonnai; mais je ne savais pas que l'on doit souvent son salut à qui l'on a dû sa perte, comme aussi l'on doit souvent sa perte à qui l'on a dû son salut. « O roi! dit Omfl, ô Céphas! soyez
« tranquilles; j'apporte de quoi sauver votre ami.
« Jeune étranger, me dit-il, quand toutes les Gaules
« seraient conjurées contre toi, voici de quoi les tra-
« verser sans qu'aucun de tes ennemis ose seulement
« te regarder en face. C'est ce rameau de gui qui a
« crû sur cette branche de chêne. Je vais te raconter
« d'où vient le pouvoir de cette plante, également re-
« doutable aux hommes et aux dieux de ce pays. Un
« jour Balder raconta à sa mère Friga qu'il avait songé
« qu'il mourait. Friga conjura le feu, les métaux, les
« pierres, les maladies, l'eau, les animaux, les serpents,
« de ne faire aucun mal à son fils; et les conjurations
« de Friga étaient si puissantes que rien ne pouvait
« leur résister. Balder allait donc dans les combats
« des dieux, au milieu des traits, sans rien craindre.
« Loke, son ennemi, voulut en savoir la raison. Il prit
« la forme d'une vieille et vint trouver Friga. Il lui
« dit : « Dans les combats les traits et les rochers tom-
« bent sur votre fils Balder sans lui faire de mal. —
« Je le crois bien, dit Friga; toutes ces choses me l'ont
« juré. Il n'y a rien dans la nature qui puisse l'offen-
« ser. J'ai obtenu cette grâce de tout ce qui a quelque
« puissance. Il n'y a qu'un petit arbuste à qui je ne l'ai
« pas demandée, parce qu'il m'a paru trop faible. Il
« était sur l'écorce d'un chêne; à peine avait-il une
« racine. Il vivait sans terre. Il s'appelle Mistiltein.
« C'était le gui. » Ainsi parla Friga. Loke aussitôt

« courut chercher cet arbuste ; et venant à l'assemblée
« des dieux pendant qu'ils combattaient contre l'invul-
« nérable Balder, car leurs jeux sont des combats, il
« s'approcha de l'aveugle Hoder. « Pourquoi, lui dit-il,
« ne lances-tu pas aussi des traits à Balder ? — Je suis
« aveugle, répondit Hoder, et je n'ai point d'armes. »
« Loke lui présente le gui de chêne et lui dit : « Balder
« est devant toi. » L'aveugle Hoder lance le gui : Balder
« tombe percé et sans vie. Ainsi le fils invulnérable
« d'une déesse fut tué par une branche de gui lancée
« par un aveugle. Voilà l'origine du respect porté dans
« les Gaules à cet arbrisseau.

« Plains, ô étranger ! un peuple gouverné par la
« crainte au défaut de la raison. J'avais cru, à ton
« arrivée, que tu en ferais naître l'empire par les arts
« de l'Égypte et voir l'accomplissement d'un ancien
« oracle fameux parmi nous, qui prédit à cette ville
« les plus grandes destinées : que ses temples s'élève-
« ront au-dessus des forêts ; qu'elle réunira dans son
« sein des hommes de toutes les nations ; que l'igno-
« rant viendra y chercher des lumières, l'infortuné des
« consolations, et que les dieux s'y communiqueront
« aux hommes comme dans l'heureuse Égypte. Mais
« ces temps sont bien éloignés. »

« Le roi nous dit, à Céphas et à moi : « O mes amis !
« profitez promptement du secours qu'Omfi vous ap-
« porte. » En même temps il nous fit préparer une
barque armée de bons rameurs. Il nous donna deux
demi-piques de bois de frêne qu'il avait ferrées lui-
même, et deux lingots d'or, qui étaient les premiers
fruits de son commerce. Il chargea ensuite des hommes
de confiance de nous conduire chez les Vénétiens. « Ce

« sont, nous dit-il, les meilleurs navigateurs des Gaules.
« Ils vous donneront les moyens de retourner dans votre
« pays, car leurs vaisseaux vont dans la Méditerranée.
« C'est d'ailleurs un bon peuple. Pour vous, ô mes amis!
« vos noms seront à jamais célèbres dans les Gaules.
« Je chanterai Céphas et Amasis, et pendant que je vi-
« vrai, leurs noms retentiront souvent sur ces rivages. »

« Ainsi nous prîmes congé de ce bon roi, et d'Omfi, mon libérateur. Ils nous accompagnèrent jusqu'au bord de la Seine en versant des larmes, ainsi que nous. Pendant que nous traversions la ville, une foule de peuple nous suivait en nous donnant les plus tendres marques d'affection. Les femmes portaient leurs petits enfants dans leurs bras et sur leurs épaules et nous montraient en pleurant les pièces de lin dont ils étaient vêtus. Nous dîmes adieu au roi Bardus et à Omfi, qui ne pouvaient se résoudre à se séparer de nous. Nous les vîmes longtemps sur la tour la plus élevée de la ville, qui nous faisaient signe des mains pour nous dire adieu.

« A peine nous avions débordé l'île, que les amis de Torstan se jetèrent dans une multitude de barques et vinrent nous attaquer en poussant des cris effroyables. Mais à la vue de l'arbrisseau sacré que je portais dans mes mains et que j'élevais en l'air, ils tombaient prosternés au fond de leurs bateaux, comme s'ils eussent été frappés par un pouvoir divin, tant la superstition a de force sur des esprits séduits! Nous passâmes ainsi au milieu d'eux sans courir le moindre risque.

« Nous remontâmes le fleuve pendant un jour. Ensuite, ayant mis pied à terre, nous nous dirigeâmes vers l'occident, à travers des forêts presque impraticables.

Leur sol était çà et là couvert d'arbres renversés par le temps. Il était tapissé partout de mousses épaisses et pleines d'eau, où nous enfoncions quelquefois jusqu'aux genoux. Les chemins qui divisent ces forêts et qui servent de limites à différentes nations des Gaules étaient si peu fréquentés, que de grands arbres y avaient poussé. Les peuples qui les habitaient étaient encore plus sauvages que leur pays. Ils n'avaient d'autres temples que quelque if frappé de la foudre, ou un vieux chêne dans les branches duquel quelque druide avait placé une tête de bœuf avec ses cornes. Lorsque, la nuit, le feuillage de ces arbres était agité par les vents et éclairé par la lumière de la lune, ils s'imaginaient voir les esprits et les dieux de ces forêts. Alors, saisis d'une terreur religieuse, ils se prosternaient à terre et adoraient en tremblant ces vains fantômes de leur imagination. Nos conducteurs mêmes n'auraient jamais osé traverser ces lieux, que la religion leur rendait redoutables, s'ils n'avaient été rassurés bien plus par la branche de gui que je portais que par nos raisons.

« Nous ne trouvâmes, en traversant les Gaules, aucun culte raisonnable de la divinité, si ce n'est qu'un soir, en arrivant sur le haut d'une montagne couverte de neige, nous y aperçûmes un feu au milieu d'un bois de hêtres et de sapins. Un rocher moussu, taillé en forme d'autel, lui servait de foyer. Il y avait de grands amas de bois sec, et des peaux d'ours et de loup étaient suspendues aux rameaux des arbres voisins. On n'apercevait d'ailleurs autour de cette solitude, dans toute l'étendue de l'horizon, aucune marque du séjour des hommes. Nos guides nous dirent que ce lieu était consacré au dieu des voyageurs. Ce mot de

consacré me fit frémir. Je dis à Céphas : « Éloignons-
« nous d'ici. Tout autel m'est suspect dans les Gaules.
« Je n'honore désormais la divinité que dans les temples
« de l'Égypte. » Céphas me répondit : « Fuyez toute
« religion qui asservit un homme à un autre homme
« au nom de la divinité, fût-ce même en Égypte ; mais
« partout où l'homme est servi, Dieu est dignement
« honoré, fût-ce même dans les Gaules. Partout le
« bonheur des hommes fait la gloire de Dieu. Pour
« moi, je sacrifie à tous les autels où l'on soulage les
« maux du genre humain. » Alors il se prosterna et
fit sa prière ; ensuite il jeta dans le feu un tronçon de
sapin et des branches de genévrier, qui parfumèrent
les airs en pétillant. J'imitai son exemple ; après quoi
nous fûmes nous asseoir au pied du rocher, dans un
lieu tapissé de mousse et abrité du vent du nord ;
et, nous étant couverts des peaux suspendues aux
arbres, malgré la rigueur du froid nous passâmes
la nuit fort chaudement. Le matin venu, nos guides
nous dirent que nous marcherions jusqu'au soir sur
des hauteurs semblables sans trouver ni bois, ni feu,
ni habitation. Nous bénîmes une seconde fois la Providence de l'asile qu'elle nous avait donné ; nous
remîmes religieusement nos pelleteries aux rameaux
de sapins ; nous jetâmes de nouveau bois dans le
foyer ; et avant de nous mettre en route je gravai ces
mots sur l'écorce d'un hêtre :

CÉPHAS ET AMASIS

ONT ADORÉ ICI LE DIEU

QUI PREND SOIN DES VOYAGEURS.

« Nous passâmes successivement chez les Carnutes, les Cénomanes, les Diablinthes, les Redons, les Curiosolites, les habitants de Dariorigum, et enfin nous arrivâmes à l'extrémité occidentale de la Gaule, chez les Vénétiens. Les Vénétiens sont les plus habiles navigateurs de ces mers. Ils ont même fondé une colonie de leur nom au fond du golfe Adriatique. Dès qu'ils surent que nous étions les amis du roi Bardus, ils nous comblèrent d'amitiés. Ils nous offrirent de nous ramener directement en Égypte, où ils ont porté leur commerce ; mais, comme ils trafiquaient aussi dans la Grèce, Céphas me dit : « Allons en Grèce, nous y
« aurons des occasions fréquentes de retourner dans
« votre patrie. Les Grecs sont amis des Égyptiens. Ils
« doivent à l'Égypte les fondateurs les plus illustres de
« leurs villes : Cécrops a donné des lois à Athènes, et
« Inachus à Argos. C'est à Argos que règne Agamem-
« non, dont la réputation est répandue par toute la
« terre. Nous l'y verrons couvert de gloire au sein de
« sa famille et entouré de rois et de héros. S'il est
« encore au siège de Troie, ses vaisseaux nous ra-
« mèneront aisément dans votre patrie. Vous avez vu
« le dernier degré de civilisation en Égypte, la barba-
« rie dans les Gaules ; vous trouverez en Grèce une
« politesse et une élégance qui vous charmeront. Vous
« aurez ainsi le spectacle des trois périodes que par-

1. Les Carnutes étaient les habitants du pays chartrain ; les Cénomanes, ceux du Mans ; et les Diablinthes, ceux des environs. Les Redons, qui habitaient la ville de Rennes, avaient les Curiosolites dans leur voisinage, et les peuples de Dariorigum étaient voisins des Vénétiens, qui habitaient Vannes en Bretagne. On prétend que les Vénétiens du golfe Adriatique, qui portent le même nom en latin, tirent leur origine d'eux. Voyez César, Strabon et la *Géographie* de d'Anville. (*Note de l'auteur.*)

« courent la plupart des nations. Dans la première
« elles sont au-dessous de la nature ; elles y atteignent
« dans la seconde ; elles vont au delà dans la troisième. »

« Les vues de Céphas flattaient trop mon ambition pour la gloire pour ne pas saisir l'occasion de connaître des hommes aussi fameux que les Grecs, et surtout qu'Agamemnon. J'attendis avec impatience le retour des jours favorables à la navigation, car nous étions arrivés en hiver chez les Vénétiens. Nous passâmes cette saison dans des festins continuels, suivant l'usage de ces peuples. Dès que le printemps fut venu, nous nous embarquâmes pour Argos. Avant de quitter les Gaules nous apprîmes que notre départ de Lutétia avait fait renaître la tranquillité dans les États du roi Bardus, mais que sa fille, la belle Gotha, s'était retirée avec ses femmes dans le temple d'Isis, à laquelle elle s'était consacrée, et que nuit et jour elle faisait retentir la forêt de ses chants harmonieux.

« Je fus très sensible au chagrin de ce bon roi, qui perdait sa fille par un effet même de notre arrivée dans son pays, qui devait le couvrir un jour de gloire ; et j'éprouvai moi-même la vérité de cette ancienne maxime, que la considération publique ne s'acquiert qu'aux dépens du bonheur domestique.

« Après une navigation assez longue, nous rentrâmes dans le détroit d'Hercule. Je sentis une joie vive à la vue du ciel de l'Afrique, qui me rappelait le climat de ma patrie. Nous vîmes les hautes montagnes de la Mauritanie, Abila, située au détroit d'Hercule, et celles qu'on nomme les Sept-Frères, parce qu'elles sont d'une égale hauteur. Elles sont couvertes, depuis leur sommet jusqu'au bord de la mer, de palmiers chargés de dattes. Nous découvrîmes les riches coteaux de la Numidie, qui se couronnent deux fois par an de moissons qui croissent à l'ombre des oliviers, tandis que des haras de superbes chevaux paissent en toute saison dans leurs vallées toujours vertes. Nous côtoyâmes les bords de la Syrte, où croit le fruit délicieux du lothos, qui fait, dit-on, oublier la patrie aux étrangers qui en mangent. Bientôt nous aperçûmes les sables de la Libye, au milieu desquels sont placés les jardins enchantés des Hespérides ; comme si la nature se plaisait à faire contraster les contrées les plus arides avec les plus fécondes. Nous entendions la nuit les rugissements des tigres et des lions, qui venaient se baigner dans la mer ; et, au lever de l'aurore, nous les voyions se retirer vers les montagnes.

« Mais la férocité de ces animaux n'approchait pas de celle des hommes de ces régions. Les uns immolent leurs enfants à Saturne ; d'autres ensevelissent les femmes toutes vives dans les tombeaux de leurs époux. Il y en a qui, à la mort de leurs rois, égorgent tous ceux qui les ont servis. D'autres tâchent d'attirer les étrangers sur leurs rivages pour les dévorer. Nous pensâmes un jour être la proie de ces anthropophages : car, pendant que nous étions descendus à terre et que nous échangions paisiblement avec eux de l'étain et du fer pour divers fruits excellents qui croissent dans leur pays, ils nous dressèrent une embuscade dont nous ne sortîmes qu'avec bien de la peine. Depuis cet événement, nous n'osâmes plus débarquer sur ces côtes inhospitalières, que la nature a placées en vain sous un si beau ciel.

« J'étais si irrité des traverses de mon voyage entrepris pour le bonheur des hommes, et surtout de cette dernière perfidie, que je dis à Céphas : « Je crois « toute la terre, excepté l'Égypte, couverte de barbares. « Je crois que des opinions absurdes, des religions « inhumaines et des mœurs féroces sont le partage « naturel de tous les peuples ; et sans doute la volonté « de Jupiter est qu'ils y soient abandonnés pour tou- « jours : car il les a divisés en tant de langues diffé- « rentes que l'homme le plus bienfaisant, loin de pou- « voir les réformer, ne peut pas seulement s'en faire « entendre. »

« Céphas me répondit : « N'accusons point Jupiter « des maux des hommes. Notre esprit est si borné « que, quoique nous sentions quelquefois que nous « sommes mal, il nous est impossible d'imaginer com- « ment nous pourrions être mieux. Si nous ôtions un « seul des maux naturels qui nous choquent, nous ver- « rions naître de son absence mille autres maux plus « dangereux. Les peuples ne s'entendent point ; c'est un « mal, selon vous ; mais s'ils parlaient tous le même « langage, les impostures, les erreurs, les préjugés, « les opinions cruelles particulières à chaque nation, « se répandraient par toute la terre. La confusion « générale qui est dans les paroles serait alors dans « les pensées. » Il me montra une grappe de raisin : « Ju- « piter, dit-il, a divisé le genre humain en plusieurs « langues, comme il a divisé en plusieurs grains « cette grappe, qui renferme un grand nombre de « semences, afin que si une partie de ces semences « se trouvait attaquée par la corruption, l'autre en « fût préservée.

« Jupiter n'a divisé les langages des hommes qu'afin

« qu'ils pussent toujours entendre celui de la nature.
« Partout la nature parle à leur cœur, éclaire leur
« raison et leur montre le bonheur dans un commerce
« mutuel de bons offices. Partout, au contraire, les
« passions des peuples dépravent leur cœur, obscurcis-
« sent leurs lumières, les remplissent de haines, de
« guerres, de discordes et de superstitions, en ne leur
« montrant le bonheur que dans leur intérêt personnel
« et dans la ruine d'autrui.

« La division des langues empêche ces maux par-
« ticuliers de devenir universels, et s'ils sont perma-
« nents chez quelques peuples, c'est qu'il y a des corps
« ambitieux qui en profitent, car l'erreur et le vice
« sont étrangers à l'homme. L'office de la vertu est
« de détruire ces maux. Sans le vice, la vertu n'aurait
« guère d'exercice sur la terre. Vous allez arriver chez
« les Grecs. Si ce qu'on a dit d'eux est véritable, vous
« trouverez dans leurs mœurs une politesse et une
« élégance qui vous raviront. Rien ne doit être égal à
« la vertu de leurs héros, exercés par de longs mal-
« heurs. »

« Tout ce que j'avais éprouvé jusqu'alors de la barbarie des nations redoublait le désir que j'avais
d'arriver à Argos et de voir le grand Agamemnon
heureux au milieu de sa famille. Déjà nous apercevions le cap de Ténare et nous étions près de le
doubler, lorsqu'un vent d'Afrique nous jeta sur les
Strophades. Nous voyions la mer se briser contre
les rochers qui environnent ces îles. Tantôt, en se
retirant, elle en découvrait les fondements caverneux;
tantôt, s'élevant tout à coup, elle les couvrait, en rugis-
sant, d'une vaste nappe d'écume. Cependant nos

matelots s'obstinaient, malgré la tempête, à atteindre le cap de Ténare, lorsqu'un tourbillon de vent déchira nos voiles. Alors nous avons été forcés de relâcher à Sténiclaros.

« De ce port nous nous sommes mis en route pour nous rendre à Argos par terre. C'est en allant à ce séjour du roi des rois que nous vous avons rencontré, ô bon berger! Maintenant nous désirons vous accompagner au mont Lycée, afin de voir l'assemblée d'un peuple dont les bergers ont des mœurs si hospitalières et si polies. » En disant ces dernières paroles, Amasis regarda Céphas, qui les approuva d'un signe de tête.

Tirtée dit à Amasis : « Mon fils, votre récit nous a beaucoup touchés; vous avez dû en juger par nos larmes. Les Arcadiens ont été plus malheureux que les Gaulois. Nous n'oublierons jamais le règne de Lycaon, changé jadis en loup en punition de sa cruauté. Mais, à cette heure, ce sujet nous mènerait trop loin. Je remercie Jupiter de vous avoir disposé, ainsi que votre ami, à passer demain la journée avec nous au mont Lycée. Vous n'y verrez ni palais, ni ville royale, et encore moins des sauvages et des druides, mais des gazons, des bois, des ruisseaux et des bergers qui vous recevront de bon cœur. Puissiez-vous prolonger longtemps votre séjour parmi nous! Vous trouverez demain, à la fête de Jupiter, des hommes de toutes les parties de la Grèce, et des Arcadiens bien plus instruits que moi, qui connaîtront sans doute la ville d'Argos. Pour moi, je vous l'avoue, je n'ai jamais ouï parler du siège de Troie, ni de la gloire d'Agamemnon, dont on parle, dites-vous, par toute la terre. Je ne me suis occupé que du bonheur de ma famille et de celui de mes voisins. Je ne connais que les prairies et les troupeaux. Jamais je n'ai porté ma curiosité hors de mon pays. La vôtre, qui vous a jeté si jeune au milieu des nations étrangères, est digne d'un dieu et d'un roi. »

Alors Tirtée, se retournant vers sa fille, lui dit: « Cyanée, apportez-nous la coupe d'Hercule. » Cyanée se leva aussitôt, courut la chercher et la présenta à son père d'un air riant. Tirtée la remplit de vin; puis, s'adressant aux deux voyageurs, il leur dit: « Hercule a voyagé comme vous, mes chers hôtes. Il est venu dans cette cabane; il s'y est reposé lorsqu'il poursuivit pendant un an la biche aux pieds d'airain du mont Érymanthe. Il a bu dans cette coupe; vous êtes dignes d'y boire après lui. Aucun étranger n'y a bu avant vous. Je ne m'en sers qu'aux grandes fêtes et je ne la présente qu'à mes amis. » Il dit et il offrit la coupe à Céphas. Elle était de bois de hêtre et tenait une cyathe de vin. Hercule la vidait d'une seule haleine; mais Céphas, Amasis et Tirtée eurent assez de peine à la vider en y buvant deux fois tour à tour.

Tirtée ensuite conduisit ses hôtes dans une chambre voisine. Elle était éclairée par une fenêtre fermée d'une claie de roseaux, à travers laquelle on apercevait, au clair de la lune, dans la plaine voisine, les îles de l'Alphée. Il y avait dans cette chambre deux bons lits, avec des couvertures d'une laine chaude et légère. Alors Tirtée prit congé de ses hôtes, en souhaitant que Morphée versât sur eux ses plus doux pavots. Quand Amasis fut seul avec Céphas, il lui parla avec transport de la tranquillité de ce vallon, de la bonté du berger, de la sensibilité et des grâces de sa jeune fille, à laquelle il ne trouvait rien de comparable, et des plaisirs qu'il se promettait le lendemain à la fête de Jupiter, où il se flattait de voir un peuple entier aussi heureux que cette famille solitaire. Ces agréables entretiens leur auraient fait passer à l'un et à l'autre la nuit sans dormir, malgré les fatigues de leur voyage, s'ils n'avaient été invités au sommeil par la douce clarté de la lune qui luisait à travers la fenêtre, par le murmure du vent dans le feuillage des peupliers, et par le bruit lointain de l'Achéloüs, dont la source se précipite en mugissant du haut du mont Lycée.

FRAGMENT DU LIVRE SECOND

L'ARCADIE

Tirtée fut réveillé par le chant des coqs, lorsqu'à peine la lumière blanchissait le fond du vallon : on n'apercevait pas encore le soleil; mais les sommets dorés du mont Lycée annonçaient qu'il allait bientôt paraître. Tirtée alla donc saluer ses hôtes et leur dit : « Il est temps de partir, si nous voulons profiter de la fraîcheur. » Aussitôt il fit sortir l'ânesse, la chargea de deux paniers, y mit du vin, des gâteaux, et tout ce qui est nécessaire aux besoins du voyage. Après quoi Cyanée parut, brillante comme une rose; elle venait de la fontaine, sur les bords de laquelle elle allait, chaque matin, adresser une prière aux naïades. Sa tête n'était plus couronnée de fleurs depuis la mort de sa mère; seulement, pour paraître à la fête, elle avait mis autour de son chapeau une branche de pin. Tirtée lui proposa de monter sur l'ânesse; mais elle s'en excusa, disant que ce n'était pas un voyage, mais un pèlerinage qu'ils allaient faire. Tirtée se souvint alors qu'on ne portait point d'armes aux fêtes du mont Lycée; il pria donc ses hôtes de déposer les leurs, et en échange il leur présenta à chacun une branche de chêne, pour les soulager de la fatigue de la route. D'abord, ils se dirigèrent vers le levant par un sentier tracé au milieu d'une immense prairie; de là ils gagnèrent insensiblement les flancs de la montagne, côtoyèrent les bois arrosés par le *Nisa* et le *Myolus*, qui se précipitent en torrents et coulent parmi les pierres; ensuite ils suivirent les bords d'une vallée dont le fond marécageux et couvert de joncs ne leur offrait aucun passage, mais qu'ils traversèrent sur un pont jeté entre deux rochers. Déjà l'alouette s'élevait dans les airs; la grive, le ramier, le bec-figue et une multitude d'autres faisaient entendre leur ramage, lorsqu'ils parvinrent à l'entrée d'une plaine semée de genêts et de bruyères, qui les conduisit à la vallée de Bathos. Cette vallée s'ouvre au sommet du mont Lycée, et, suivant sa pente, elle se prolonge jusque dans la plaine. En quittant les sommets toujours couverts de glaces de la montagne, ils suivirent un instant le cours de la fontaine Olympias, qui est à sec de deux années l'une, et dans le voisinage de laquelle la terre vomit des flammes. Là, de tous côtés, l'œil effrayé ne découvre que des scènes de destruction : un vent continuel y élève des tourbillons de sable; on n'y voit que des roches entassées et des masses suspendues et prêtes à s'écrouler : à leur couleur on dirait les débris d'un incendie. Quelques arbres desséchés attestent que rien ne peut plus croître dans cette terre désolée. Quand Tirtée et ses hôtes eurent atteint les limites du vallon, ils se reposèrent sur le tronc d'un vieux sapin. « Vous devez être étonnés, dit alors Tirtée, de vous trouver au milieu de ces ruines, lorsqu'à peine vous venez de quitter un pays si fertile. Votre surprise cessera quand vous saurez que c'est ici la vallée où les géants combattirent les dieux. Là s'assemblèrent ces monstres, moitié hommes moitié serpents; là ont rampé *Éphialte* et son frère *Otus*, de taille et de visage semblables à Orion : Hercule et Apollon leur crevèrent les yeux. Là *Pallas*, qui osa s'attaquer à Minerve, et *Polybotès*, sur le dos duquel Neptune jeta, lorsqu'il fuyait, la moitié de l'île de *Cos*. Là l'audacieux *Porphyrion*, monstre qui fut tué par Jupiter. *Antée*, qui reprenait ses forces en touchant la terre, les perdit avec la vie dans les bras d'Hercule; *Briarée*, qu'aucun des dieux n'osait approcher, avait cent bras, armés chacun d'un chêne enflammé : ses propres armes lui furent fatales; la foudre de Jupiter l'ayant renversé, il fut consumé dans ce vaste incendie.

« Le plus horrible de tous ces monstres était *Encelade*, fils de la Terre et du noir Tartare. Il avait cent têtes de dragon; de chacune de ses bouches s'échappait un son différent : des unes sortaient l'injure, le blasphème, la calomnie, les malédictions; d'autres rugissaient comme le lion ou éclataient comme le tonnerre; tantôt ces voix isolées poussaient chacune leur cri particulier; tantôt toutes ensemble faisaient entendre d'horribles mugissements. Ce monstre, fier de sa force, osa s'adresser à Jupiter : trois fois le roi des dieux lui lança un triple foudre de grêle, d'eau et de feu, et trois fois il opposa éclairs à éclairs, tonnerre à tonnerre; il combattait avec les feux de l'Érèbe, son père : on eût dit une vaste fournaise; les rochers fondaient autour de lui; les dieux effrayés cessèrent d'entourer Jupiter; Minerve même fut émue. Alors le maître des dieux saisit un foudre à qui rien ne résiste et qu'il réserve pour les impies. A cette vue le ministre veut fuir; mais le feu l'atteint au moment où il allait franchir le mont Hémus, ainsi nommé du sang qui s'échappait de ses plaies. La foudre s'attache à ses chairs palpitantes; ses artères et ses veines déchirées paraissent à découvert; un sang noir coule de sa poitrine et couvre ses membres foudroyés. Vainement il menace encore; Jupiter l'écrase sous le poids du mont Etna, d'où il vomit encore des torrents de flamme et de fumée.

« Mais rien ne fut égal à la punition du fils de Léphas. Il tenait de son père la haine des dieux, et de sa mère la haine des hommes : tout ce qui s'élevait l'offensait, il ne pouvait aimer que sa propre ambition. Dans le combat, il osa, comme *Encelade*, attaquer Jupiter, qui, pour le punir, lui inspira la plus funeste des pensées, celle de lutter ontre lui-même. Dévoué à sa propre rage, il attaque sans cesse sa propre vie; mais il l'attaque vainement, elle lui est toujours rendue pour donner une nouvelle proie à sa fureur, et, précipité dans le Tartare, il y devient le démon du suicide. »

Ainsi parla Tirtée. Cyanée versa des larmes sur le sort réservé aux impies. Tirtée dit : « Avançons, le soleil s'élève, il faut gagner la forêt avant qu'il soit d'aplomb sur nos têtes. » Une allée de verdure les conduisit à cette forêt, à l'entrée de laquelle on voyait un temple dédié au dieu Pan; le silence de ces beaux lieux n'était interrompu que par le chant des ramiers. Cyanée ne voulut point passer sans offrir ses vœux au dieu qui préside aux troupeaux. « Cette divinité, dit-elle, dédaigne les riches présents; mais elle accepte le lait et le miel offerts dans la coupe des bergers. *Pan et Arcas* naquirent de Jupiter et de la nymphe *Calisto*; ils étaient jumeaux, ils reçurent la vie dans les bois du mont Lycée. Mais *Pan* aime surtout le mont Ménale, où il fut nourri par la nymphe *Sinoé* et où il vit *Syrinx* pour la première fois. Cette belle chasseresse, poursuivie par le dieu, descendait des bois du Lycée; elle se précipita dans le Ladon et fut changée en roseaux qui gémissent encore auprès de la ville de Lycosure. Pan fut aimé de *Pitys;* mais *Borée,* son rival, dans sa fureur jalouse, précipita la nymphe du haut d'un rocher. Pan pria les dieux de la métamorphoser en pin; il fut exaucé, et voilà pourquoi ce bel arbre se plaît dans les montagnes et croît volontiers sur les bords des précipices; souvent il y penche sa tête battue des vents, et Pan se couronne de son triste feuillage. »

Tirtée et ses hôtes lui adressèrent leur prière; puis, suivant les détours d'un chemin qui montait toujours en serpentant, ils pénétrèrent dans le bois, où ils entendirent un murmure semblable à celui du zéphyr au milieu des arbres, lorsque le bruit des feuilles agitées se confond avec le chant des oiseaux, ou semblable à celui de la mer lorsqu'elle expire sur ces rivages. Bientôt ils arrivèrent sur une belle pelouse couverte d'un peuple immense. On n'entendait de toutes parts que le son des trompettes, des flûtes, des hautbois et des chalumeaux : ceux-ci dansaient en rond, ceux-là chantaient ou jouaient de la flûte; d'autres, assis à l'ombre des arbres, faisaient des bouquets et des couronnes de fleurs.

Au milieu de cette vaste pelouse on voyait un rocher ombragé de vieux chênes qui le couronnaient jusqu'à son sommet. Jupiter avait pris naissance dans ce lieu. Une majestueuse obscurité régnait sous ces arbres, tout chargés de mousse, de lichen et de longues scolopendres; lorsque le vent agitait leurs branches, il en sortait des sons harmonieux comme des chênes de Dodone. Du milieu de ce massif s'élevait une longue flèche de rochers sur laquelle les nuages se reposaient. Là, les douces colombes faisaient leurs nids; la biche blessée et poursuivie par le chasseur y trouvait un asile inviolable; tandis qu'au loin les bois retentissaient des cris des chasseurs et des aboiements des chiens. Il était défendu, sous peine de bannissement, de pénétrer sous ces ombrages sacrés. Trois nymphes y avaient nourri Jupiter: *Thisoa, Néda* et *Hagno;* la première avait donné son nom à une ville, la seconde à une rivière, et la troisième au ruisseau qui coule au bas de la pyramide. Pendant les grandes sécheresses le magistrat jette une branche de chêne dans la fontaine; soudain il s'en élève un brouillard qui s'étend sur toute l'Arcadie pour y entretenir l'abondance et la fraîcheur; aussi chacun vient sur ces bords offrir les prémices de ses biens. Les fils du laboureur y apportent les gerbes de leurs guérets, et la jeune bergère les fleurs de ses prairies. Souvent la biche timide et le daim farouche accourent à la vue de ces dons innocents; et, comme rassurés par la sainteté du lieu, ils les prennent jusque dans les mains des jeunes filles.

Tirtée, après avoir déposé son offrande aux pieds de la naïade, dit à ses hôtes : « Allons nous reposer sur le penchant de cette colline couronnée de pommiers sauvages, dont les fruits sont aussi variés et aussi brillants que des fleurs, et qui rappelleront à Céphas les doux ombrages de sa patrie. — Ah! dit Céphas, si les Gaulois ressemblaient aux Arcadiens, jamais je ne l'eusse quittée. — Sous ces beaux arbres, dit Tirtée, nous serons à l'abri de la chaleur, nous goûterons près de la foule les douceurs de la solitude, et notre vue s'étendra sur le lieu de la fête et sur les routes qui y aboutissent; nous y observerons les peuples qui arrivent de toutes les parties du Péloponèse. » Dès qu'ils furent sous ces pommiers, ils détachèrent les paniers de l'ânesse, qui se mit à paître sur la lisière de la forêt avec les troupeaux de quelques Arcadiens. Cyanée servit le repas sur l'herbe : après avoir béni les dieux, ils allaient s'asseoir, lorsqu'un jeune homme d'une figure charmante s'avança vers eux. Il s'approcha de Tirtée et lui dit : « Mon père, Lamon est près d'ici avec notre famille, il vous prie de venir le joindre; votre présence et celle de vos hôtes nous rendra plus agréables à Jupiter; si vous ne répondez pas à cette prière, vous pouvez être sûr que mon père ne tardera pas à arriver lui-même. — Lamon, dit Tirtée, se réjouit de nous voir; il faut donc nous rendre à ses vœux. Vous allez connaître, ô mes chers hôtes, une des plus heureuses familles de l'Arcadie; Lamon est un magistrat de Lycosure, il vous instruira mieux que moi des usages de ce pays. » Ainsi parla Tirtée; ensuite il rechargea l'ânesse, qui, docile, revint à la voix de Cyanée. Les chevaux et les bœufs, ornés de guirlandes comme s'ils eussent participé à la fête, obéirent également à la voix de leurs maîtres : car ils étaient aussi privés et aussi doux que les chiens qui veillaient auprès d'eux. A peine l'ânesse était-elle rechargée, qu'ils aperçurent le vieux Lamon qui s'avançait à travers la forêt. Agé de plus d'un siècle, sa démarche était ferme, son air vif et joyeux; on ne devinait son âge qu'à sa barbe, qui descendait à grands flots sur sa poitrine; tous ses mouvements annonçaient une vieillesse verte et vigoureuse. « Voilà, dit-il à Tirtée, bien du temps que vous êtes loin de nous : eh quoi! vous laisserez-vous toujours consumer par la tristesse ? la solitude ne convient pas à ceux qui souffrent : amenez avec vous ces étrangers; qu'ils se réunissent à ma famille. » Il dit, et Tirtée suivit ses pas.

La nombreuse famille de Lamon était assise sous un vaste tilleul qui la couvrait à peine de son ombre; auprès de là étaient rangés trois chariots autour desquels on voyait paître un grand nombre de jeunes taureaux qui servaient à les traîner. A l'approche de Lamon et de ses hôtes, neuf jeunes filles, belles comme les Muses, se détachent du groupe; elles entourent Cyanée, et, en l'embrassant, elles disaient entre elles : « Comme elle est embellie ! il semble que sa taille soit plus parfaite, que son teint ait plus de blancheur qu'à notre dernière entrevue. » En parlant ainsi, elles la conduisirent vers le lieu du festin : on s'assit sur l'herbe, et l'on apporta un jeune sanglier, des gelinottes et des pâtisseries. Sur la fin du repas, on chanta un hymne à Jupiter; mais à peine les chants étaient-ils finis que Lamon, adressant la parole à Tirtée et à ses hôtes, dit: « J'ai une grâce à vous demander; souvenez-vous qu'on n'en refuse aucune le jour de la fête de Jupiter : c'est que vous veniez faire, dans quelques jours, les vendanges avec nous; jamais les vignes n'ont été si richement chargées. — Pour moi, j'y consens, » dit Tirtée;

puis s'adressant à Céphas et à Amasis : « Rien ne vous presse pour votre départ; vous ne connaissez point encore nos mœurs et nos coutumes, et sans doute vous ne refuserez pas d'apprendre comment les étrangers sont reçus en Arcadie. » Amasis gardait le silence, il balançait dans la crainte d'être à charge à ses hôtes; mais Céphas dit : « Ce que vous nous proposez est trop agréable pour ne pas l'accepter; nous resterons donc parmi vous, puis nous irons visiter ces belles villes dont les tours s'élèvent à l'horizon. » Ce consentement répandit la joie dans la famille de Lamon, qui n'était qu'en partie rassemblée : car il comptait six gendres, neuf filles, deux fils et un grand nombre de petits-enfants. Pendant que les jeunes filles arrangeaient sur les chariots les restes du repas, Amasis, Tirtée et Céphas se placèrent auprès de Lamon. Du lieu où ils étaient on apercevait les coteaux du Ménale et les différentes routes qui aboutissaient dans la plaine où la foule était rassemblée, et cependant on voyait encore les différents peuples accourir de toutes parts : ceux de Pholoé venaient à cheval, ceux du Ménale à pied ou dans des chariots; des barques légères remontaient l'Alphée, et leurs voiles blanches se détachaient sur la verdure des prairies et disparaissaient derrière les saules et les roseaux pour reparaître bientôt. « Une chose m'étonne, dit Céphas, c'est la beauté singulière des peuples d'Arcadie; elle les fait distinguer des autres Grecs par je ne sais quoi d'heureux. Les vieillards même conservent un air frais et vigoureux, et je n'ai rien vu d'aussi aimable que vos femmes et vos enfants : devez-vous ces avantages à la situation du pays, ou à l'air sain des montagnes ? — La beauté, dit Lamon, est un don des dieux, elle naît du bonheur et du calme de l'âme. » Céphas repartit : « Ainsi la beauté des Arcadiens naît du sentiment de leur bonheur. Mais tous sont-ils donc heureux ? Rien n'est plus touchant, sans doute, que cette multitude de peuples qui s'unissent par des chants religieux, et cependant je suis fâché de ne voir ici ni les serviteurs, ni les esclaves, ni les pauvres, comme s'ils n'étaient pas dignes de participer à la fête des dieux. Où sont vos prêtres, vos autels, vos sacrifices ? Combien l'Égypte l'emporte à cet égard sur tous les peuples du monde ! On y voit une multitude de temples consacrés à Jupiter, à qui vous n'avez pas même élevé une statue, et qui cependant eut son berceau parmi vous. On y entend sans cesse la mélodie des voix et des instruments. Les prêtres y offrent tous les jours de nouvelles victimes et y brûlent de l'encens avec des cérémonies d'une grande magnificence.

— O étranger ! reprit Lamon, nous avons aussi élevé des temples et des statues à Apollon, à Pan, à Minerve, ces dieux protecteurs de l'Arcadie ; mais qui oserait élever un temple à Jupiter ? La terre, la mer, les cieux, ne racontent-ils pas sa puissance ? Vous parlez de temple ; mais ces hautes forêts ne sont-elles pas plus élevées que des colonnes ? Est-il une voûte plus majestueuse que celle des cieux, des flambeaux aussi brillants que le soleil, un encens plus doux que celui des fleurs, une musique plus touchante que la reconnaissance des peuples, et des pontifes plus vénérables que les magistrats des nations ? Vous demandez qu'on élève une statue à Jupiter ; quel art exprimera donc une puissance si opposée à notre faiblesse, une durée si contraire à notre rapidité, une immensité si éloignée de notre petitesse? Ah! si quelque chose peut donner une idée de cette sublime image, c'est l'aspect de l'homme vertueux et juste qui, à l'exemple de Jupiter lui-même, s'occupe du bonheur des misérables mortels.

« Vous avez parlé de serviteurs et d'esclaves ; nous n'en avons point : aucun Arcadien ne se soucie de servir ni d'être servi ; l'échange des soins les plus doux se fait entre les personnes qui vivent sous le même toit, des enfants aux pères et des pères aux enfants. L'aisance ne se rencontre que dans les familles nombreuses ; nous nous gouvernons bien plus par les mœurs que par les lois : aussi c'est l'éducation de nos enfants que nous soignons sur toute chose ; ils sont élevés non par la puissance des préceptes, mais par la douceur de l'habitude. Une enfance heureuse et une jeunesse paisible servent à prolonger la vie : aussi il n'est pas rare, comme vous le voyez ici, de voir en Arcadie des pères entourés de quatre générations. Quant à ceux qui sont privés du bonheur d'être pères et qui vieillissent dans l'isolement, leurs parents s'empressent de les recevoir chez eux ; et au défaut de parents, les voisins réclament le droit de les recueillir. Comme l'amour de la patrie dépend de l'union des familles, on s'est bien gardé de détourner les affections naturelles par des éducations étrangères. La patrie ne donne ici aucun prix aux talents ou à la science, mais elle en accorde à la vertu ; et, par un effet bien naturel, ce me semble, la vertu inspire le goût de la science et des talents. Vous ne verrez pas ici de grands monuments, mais vous en verrez beaucoup d'utiles ; les arts y sont portés à un haut degré de perfection : nos statuaires sont célèbres par les expressions sublimes ou charmantes qu'ils donnent à la beauté. Nos mœurs si simples ne mettent aucune entrave à l'essor du génie, mais elles lui inspirent des grâces divines, et qu'on aurait pu croire inexprimables. Du reste, on n'examine point ici comme une chose est faite, mais pourquoi elle est faite; l'imposture et le charlatanisme y sont inutiles, car personne ne profite de l'erreur. Quant aux douleurs et aux maux du corps, la vie simple que nous menons n'engendre jamais de maladies aiguës : aussi l'exercice en santé, le repos et la diète dans la maladie, et surtout une bonne conscience, sont les seuls médecins de l'Arcadie.

— Dans un pays si heureux et si libre, reprit Céphas, il semble que les sciences ont dû faire d'immenses progrès. Vous avez sans doute des astronomes et des mages plus habiles que ceux de l'Égypte. »

Lamon reprit : « La vertu vaut mieux que toutes les sciences; il n'y a que la vertu qui rende l'homme heureux. Nous ne nous attachons jamais aux causes naturelles, mais nous remontons jusqu'à la divinité. Comme elle est le principe de toutes choses, elle en est aussi la conséquence. Au lieu que vous vous élevez jusqu'aux principes les plus abstraits de la science, où l'esprit se confond, où l'œil n'aperçoit plus rien, nous descendons au contraire des principes aux résultats, comme la nature nous l'enseigne, et nous nous arrêtons là. On dit que vous savez la cause des mouvements du soleil; nous savons, nous, qu'un dieu conduit son char. Vous connaissez l'origine des fontaines, tandis que nous adorons les nymphes qui les laissent échapper de leurs urnes bienfaisantes. Vous calculez le cours des étoiles; nos pères nous ont appris que des hommes fameux par leurs vertus y résident. Partout nous voyons des dieux; c'est dans leur sein que nous aimons à nous reposer. Ce ne sont point les sciences de l'Égypte qui ont appris aux hommes à semer le blé ou à préparer le vin : deux enfants de Jupiter, Bacchus et Cérès, président par son ordre aux moissons et aux vendanges. La vie de l'homme est si courte, il y a si peu de temps pour la vertu, comment en resterait-il pour la science? Vous avez, dit-on, en Égypte, recueilli toutes les plantes, décrit tous les animaux, disséqué le corps humain; pour nous, nos champs renferment nos végétaux, et nous n'étudions l'homme que lorsqu'il est animé par l'âme qui le fait homme.

— Il paraît, dit Céphas, que vous suivez en tout les penchants et les instincts de la nature; vous devez donc vous livrer à la vengeance, à la haine, au plaisir, qui sont des penchants naturels. »

Lamon repartit : « Le premier instinct, l'instinct universel de l'homme, est son bonheur; or le vice ne fait pas le bonheur : la vengeance détruit les lois; les excès affaiblissent la santé, qui est le premier des biens; l'inconstance s'oppose au mariage et divise les familles. Au contraire, chaque vertu attire une portion du bonheur : la tempérance, la santé; la constance, les douces unions; et le mariage, l'amour de nos enfants. Ainsi, la vertu, en faisant le bonheur particulier, fait le bonheur général; c'est ce que l'expérience nous apprend, et nous nous en tenons à l'expérience.

— Mais, dit Céphas, il me semble qu'on ne doit quitter tant de biens qu'avec peine, et que la vieillesse et la mort sont d'autant plus cruelles que les plaisirs de la jeunesse ont été ravissants.

— La nature, dit Lamon, nous fait sortir de la vie aussi doucement que nous y sommes entrés, sans nous en apercevoir. Est-il rien de plus heureux que la vieillesse? Délivrés des passions, les hommes ne s'occupent plus que de la vertu; ils ressemblent déjà aux dieux : ils ne font que du bien et reçoivent de tous ceux qui les approchent des hommages et des respects. Leurs espérances ne sont plus pour une vie passagère, mais pour une vie immortelle, pour un bonheur sans fin. Ils regardent la mort comme le plus doux des asiles; car, une fois sortis de la vie, ils deviennent les dieux de leurs familles et de leur patrie. La perte de nos parents, celle de nos amis, nous porte à penser qu'un jour nous serons tous réunis; loin de les éloigner de nous après leur mort, ils reposent dans nos jardins, dans les lieux de nos réunions et de nos plaisirs; nous croyons qu'ils prennent part à notre bonheur, comme un jour nous prendrons part à celui dont ils jouissent. Ainsi la mort se présente à nous comme l'entrée d'une vie plus heureuse : car la vie de ce monde, même en Arcadie, est mêlée de beaucoup de maux; les dieux l'ont voulu pour nous ramener à eux par le malheur.

— Cependant, reprit Céphas, le bonheur, en Arcadie, semble fait surtout pour la jeunesse : car la vieillesse ne peut plus aimer, et il ne lui reste que le regret des plaisirs qu'elle a perdus. » Tirtée prit alors la parole et dit : « Ah! que vous connaissez peu le plaisir d'avoir bien vécu! Les ouvrages du grand Jupiter vont toujours de perfections en perfections; d'une graine s'élève d'abord une tige verdoyante; elle devient ensuite un arbre qui se couvre de fleurs et donne des fruits; ces fruits se multiplient et forment des vergers et des forêts qui pourraient s'étendre à l'infini. Ainsi l'homme n'est d'abord qu'un enfant : élevé par les caresses de sa mère, il est heureux; l'âge d'aimer vient, il se marie, c'est l'âge le plus doux; il devient père et roi, et ses jouissances augmentent à mesure qu'il avance dans la vie. Déjà les folles passions l'abandonnent, sa raison le conduit, son expérience le fait adorer de tous. Plein de confiance et de sagesse, il s'approche du terme sans regret : car il n'a que d'heureux souvenirs. Et que regretterait-il sur la terre? ce qu'il a de plus cher a déjà pris les devants : ses aïeux, ses amis, le doux objet de son amour, tout a disparu; un peuple nouveau se présente, qui ne le connaît que pour le vénérer comme un dieu. Vouloir retrancher la vieillesse de la vie, c'est vouloir en retrancher les plus délicieux souvenirs, c'est vouloir retrancher la nuit du cercle du jour, la nuit, qui nous rend seule la vue des cieux. Le jour, nous ne voyons que les objets de la terre, l'astre de la lumière nous éblouit; mais la nuit, quand la terre a disparu, la majesté du ciel se montre, nos regards pénètrent jusqu'à l'habitation des dieux. Ainsi la vieillesse découvre un spectacle inconnu à la jeunesse et jouit du bonheur infini dont elle s'approche. Vouloir ôter à la vie son dénouement, qui est la mort, c'est vouloir anéantir le temps des récompenses et de la vraie félicité. Pourquoi marchons-nous sur les pas des héros, si nous ne devons plus les revoir? Pourquoi honorons-nous les dieux, si nous ne devons plus les connaître? Ce monde, si bien ordonné dans toutes ses parties, ne serait donc qu'un vain spectacle, dont les acteurs se renouvelleraient sans cesse et sans but? La vertu ne mérite-t-elle aucun prix? Divin

Hercule ! toi qui honoras ces lieux par tant d'actions d'éclat, tes vertus n'auraient été suivies d'aucune joie, tes bienfaits n'auraient mérité aucune récompense? Ah ! ma vieillesse ne s'est pas vainement promis de te voir dans une vie immortelle ! Et vous, mes enfants ! vous qui ne fîtes qu'apparaître sur la terre et dont aucun bien n'a pu me faire oublier la perte ; vous, pieux compagnons de ma jeunesse, et vous aussi, chère épouse, qui faisiez les délices de ma maison, maintenant solitaire, vous entendez sans doute ces derniers accents de ma voix affaiblie, et vous vous préparez à me recevoir dans votre sein ! » A ces mots Cyanée, ne pouvant plus contenir son émotion, se mit à fondre en larmes ; et tous désiraient de mourir, goûtant par avance le bonheur de revoir leurs amis qui les avaient précédés dans les champs Élysiens.

Cependant Amasis s'informait auprès d'un des fils de Lamon du nom et des mœurs des différentes tribus qui arrivaient de toutes parts. Le jeune berger lui fit d'abord remarquer les robustes habitants de la Messénie, qui fécondent une terre aride ; puis les peuples si doux de l'Élide, qui ne respirent que les fêtes ; les belliqueux Achaïens, et ceux de la voluptueuse Sicyone ; les Épirotes, les Acarnaniens, les habitants de l'Étolie ; les rudes Molosses, descendus de leurs montagnes ; les peuples de Delphes, ville célèbre par ses oracles ; ceux de Samos, qui naviguent par toute la terre ; les Dolopes, si légers à la course, qui se vantent d'être compatriotes du vaillant Achille ; enfin les Athéniens, si ingénieux, assemblés par Cécrops, et les Spartiates, si remarquables par une beauté mâle et par la sévérité de leurs mœurs. « Montrez-moi, dit Amasis, les habitants d'Argos ; Céphas et moi, nous voulons aller visiter la patrie du grand Agamemnon. — Les peuples d'Argos, répondit le fils de Lamon, sont ceux dont la physionomie est si sérieuse et si fière ; nous pourrions savoir d'eux quelle distance les sépare de nous, et combien ils ont mis de temps à se rendre jusqu'ici. » Alors Amasis et le fils de Lamon abordèrent un homme d'Argos, qui répondit ainsi à leurs questions : « Il ne faut que deux jours de marche pour se rendre à Argos ; mais, aimables bergers, vous qui êtes assez heureux pour ignorer ce qui se passe à la cour des rois, ne venez point dans cette déplorable cité ; vous n'y verriez que des infortunés. » Aussitôt une profonde tristesse se peignit dans tous ses traits, et il ajouta en s'éloignant : « Vous suppliez les dieux de protéger vos plaisirs, tandis que nous venons demander à Jupiter de soulager nos maux. — Eh quoi ! dit Amasis, voilà donc le sort de tous les rois ! partout je les ai vus enviés et malheureux ! » Le jeune fils de Lamon lui répondit : « Ce sont les hommes qui font leur propre malheur ; les lois de la nature sont toutes fondées sur l'amour ; les lois humaines le sont sur le besoin de punir le crime. Heureux ceux qui ne sont gouvernés que par les lois de la nature ! Mais l'Arcadie, aujourd'hui si riante, n'est point arrivée de suite à cet état de perfection ; elle a eu des mœurs sauvages, et rien n'était égal alors à la désolation qui régnait parmi nous.

« Les hommes ne se sont rien donné, ils doivent tout aux dieux : Jupiter versa les fruits dans nos jardins, Cérès nous apporta le blé, Bacchus le vin, Pan les troupeaux, Vénus nous envoya les doux présents qui ravissent les cœurs. Quand Jupiter créa le monde, les arbres avaient des fruits, mais point de fleurs; les ruisseaux coulaient sans murmure; les animaux se voyaient sans se chercher, sans se livrer à leurs jeux et à leurs instincts; les oiseaux ne chantaient point encore; enfin le monde était comme une broderie, comme une œuvre inanimée; tout y était monotone, sans joie. Mais Vénus parut, conduite par les néréides, sur la surface des mers; elle prit ses cheveux avec ses belles mains, elle en pressa l'eau et les laissa flotter sur ses épaules; les Heures vinrent au-devant d'elle et lui donnèrent une robe de pourpre; les Zéphyrs la poussèrent doucement sur les rivages de Cythère, et l'Amour naquit pour la recevoir. D'abord elle se baigna dans l'eau des fontaines, et les ruisseaux se mirent à murmurer; chaque herbe qu'elle touchait en marchant se couvrait de fleurs; chaque oiseau qui la voyait se mettait à chanter. Elle cueillit des branches de myrte dont elle se fit une couronne. Alors les Heures rattachèrent les tresses de ses cheveux avec un bandeau de mille couleurs, et la conduisirent au ciel, où son aspect ravit les dieux; dès ce moment l'homme sentit le désir de la suivre dans les cieux, où elle fait la joie des immortels.

— Voilà, dit Amasis, une charmante allégorie de la plus noble des passions. »

Amasis achevait à peine ces paroles que les filles de Lamon vinrent annoncer que la fête du mont Lycée allait commencer. Elles étaient suivies de plusieurs jeunes bergères. . . . .
. . . .

Déjà l'ombre des montagnes se prolongeait dans les

vallées lorsque la foule qui entourait le mont Lycée se divisa en quatre chœurs : le premier, formé d'enfants qui se tenaient par la main, et dont quelques-uns pouvaient à peine marcher; le second, de jeunes gens des deux sexes groupés ensemble, ou marchant deux à deux; le troisième, d'hommes mariés et de jeunes femmes ou de jeunes mères portant leurs enfants entre leurs bras; le quatrième et le dernier était composé de vieillards, dont les cheveux blancs imprimaient le respect.

Les enfants commencèrent à chanter d'une voix douce et touchante :

« O Jupiter, exauce les souhaits de l'innocence, verse de tes mains bienfaisantes les moissons sur nos terres et le lait dans les mamelles de nos brebis. O Jupiter! roi des dieux, sois le père de l'heureuse Arcadie. » Et tout le peuple répétait : « Sois le père de l'heureuse Arcadie. »

Les jeunes gens destinés à s'unir priaient le maître des dieux de bénir leur tendresse et de ne point souffrir de perfides dans l'heureuse Arcadie.

Les hommes mariés chantaient sur le mode dorien : « O Jupiter! bénis nos enfants qui appartiennent aussi à l'heureuse Arcadie. » Et les vallées et les échos des montagnes répétaient : « Nos enfants appartiennent à l'heureuse Arcadie. »

Après ces chants pieux, tous ces peuples se séparèrent en s'invitant à venir se voir : les uns descendirent à travers les prairies baignées par le Myolus, les autres suivirent les rives du Nisa ou celles de l'Achéloüs, tous emportant dans leurs cœurs la paix et un doux sentiment de piété. Céphas et Amasis, charmés de ce qu'ils voyaient, désiraient beaucoup céder aux prières de leurs hôtes et séjourner dans ces beaux climats; mais ils étaient combattus par la crainte d'être à charge à celui qui les avait accueillis. Céphas dit à son ami : « Lorsque nous partîmes de la Gaule, le roi nous donna trois lingots d'or; l'un a suffi aux dépenses de notre navigation; des deux qui nous restent l'un nous défrayera jusqu'en Égypte; prions Tirtée d'accepter l'autre, et restons encore quelques mois en Arcadie. » Amasis saisit cette idée avec joie; ils allèrent donc vers Tirtée et lui dirent : « Vous nous avez appris que vos magistrats trafiquent avec les étrangers; acceptez ce morceau d'or, vous en achèterez un troupeau, et il vous rappellera notre séjour auprès de vous. »

Tirtée répondit : « Vous dites que ceci est de l'or; j'ai entendu parler de ce métal qui fait tant de mal au monde; mais il est inutile ici, où l'on ne fait usage que du fer qu'on trouve dans nos montagnes. Il est vrai que nos magistrats trafiquent avec les étrangers pour les intérêts de la nation; mais les particuliers ne font aucun commerce, et leur richesse est dans leurs champs et dans leurs troupeaux. L'usage de l'or est un grand mal, puisqu'il peut faire vivre les hommes sans travailler. Le travail fait le bonheur, il est le compagnon de la vertu, du repos et de l'abondance. Le possesseur d'un métal inutile est bien malheureux; il étend ses désirs à tout, sa convoitise n'a plus de bornes. Oh! quel pernicieux trésor que celui qui peut également payer les bonnes et les mauvaises actions! Mais, les dieux en soient loués! ces faux biens nous sont inconnus. »

Cyanée, qui craignait qu'un refus n'affligeât ses hôtes, se prit à dire : « Peut-être avec cet or on ferait un vase à bouillir le lait ? » Aussitôt Céphas lui présenta le lingot. « Mais, dit-elle, comme il est lourd ! Oh ! nos vases de terre sont plus légers et plus commodes ; à quel usage pourrait-on donc l'employer ? »

Tirtée reprit : « Cet or, tant estimé des peuples qui s'éloignent de la nature, est trop mou pour couper, trop lourd pour faire des vases, trop dur pour servir aux mêmes usages que le plomb.

— Eh! bien ! dit Amasis, nous en ferons une chaîne pour Cyanée.

— Une chaîne ! dit Cyanée en riant, si mes compagnes me voyaient un ornement si étrange, elles me croiraient devenue esclave. D'ailleurs, l'éclat de ce métal approche-t-il de celui des anémones de nos prés ? a-t-il la forme des fleurs, leur légèreté, leurs nuances variées et leurs bonnes odeurs ?

— Si vous ne voulez pas de notre or, dit Amasis, permettez du moins que je partage vos travaux.

— Volontiers, reprit Tirtée ; voici justement des arbres qui sont restés sans culture : la terre ne demande qu'à rendre ; mais j'ai perdu mes enfants, et mon patrimoine est triste et négligé. »

Ils se dirigèrent alors vers un petit tertre couvert de cyprès : c'était le tombeau des ancêtres. Une allée de saules conduisait de là jusqu'à la cabane, et se prolongeait vers la place où jadis était situé le jardin. Cet espace renfermait tout le patrimoine du berger. Arrivé chez lui, il dit à ses hôtes : « Reposez-vous ici. Ailleurs l'hospitalité est un devoir, mais en Arcadie elle est un bonheur. » Après quelques jours de travail ;

Amasis dit à son ami : « Voilà que le jardin n'a plus besoin de nos bras; mettons-nous en route, nous visiterons les autres contrées de l'Arcadie et nous serons de retour au temps des vendanges. » Céphas lui dit : « J'approuve vos pensées; peut-être recueillerons-nous quelques plantes utiles à nos hôtes; ils n'estiment que les biens naturels, et l'or ne peut rien ajouter à ce qu'ils possèdent. »

Le départ arrêté, Céphas dit à son hôte : « Quelques jours s'écouleront encore avant que les raisins soient bons à couper, nous allons en profiter pour parcourir ce beau pays : Amasis est destiné à vivre dans une grande nation; il est nécessaire qu'il apprenne parmi vous les choses qui peuvent le rendre heureux. » Aussitôt que Tirtée connut le dessein de ses hôtes, il se hâta de faire préparer tout ce qui leur était nécessaire. Cyanée cueillit des fruits et pétrit des gâteaux; elle mit ensuite du vin dans des vases, car son père avait dit que le vin était un des meilleurs compagnons de voyage. Pendant ces apprêts, Tirtée traça une carte de l'Arcadie sur une écorce de bouleau, et montra à Céphas la route qu'il devait suivre. Le matin étant venu, il conduisit les deux voyageurs jusqu'à l'entrée du vallon; puis, avant de prendre congé d'eux, il leur recommanda de ne point marcher pendant la chaleur du jour. « Si vous êtes pressés par la soif, dit-il, ne vous arrêtez pas après avoir bu de l'eau des fontaines; évitez surtout l'ardeur du soleil, dangereuse dans cette saison. » Après quelques instructions semblables, il leur donna à chacun un épieu pour se défendre des bêtes féroces, les assura que partout ils trouveraient bonne réception; puis il les quitta en les recommandant aux dieux.

Les deux voyageurs passèrent le Myolus et le Nisa; de là ils suivirent le chemin qui conduit au mont Lycée, dont ils découvraient à peine le sommet couvert de nuages; arrivés au pied de cette montagne, ils virent le château de Lycaon; il était en ruine, et ces ruines, noircies par les siècles, ressemblaient à un immense bloc de bronze. Bientôt ils arrivèrent au pied des hauteurs du Ménale. Là, ils s'arrêtèrent pour éviter l'ardeur du soleil, et voyant à quelques pas d'eux un immense troupeau, formé de toutes les chèvres de plusieurs bergers, qui les conduisaient au son de la flûte, Céphas proposa de s'approcher d'eux : « On juge bien, dit-il, des mœurs d'une nation par celles de ses enfants. » Ils vinrent donc au milieu d'une troupe de jeunes filles et de jeunes garçons, groupés autour d'un petit enfant qui pleurait sur une chèvre couchée à ses pieds. Les uns présentaient à l'animal expirant des branches de cytise; d'autres, des épis encore verts, dérobés dans les champs de Cérès; quelques-uns chassaient les mouches avec les tiges fleuries du genêt; mais leurs efforts ne pouvaient rien. Le jeune berger leur disait : « Elle a été ma nourrice, mon père me l'avait donnée, en me promettant qu'elle ne me serait jamais ôtée; et voilà qu'elle meurt, et qu'il faut la perdre pour toujours ! Ah ! c'est en vain que vous lui offrez les fleurs du cytise, elle n'a rien voulu recevoir de ma main. » Pour le consoler, ses amis lui disaient : « Il faut espérer que Jupiter, à cause de ta perte et de ta douleur, mettra ta nourrice auprès de la chèvre Amalthée, qui lui a donné son lait. » Cependant la chèvre, ne pouvant plus soulever sa tête, tournait encore ses yeux sur son cher nourrisson; mais bientôt elle expira, malgré les soins de tous ceux qui l'environnaient. Alors les bergers emmenèrent le jeune enfant loin de ces lieux, pendant que les plus forts se mirent à creuser la terre, et que d'autres plaçaient la chèvre sur des branches de chêne et la couvraient de verts feuillages.

Dès qu'ils furent éloignés, Céphas et Amasis, assis au pied d'un arbre, se mirent à contempler les rives charmantes d'une rivière qui coulait à peu de distance. Plusieurs enfants revinrent alors sur leurs pas et dirent : « Si vous êtes étrangers, ne restez pas ainsi seuls dans nos champs, venez au hameau : nous adorons Jupiter, et nous respectons les hôtes qu'il nous envoie. » A ces mots, les uns conduisirent les voyageurs vers les collines où ils avaient leurs habitations, les autres se séparèrent de la troupe pour aller avertir leurs familles. Céphas et Amasis furent reçus par des hommes simples, qui s'empressèrent de les accueillir et de leur présenter du lait de leurs troupeaux. L'après-midi, ils se remirent en route ; et le soir ils arrivèrent au milieu d'une prairie. Des bergers vinrent au-devant d'eux, et les invitèrent à se reposer dans une grande laiterie, où plusieurs familles rassemblées préparaient des fromages et pétrissaient le beurre avec du sel. Pendant que les mères et les filles étaient occupées de ces différents travaux, les hommes s'employaient au dehors à dompter de jeunes taureaux pour le labourage, et, les accouplant à des chariots, ils les accoutumaient à obéir à la voix : nos voyageurs apprirent qu'on faisait tous ces apprêts pour aller à la foire de Tégée. La propreté, l'abondance et la joie régnaient dans cette maison ; tout le monde s'empressa d'accueillir les deux amis. Celui qui paraissait le chef dit à Céphas : « Je ne puis m'éloigner, mais demain mon fils aîné vous mettra sur votre route; il vous conduira jusqu'aux lieux où naquit Esculape; car ce dieu est né parmi nous; il fut élevé par le centaure Chiron, qui lui apprit la médecine; vous verrez, sur les bords fleuris du fleuve Luse, le bosquet où il fut nourri par une chèvre. Cette chèvre appartenait à un pâtre qui se nommait Antélaüs : le hasard lui fit découvrir que tous les jours, à la même heure, sa chèvre quittait le troupeau; il la suivit et reconnut avec surprise qu'elle s'arrêtait auprès d'un enfant à qui elle donnait sa mamelle. Des flammes sortaient de la tête de l'enfant. Le pâtre le prit et le donna à une nourrice nommée Tégon. Depuis ce temps ce lieu est sacré; il est défendu d'y naître et d'y mourir. Mais vous y apprendrez plusieurs excellents préceptes pour conserver votre santé. Je me souviens de celui-ci : « Exerce ton corps et repose ton esprit. » Après ces mots le berger se retira, et chacun fut prendre du repos.

Dès qu'il fut jour, les voyageurs se remirent en route. Ils virent, en passant, le lieu où naquit Esculape et côtoyèrent le Ladon jusqu'à Telphuse; de là, ils traversèrent l'Érymanthe bouillonnant, et virent, dans les vastes plaines qui mènent à Olympie, les superbes chevaux qu'on élevait pour les courses. Les oliviers ondoyants, dont on couronne les vainqueurs, ombrageaient la chapelle de Vénus-Uranie. Les habitants de ces beaux lieux se croient plus heureux que les autres habitants de l'Arcadie, parce qu'ils peuvent assister à toutes les fêtes. Ils n'ont besoin ni de ponts ni de bateaux, leurs chevaux ne les quittent jamais; ces animaux, dressés avec douceur, partagent l'habitation de leurs maîtres et couchent sous les tentes au milieu des femmes et des enfants ; ce sont des compagnons et des amis.

Après quelques jours de repos chez ces peuples singuliers, Céphas et son ami tournèrent leur route vers les montagnes, traversèrent des plaines où de riches troupeaux faisaient retentir l'air de leurs cris, et visitèrent le mont Cyllène, dont le sommet est couvert de glaces éternelles ; de là ils se dirigèrent vers des fumées qui s'élevaient de toutes parts au sein d'immenses forêts de sapins ; ils y trouvèrent de vastes cabanes habitées par des hommes vêtus de la dépouille des animaux sauvages. Là le fer coulait dans les forges, qui retentissaient des coups de marteaux. Ce métal prenait toutes les formes sous la main habile des forgerons ; on le façonnait en faux tranchantes, en tridents, en socs de charrue. Nos voyageurs furent accueillis avec hospitalité par ces noirs enfants de Vulcain.

En quittant ces lieux ils descendirent les hauteurs pour entrer dans les vallées du mont Érymanthe ; ces vallées n'étaient point habitées : les animaux sauvages y trouvent des retraites inaccessibles, sur des rochers couverts de bruyères pourprées ou de genêts à fleurs d'or. Au sommet des collines, au-dessus des bruyères et des genêts, croissaient des pins et des oliviers sauvages ; un peu plus haut, le fleuve Érymanthe se précipitait en bouillonnant à travers les roches. Les voyageurs franchirent plusieurs collines avant de descendre dans la vallée, et vers le milieu du jour ils arrivèrent sur le bord du fleuve. Là ils se reposèrent

à l'ombre d'un rocher et contemplèrent les pics de la montagne et ses croupes, qui, frappées des rayons du soleil, paraissaient tout étincelantes de lumière. Les monts étaient couronnés d'arbres toujours verts; dans la plaine, les bords du fleuve paraissaient entrecoupés de riants pâturages, tandis que sur les cimes éloignées des montagnes des troupeaux de cerfs s'arrêtaient attentifs, et que des chevreuils, suivis de leurs petits, gravissaient des roches en précipice. Ces scènes de l'hiver n'étaient animées ni par l'aspect ni par la voix de l'homme; seulement les coqs de bruyère et les francolins faisaient retentir ces solitudes de leurs cris aigus. A cette vue, Céphas soupira au ressouvenir du Nord; Amasis lui dit: « Que ces lieux sont paisibles! comme la pensée d'Hercule, qui a chassé dans ces lieux la biche aux pieds d'airain, ajoute à leur beauté! c'est la vertu qui honore la terre. Que la nature est belle, ornée par les mains des dieux! elle semble appeler les travaux de l'homme, et sa magnificence est la promesse de ses bienfaits. Que ne pouvons-nous vivre ici! je cultiverais ces landes désertes, je ferais croître la vigne à la place de ces genêts, ces prairies nourriraient un troupeau, je ferais retentir de ma flûte ces rives désertes, et je mêlerais ma voix à celle des oiseaux. » . . . .
. . . .

Après avoir traversé une vaste forêt, ils arrivèrent au sommet d'une montagne d'où l'on découvrait une ville magnifique; c'était Argos. « Voilà la cité d'Agamemnon, dit Céphas, irons-nous la visiter? — Non, dit Amasis. Je ne souhaite plus rien hors de l'Arcadie; je préfère la cabane de Tirtée au séjour d'Argos;

mais puisqu'il faut voyager jusqu'aux vendanges, tâchons de visiter les bergers qui habitent les rives de l'Inachus. » Ils se remirent donc en route; mais le temps était si couvert et les chemins si mauvais qu'ils ne tardèrent pas à s'égarer. La nuit vint les surprendre, et ils résolurent de se mettre à l'abri sous un massif de sapins et d'allumer du feu pour écarter les bêtes féroces. Cependant leurs provisions étaient épuisées : ils recueillirent quelques châtaignes si vertes qu'ils furent obligés de les jeter. Céphas dit alors: « Puisque les arbres nous refusent leurs fruits, voyons si les eaux nous seront plus favorables; le poisson aime les lieux solitaires, et j'ai aperçu un ruisseau au milieu des rochers. » Amasis le suivit, et ils trouvèrent plusieurs poissons, qu'ils dardèrent avec leurs épieux. Céphas fut le plus heureux : il frappa une truite et la jeta sur le gazon; alors ils allumèrent du feu à la manière des Gaulois, avec du bois d'if et de lierre, et ils firent griller leur proie sur des charbons ardents. La soirée était fraîche, et un orage terrible commençait à éclater: c'était l'époque des coups de vent de l'équinoxe; ils se hâtèrent de préparer un lit de feuilles sèches et se couchèrent à la pâle lueur des éclairs. Bientôt la pluie tomba par torrents, les vents faisaient gémir au loin la forêt; mais ils étaient à l'abri sous un épais feuillage, et tous ces bruits lointains ne firent qu'augmenter les charmes de leur repos.

Le lendemain Amasis dit à son ami: « Que j'aime la liberté de cette vie sauvage! Qu'elle m'est chère avec vous! Ainsi j'aurais voulu vivre autrefois; aujourd'hui un sentiment plein de douceur m'attache ici,

Ce ne sont point seulement les mœurs de l'Arcadie qui me charment; je ne suis plus heureux qu'auprès de la fille de Tirtée. L'aimable Cyanée m'a laissé un souvenir que rien ne peut effacer; elle me ferait oublier la Gaule, l'Égypte et l'Arcadie; enfin, je n'ai plus de goût que pour la vie des bergers. Je me rappelle sa tendresse pour ses parents, pour ses amis, pour les malheureux; sa religion si douce, sa modestie et ses grâces naïves : il me semble que je n'ai point d'autres souvenirs. Le reste m'est indifférent; il n'y a plus que Cyanée pour moi dans la nature.

— Les dieux, dit Céphas, veulent sans doute vous récompenser en Arcadie du bien que vous avez fait dans la Gaule. Une femme vertueuse est le plus beau présent qu'ils puissent faire à l'homme. Elle est sa joie, sa consolation, ses délices, la compagne de ses plaisirs et de ses peines. O mon ami! puissent les dieux vous protéger, dussé-je m'en retourner seul porter en Égypte la nouvelle de votre bonheur! »

Cependant la pluie tombait encore, et un vent terrible agitait les arbres de la forêt. Au-dessus de leur tête ils ne voyaient que des chaînes de montagnes, qui fuyaient à perte de vue; à leurs pieds, la vallée ressemblait à un vaste lac, où se précipitaient une multitude de torrents. Amasis, ayant aperçu un pin dont la cime dominait la forêt, essaya d'y monter pour découvrir la route; mais il ne découvrit rien. « Je n'aperçois, disait-il, ni fumée, ni maisons, ni troupeaux; je ne vois que des forêts et des montagnes qui se prolongent à l'infini — Cherchez, disait Céphas, à découvrir quelques oiseaux, et observez bien de quel côté ils dirigent leur vol. — Je ne vois qu'un aigle, dit

Amasis; il plane en silence sur la droite, au-dessus des rochers et des forêts. — Malheur à nous! reprit Céphas, ces lieux ne sont pas habités. » Cependant Amasis s'écria: « Voici, de l'autre côté de la forêt, une volée de moineaux qui partent à tire-d'aile et se dirigent vers ces rochers lointains, au pied du vallon. — Notre route est trouvée, dit Céphas. L'aigle n'aime que les lieux déserts, mais les moineaux chérissent l'habitation de l'homme; ils y trouvent des grains et des fruits et ils jouissent de nos moissons. » En s'entretenant ainsi, les deux amis traversaient la forêt, franchissaient les torrents, et après plusieurs heures de marche ils arrivèrent au bord d'un ruisseau, qui les conduisit à une clairière d'où s'élevait une fumée épaisse; bientôt après ils entendirent le bruit des haches et des marteaux et le fracas causé par la chute des arbres. Ils se retrouvaient parmi les hommes.

. . . .
. . . .

FIN

TABLE DES MATIÈRES

VOYAGE A L'ILE D'UTOPIE

Avant-propos	7
Introduction	25
I. Description de l'île d'Utopie ; idée de son gouvernement	32
II. Description des villes d'Utopie, et principalement de celle d'Amaurote, sa capitale	38
III. De l'administration de la justice et des magistrats	43
IV. Des arts, et des artisans	46
V. Du commerce et des relations des Utopiens	55
VI. Des voyages des Utopiens	64
VII. Des esclaves	103
VIII. De l'art militaire en Utopie	120
IX. Des différentes religions d'Utopie	140

L'ARCADIE

Avant-propos	173
Fragment servant de préambule a l'Arcadie	177
Livre premier. — Les Gaules	201
Fragment du livre second. — L'Arcadie	287

SOCIÉTÉ ANONYME D'IMPRIMERIE DE VILLEFRANCHE-DE-ROUERGUE
Jules Bardoux, Directeur.

Librairie Ch. DELAGRAVE, 15, rue Soufflot, PARIS.

Sont en vente :

Histoire comique des États de la Lune et du Soleil, par CYRANO DE BERGERAC.

Histoire des Flibustiers américains au XVIIe siècle par OEXMELIN.

Voyages des poètes français aux XVIIe et XVIIIe siècles : Racine à Uzès, La Fontaine en Limousin, Regnard en Laponie, etc.

La France à vol d'oiseau au Moyen Age, par Aug. CHALLAMEL.

Les grands voyages de découvertes des anciens, par ANTICHAN.

Premier voyage de F. Le Vaillant en Afrique.

Premier voyage autour du monde sur l'escadre de *Magellan*, par PIGAFETTA. — Découverte du détroit de Lemaire, par G. SCHOUTTEN.

Voyage de Marco Polo en Asie.

Voyage au pays d'Utopie, par Thomas MORUS.

Robinson Crusoé, par DANIEL DE FOE.

Principaux Ouvrages à paraître dans la Collection :

Découverte des sources du Sénégal et de la Gambie, par MOLLIEN.

Voyage d'Ambroise Paré. — Travaux de Bernard Palissy, racontés par eux-mêmes.

Le monde enchanté, cosmographie et histoire naturelle, fantastique du moyen âge, par FERD. DENIS.

Voyages d'Arthur Young en France, en 1790-91.

Grétry, sa jeunesse, ses voyages, ses travaux, racontés par lui-même.

Voyage de Michel de Montaigne annoté par P. BONNEFON.

Pizarre et la Conquête du Pérou, par ZARATE.

Souvenirs de Jamaray Duval, histoire autobiographique d'un jeune pâtre. — Souvenirs de Jean de Brie, le bon berger.

Fernand Cortès et la conquête du Mexique, par SOLIS.

Voyages en Sibérie, par CHAPPE D'HAUTEROCHE.

Voyages de Dumont d'Urville en Océanie et aux terres australes.

Voyages en Perse, par DROUVILLE, MORIER, etc.

Voyages du capitaine Cook.

Découverte et conquête de la Floride, par GARCILASSO DE LA VEGA.

Histoire anecdotique des plantes usuelles ou connues en France, d'après les principaux biographes du monde végétal.

www.ingramcontent.com/pod-product-compliance
Lightning Source LLC
Chambersburg PA
CBHW071504160426
43196CB00010B/1411